추·천·사

목회자의 사랑이 담겨 있는 목회서신

이 책은 하나님의 말씀을 중심으로 성도들에게 권면한 설교를 모은 것이니까 설교집이기는 하다. 그러나 설교들을 모아놓은 평범한 설교집은 아니다. 이 책에 담겨 있는 글들은 사람들의 마음에서 발견하는 수많은 문제들을 풀어보기 위해서 애쓰는 목회자의 사랑이 담겨 있는 목회서신처럼 느껴진다. 저자가 찾아낸 문제들을 하나씩 살펴보고, 문제들을 풀어보려고 사용한 수많은 자료들을 보면 이 책은 심리상담에 관한 전문서적과 비교해도 손색이 없을 것 같다.

저자인 권종렬 목사는 내가 30여 년 전에 총신대에서 가르칠 때 만났던 신학생이다. 이번에 이 책을 읽으면서 이 책을 쓴 권목사에게 다시 한번 A++를 주고 싶다.

- 방선기 목사(직장사역연합대표, 교육학 박사)

사랑과 지혜와 열정으로 쓴 간호일지

긴 세월 한 교회 공동체의 영적 성장을 돌보면서, 하나님 백성의 성장과 사역을 가로막는 무서운 복병이 무엇인지를 간파한 한 목회자가 펜을 들었다. 긴 세월 환자들의 회복을 지켜보며 돌보아왔던 수간호사가 사랑과 지혜와 열정으로 쓴 간호일지를 읽는 느낌이다.

이 책을 추천하는 두 가지 이유가 있다. 하나는 이 시대 내면 세계의 고장으로 고통당하는 사람들 때문이다. 이 책이 자신도 인식하지 못하는 채 느끼는 내면의 혼란과 눌림에서 벗어날 성령의 치유를 끌어낼 마중물이 될 기대감이 있다. 다른 하나는 우리의 다음세대 때문이다. 비행기 사고가 나면 먼저 부모가 산소 마스크를 써야 하듯, 부모들과 교사들이 먼저 건강한 내면 세계를 회복해야만 다음세대가 건강하게 자라도록 도울 수 있다.

- 양승헌 목사(파이디온 선교회 설립자, 세대로교회 담임목사, 교육학 박사)

후속작이 기대되는 상담 설교의 샘플

저자는 설교의 틀을 사용하면서도 그 속에서 성경 말씀을 우리네 삶의 주제들과 연결지어서 자연스럽게 녹여내고 있다. 저자의 진술한 문장들은 마음에 스며든다. 영혼을 적시고, 정신이 번쩍 들게 한다. 가식이나 꾸밈 없이 먼저 스스로의 삶을 개방하는 솔직함이 읽는 이의 마음을 열게 한다. 세상과 교회의 경계에서, 신학과 인문학의 경계에서 인간의 삶을 이해하고 목회로 풀어내려는 목회자의 신학적 진지함과 문화적 감수성이 돋보이는 이 책은, 눈보라 치는 겨울날 흐렸던 하늘이 걷힌 후 감격적으로 경험했던 햇볕 같은 선물이다.

이 책을 읽는 독자들은 그동안 감춰둔 깊은 마음의 모습을 만나고 있는 자신을 발견하게 될 것이다. 그리고 알게 모르게 불편하게 느꼈던 마음 구석구석이 정비되는 경험을 하게 될 것이다.

- 문희경 목사('지혜와 사랑' 상담센터 대표, 목회상담학 박사)

찾아오셔서 말씀하시고 치유하시는 하나님의 은혜

겉으로는 아무 문제없고 잘 사는 것 같지만, 사람들은 저마다의 상처로 마음의 견고한 진에 갇히고 영혼에 쓴 뿌리가 드리워져 있다. 그 열매로 지옥의 삶을 경험할 수밖에 없는 것이다. 이러한 사람들을 향하여 하나님은 찾아오시고 말씀하신다. 그리고 그 풍성하신 은혜와 사랑으로 치유하기 원하신다.

외형적인 것을 추구하느라 마음과 영혼이 무너져 복음의 기쁨과 감격, 은혜를 누리지 못할 뿐 아니라 서로 싸우고 상처를 주는 고통스러운 상황에서 벗어나 그리스도 안에서 이미 주신 복을 누리기 원하는 모든 이에게 이 책을 강력하게 추천한다.

- 유성은 목사(City to City Korea 대표)

열린 시선과 마음이 필요한 시대

이 책에 담긴 삶의 지혜와 고백은 일상과 성경, 넉넉한 책 읽기와 문화 매체와의 만남, 무엇보다도 그의 구체적인 사역과 삶, 일상 속에서의 말씀 묵상에서 나온 것이다. 글쓴이는 코로나19와 함께하는 시대를 사는 우리 모두의 마음이 열리고 삶이 살아나기를 꿈꾼다.

저자는 열린 마음과 시선으로 자신의 지난 시간을 열어준다. 이 책에 담긴 '고장난 마음 정비소'의 하나인 한우리교회, 권종렬 목사, 공동체 안팎의 이야기를 마주해보자. 나와 우리는 어떤가를 비춰볼 수 있을 것이다. 이 책은 마음과 일상, 이웃과 공동체 안팎의 다양한 만남 가운데 영혼과 마음이 더욱 건강해지고 충전될 뿐만 아니라 함께 힘내어 나아가는 데 기꺼이 말동무가 되어줄 것이다.

- 김동문 선교사(전 요르단 선교사, 「오감으로 성경 읽기」 저자)

삶의 현장에서 실천된 말씀

이 책을 읽으며, 먼저 내가 두 가지 차원에서 큰 변화를 경험했다. 첫째, 로뎀나무 그늘이면 충분하다는 것이다. 그곳은 하나님이 보고 계시는 곳, 하나님이 보내신 천사가 함께하는 곳이기 때문이다. 둘째, 바로 그곳이 상처 입고 지친 우리가 다시 살아날 수 있는 최소한의 공간이라는 것이다. 이 세상은 광야보다 더 척박하지만 그 정도의 그늘조차도 찾을 수 없을 때가 너무 많기 때문이다.

이 책은 목회자와 성도들이 성령 안에서 하나가 되어 삶의 현장에서 실천된 말씀이라는 점에서 우리에게 큰 울림과 도전을 준다. 주님의 심정으로 상처 입은 영혼들을 부둥켜안고 빛과 소금이 되는 아름다운 교회 공동체를 소망하는 목회자들에게 이 책의 일독을 권한다. 또한 말씀을 붙들고 그리스도 안에서의 성숙을 위해 기도하는 모든 성도가 이 책을 읽고 새 힘을 얻게 되기를 소망한다.

- 김성은 목사(안양샘병원 원목실장, 목회상담학 박사)

위드(with) 코로나 시대를 살아가는 마음

'일상에서 크리스천으로 살아가기'란 무엇일까? 위드(with) 코로나 시대를 살아가면서 날마다 마음 깊이 고민하게 되는 질문이다. 이 책을 읽으면서 내 마음에 싸우고 있는 것들의 본질과 해답을 찾았다. 이 책은 '하나님의 성품에 참여하는 일상'을 위한 가이드, 교회 공동체의 가족으로 서로를 격려하며 권면하는 내용으로 가득하다. 누구든지 이 책을 손에 잡는다면 한 번만 읽지는 않을 것이다. 마음의 훈련이 일상이 될 때까지 반복해서 읽기를 강권한다.

- 김한수 목사(한국 NCD 교회개발원 대표)

고장난 마음 정비소

고장난 마음 정비소

권종렬 지음

한국NCD미디어

프롤로그 : 마음의 견고한 진, 영혼의 쓴 뿌리

Part 1. 마음의 견고한 진 무너뜨리기

1. 절망감 : "하나님, 나 좀 그만 때려!"   17

2. 열등감 : "열폭하는 것 좀 봐라!"   39

3. 불안감 : "내가 많이 놀라고 불안했구나!"   57

4. 죄책감 : "나 자신을 용서할 수 있을까?"   81

5. 우울감 : "난 속에서부터 고장 났다."   105

6. 거절감 : "저리 가 있어라."   127

7. 용서하지 않는 마음 : "어떻게 그 사람을 용서하냐고요?"   145

Part 2. 영혼의 쓴 뿌리 살피기

8. 불신 : "난 네가 날 믿길 원한다."　　　　　　　　　181

9. 교만 : "이것은 무엇일까요?"　　　　　　　　　　　199

10. 거짓 : "진실은 침몰하지 않는다."　　　　　　　　215

11. 실족 : "제가 시험들었다고요?"　　　　　　　　　237

12. 음란 : "나는 두렵습니다."　　　　　　　　　　　257

13. 분노 : "욱하는 성질머리가 문제야!"　　　　　　　285

14. 우상 숭배 : "그냥 두고 볼 수가 없었습니다."　　309

에필로그 : 치유하시고 회복하심에 감사!

프롤로그

마음의 견고한 진, 영혼의 쓴 뿌리

꿈 속에서 울다가 잠을 깼다. 새벽 4시….
한 달 전에도 비슷한 꿈을 꾸고 울면서 깬 적이 있었는데…. 6개월 전 교회를 떠난 집사님 부부와 서로 부둥켜안고 함께 흐느껴 우는 꿈이었다.

한 달 전에 꿈을 꾸고서는 '내가 생각보다 더 많이 힘들구나' 하는 생각을 했다. 힘든 내색을 할 수도 없고 또 그저 견뎌야만 할 일이기에 담담하게 받아들였지만 속마음은 그렇지 않았다. 십여 년 전 첫 신앙을 함께 시작해서 세례를 받고 직분을 받고 함께 걸어오며 참 많이 사랑했는데…. 생각지도 못했던 뜻밖의 떠남에 내 속사람이 참 많이 상하고 힘들었나 보다…. 그렇게 찢겨진 내 마음을 움키며 엎드렸었다.

그런데 오늘 또 비슷한 꿈을 꾸었다. 오늘은 집사님이 떠나면서 성경책 한 권을 내게 안겨주며 함께 울었다. 문득 '집사님이 얼마나 힘들었을까?' 하는 생각이 밀려온다.

'오죽했으면 이곳에서 예수를 만난 분이, 첫 교회 첫 목사를 떠날 결심을 하고 걸음을 옮겼을까? 그 마음이 얼마나 아프고 고통스러웠을까? 그 찢겨진 가슴, 깊이 패인 상처는 언제나 아물 수 있을까? 떠나면서도 남은 이들을 힘들게 하고 싶지 않다며 누구도 만나지 않고, 교회나 목회자에 대한 어떤 부정적인 이야기도 하지 않고, 그렇게 훌쩍 도망가듯 떠나야 했던 그 마음이 얼마나 외롭고 힘겨웠을까? 머물 공동체를 찾느라 난생 처음 이곳저곳을 기웃거리는 그 걸음이 얼마나 무거웠을까?'

새벽녘 예배당 강단을 바라보는데 아무 기도도 나오지 않고 그저 눈물만 흐른다. '하나님 당신이 만져주세요. 나는 어떤 위로도 힘도 될 수 없지만 하나님 당신은 하실 수 있잖아요? 하나님은 그 영혼의 아픔을 아시잖아요? 하나님 당신이 친히 만져주세요. 그 영혼을 더 깊이 사랑하시는 당신이 그의 눈물을 씻어주시고 만져주세요.'

꿈이 아닌 현실에서 부둥켜안고 울 수 있다면 이렇게 아프지는 않을 텐데, 그렇게 부둥켜안고 울었다면 서로를 더 깊이 품어낼 수 있었을 텐데, 이젠 꿈에서가 아니라 현실에서 성도들을 부둥켜안고 함께 우는 목자가 되어야겠다.

"주님! 연약하고 부족한 저를 성도들을 부둥켜안고 울 줄 아는 목자, 뜨거운 눈물이 가득한 목자로 빚어주세요! 집사님! 참 많이 미안해요. 잊지 않고 기도할게요. 그리고 부족하지만 사랑해요. 여전히…."

2015년 9월 어느 날 일기장에 남아 있는 고백입니다. 상처내고 상처받으며 성도들과 함께 살아온 시간이 벌써 삼십 년 가까이 되고 있습니다. 20대 중반 담임목회를 시작해서 50대 중반이 되었습니다. 그동안 참 많은 가시로 성도들을 찌르고 상처를 냈습니다. 성도들의 가시에 찔려 상처받고 아팠던 날도 있었습니다. 그렇게 상처받으면서 목회자도 성도들도 은혜 가운데 조금씩 성숙해갔습니다. 조심조심 서로를 보살피고 아끼면서 배려하는 사랑을 함께 배워갔습니다. 교회는 온전한 사람들이 모인 온전한 공동체가 아닙니다. 교회는 부족한 목회자와 연약한 성도들이 사랑으로 함께 살아가는 하늘 가족 공동체입니다.

오랫동안 성도들을 변화시키고 고치려고 애를 썼습니다. 성도들을 온전하게 만드는 것이 목회의 본질이라고 여겼습니다. 한국을 책임지고 세계를 이끌어갈 리더를 세우는 것이 목회라고 생각했습니다. 그런데 나는 자신조차 고칠 수 없고, 온전하게 할 수 없었습니다. 나는 내 마음 하나 책임질 수 없고, 흔들리는 내 삶 하나 온전하게 세울 수 없는 끄트머리에 불과했습니다(고전 4:9). 그때 하덕규 목사님이 노래하는 '가시나무새가 다르게 들려왔습니다.

> 내 속엔 내가 너무도 많아 성도들의 쉴 곳이 없네
> 내 속엔 헛된 바램들로 성도들의 편할 곳이 없네
> 내 속엔 내가 어쩔 수 없는 어둠이 성도들의 쉴 곳을 뺏고
> 내 속엔 내가 이길 수 없는 슬픔 무성한 가시나무 숲 같네
> 바람만 불면… 그 메마른 가지 서로 부대끼며 울어대고
> 쉴 곳을 찾아 지쳐 날아온 어린 영혼들도
> 가시에 찔려 날아가고
> 바람만 불면… 외롭고 또 괴로워
> 슬픈 노래를 부르던 날이 많았는데
> 내 속엔 내가 너무도 많아서 성도들의 쉴 곳이 없네

미숙하고 부족한 사람이 자꾸 고쳐보겠다고 나서니 교회는 상처투성이가 되고, 성도들은 쉴 곳을 잃어갔던 것입니다. 그날 이후 헛된 바람들을 내려놓고 그냥 사랑하려 했습니다. 목회자도 살고 성도들도 살아나는 공동체, 머물고 싶고 함께 있어 쉴 곳이 되는 공동체를 추구했습니다. 목회의 주권을 성령님께 내어드렸습니다. 목회자의 야망이나 성도들의 욕망이 아니라 성령님이 이끄시는 대로 따르고자 했습니다. 때때로 가르치기도 하셨지만 많은 날들을 함께 먹고 마시며 제자들과 같이 사셨던 예수님처럼 성도들 곁에 사랑으로 머물고자 했습니다.

그때부터 조금씩 쉼과 여유가 찾아왔습니다. 성령님이 친히 하나님의 양들을 기르시는 목양을 시작하셨습니다. 사람이 할 수 없는 일들을 하나님이 이루셨습니다. 공동체 가운데 머물러 있는 것만으로도 충분히 치유되고 회복되는 열매를 보게 하셨습니다. 서로의 작은 기도제목에도 전심으로 부르짖게 하셨고, 서로의 성공과 성취를 진심으로 기뻐하며 웃게 하셨습니다. 서로를 고치고 바꾸려 하기보다 있는 모습 그대로 받아주며 품어주게 하셨습니다. 공동체 곳곳에 자유를 누리는 간증들로 가득하게 하셨습니다. 우리는 그저 사랑으로 곁에 머물며 함께 살아갈 뿐입니다.

이 책에 실린 열네 편의 글은 사랑하는 성도들과 가슴으로 나누었던 말씀들입니다. 서로를 찌르고 상처 내는 무수한 가시와 씨름하며 사랑으로 깨달은 증언입니다. 가슴으로 낳고 가슴으로 얻은 영적 아비와 자녀가 서로를 받아주고 안아주며 품어냈던 회복과 자유의 고백입니다.

책은 크게 1부와 2부로 나누어져 있습니다. 1부는 하나님의 능력으로 무너뜨려야 할 일곱 가지 마음의 견고한 진에 대한 말씀들이고, 2부는 하나님의 은혜로 살피고 다스려야 할 일곱 가지 영혼의 쓴 뿌리에 대한 말씀들입니다.

각 장마다, 마음의 견고한 진을 무너뜨리고 영혼의 쓴 뿌리를 살피기 위한 약속의 말씀과 선포의 기도 그리고 함께 읽을 추천도서로 마무리하였습니다. 약속의 말씀은 반드시 암송하고, 선포의 기도는 가슴에 품고 늘 기도할 수 있기를 바랍니다. 각각의 견고한 진과 쓴 뿌리를 떨치는 지난한 영적 싸움에서 도우미 역할을 톡톡히 해줄 추천도서는 제가 읽고 도움을 받았던 책들입니다. 함께 읽고 깊은 지혜와 통찰을 얻어 충만한 자유에 이르게 되기를 바랍니다.

한국 교회는 오랫동안 물질주의에 함몰되어 있었습니다. 목회자는 교회의 외적이고 양적인 성장에 몰입했고, 성도들은 물질적이고 현세적인 복을 축적하는 데 집중했습니다. 그리고 나름 성취를 이루었습니다. 교회는 양적으로 성장했고, 성도들의 살림살이도 많이 나아졌습니다. 그런데 우리는 그만큼 행복해졌습니까? 하늘 가족 공동체인 교회는 하늘의 풍요함을 누리고 흘려보내는 공동체를 이루고 있습니까?

COVID-19와 함께 강제적으로 찾아온 뉴노멀New Normal 세계에서 물질주의에 함몰된 교회는 더 이상 존재 의미를 가질 수 없게 될 것입니다. 이제 목회자는 양적인 성장보다 정서적으로 성숙한 교회를 가꾸어야 합니다. 성도들도 물질적 부를 넘어 영적으로 자유로운 일상을 세워가야 합니다. 정서적으로 건강하고 영적으로 자유로운 목회자와 성도들이 함께하는 교회가 새로운 희망으로 자리하게 될 것입니다.

COVID-19의 확산으로 인해 일상에 큰 변화가 닥치면서 사람들이 느끼는 불안, 우울, 무기력감을 일컫는 '코로나 블루'Corona blue, 코로나 우울가 세상을 짓누르고 있습니다. 그러나 예수 그리스도의 복음은 코로나 블루를 능히 이기게 하는 하나님의 능력이요 하나님의 은혜입니다. 복음은 사탄이 쌓아놓은 견고한 진들을 능히 무너뜨리는 하나님의 능력입니다. 복음은 영혼 깊이 자리 잡은 어둠의 쓴 뿌리들을 능히 살피고 다스리게 하는 하나님의 은혜입니다.

책에 실린 열네 편의 말씀을 읽고 듣고 적용하면서 하나님의 능력과 은혜의 실재를 맛보게 되기를 축복합니다. 이 책을 펼치는 모두가 정서적인 건강을 회복하고 영적인 자유를 누리게 되시기를 간절한 소원으로 축복하며 기도합니다.

2021년 이른 봄
한우리와 함께하는 권종렬 목사

part 1

마음의 견고한 진 무너뜨리기

> 절망감 / 열등감 / 불안감 / 죄책감 / 우울감 / 거절감
> 용서하지 않는 마음

우리의 싸우는 무기는 육신에 속한 것이 아니요

오직 어떤 견고한 진^{Strongholds}도 무너뜨리는

하나님의 능력이라

모든 이론을 무너뜨리며

하나님 아는 것을 대적하여 높아진 것을

다 무너뜨리고 모든 생각을 사로잡아

그리스도에게 복종하게 하니

고린도후서 10:4-5

박스box 사고라는 말이 있습니다. 자신만의 방식으로 세상을 보는 안목眼目 혹은 프레임frame을 일컫는 말입니다. 어떤 분야에서 성공한 사람은 성공했던 그 방식을 사용하여 또 다른 성공을 얻고자 노력합니다. 인간의 뇌는 사물을 논리가 아닌 패턴pattern으로 인식하기에, 성공의 기억이 있으면 그 성공의 방식을 반복하고 싶어 합니다. 그런데 성공했던 많은 방식도 시간이 지나면 낡은 것이 되고 맙니다. 이 부분을 제대로 간파하지 못할 때 어제 성공했던 사람이 오늘 처참한 실패를 경험하게 되는 것입니다. 박스 사고에서 벗어나기 위해서는 '생각의 시간'thinking time이라고 불리는 새로운 통찰의 순간이 있어야 합니다.

사람들의 생각을 가두는 박스처럼 우리의 마음을 묶는 견고한 진stronghold이 있습니다. 견고한 진은 우리를 꽉 붙들어strong hold 강한 지배력을 행사합니다. 그리스도인의 삶을 지배하기 위해 사탄이 쌓아놓은 견고한 진은 '모든 이론'과 '하나님 아는 것을 대적하여 높아진 것' 그리고 '그리스도에게 복종하지 않는 모든 생각'입니다. 우리의 삶이 진정 아름답고 영광스러운 것으로 펼쳐지려면 반드시 견고한 진을 하나님의 능력으로 무너뜨려야 합니다.

그리스도인이 하나님의 능력으로 반드시 무너뜨려야 할 견고한 진의 본진이 '모든 이론'입니다. 모든 이론 imaginations, KJV이란 사람들의 마음속에 그려지는 이미지로서 상상이나 그림을 뜻합니다. 사탄은 성령과 연합된 그리스도인의 영혼을 직접 공격할 수 없습니다. 그러나 사탄은 생명의 성령이 충만하게 활동하지 못하도록 왜곡된 이미지로 그 마음에 견고한 진을 쌓을 수는 있습니다. 그리스도인에게 하나님을 깊이 알고 하나님의 깊은 것을 누리지 못하게 하며, 온전히 복종하는 능력의 삶을 살지 못하도록 막는 견고한 진의 핵심은 그리스도인의 마음에 그려진 어둠의 이미지입니다.

'마음의 견고한 진 무너뜨리기'는 사탄이 우리를 가두기 위해 마음에 쌓은 견고한 진 일곱 가지를 다룹니다. 우리는 하나님의 능력으로 마음의 헛된 이미지를 무너뜨려야 합니다. 마음의 견고한 진을 하나님의 능력으로 하나하나씩 무너뜨리고 하나님을 아는 영광에 이르게 되기를 축복합니다.

1
절망감

하나님, 나 좀 그만 때려!

창세기 37:29-36

양수리 두물머리에 있는 하이패밀리 가정사역센터 W-스토리의 건축 이야기를 담은 「이야기로 집을 짓다(숲속의 잠자는 마을)」를 읽었습니다. W-스토리는 일반적인 수양관이나 치유센터와 달리 수목장림과 더불어 '호텔 막벨라'라는 안치실을 두고 있어 기독교 장례를 치를 수 있는 곳입니다.

하이패밀리 대표인 송길원 목사님은 한국 교회의 추락 지점을 두 가지 사건으로 봅니다. 하나는 교회의 종소리가 소음으로 인식되면서 혐오와 배척의 대상이 된 사건입니다. 아파트에서 키우겠다고 성대수술을 시킨 반려견처럼 교회가 아름다운 소리를 잃어버린 것입니다. 또 하나는 교회의 전유물과 같았던 장례식을 병원으로 넘겨준 사건입니다. 아파트 문화가 들어오면서 교회는 아름다운 소리를 잃었을 뿐 아니라 장례의 장엄함과 함께 삶과 죽음의 권세를 가지신 그리스도를 이야기할 기회를 놓쳐버린 것입니다. 죽음이 가벼워지면서 미래에 대한 소망도 잃어버리게 된 것입니다.

송길원 목사님의 글을 읽고 생각이 많았습니다. 뜻밖의 지점에서 본질을 꿰뚫고 있었기 때문입니다. 우리 교회에서 흘러나오는 소리는 아름다운 소리입니까, 아니면 듣기 싫은 소음입니까? 우리 교회는 죽음으로 대표되는 상실의 슬픔을 어떻게 품어내며 치유하고 있습니까?

사람은 누구나 울면서 태어나지만 그 울음소리를 듣는 이들에게는 기쁨이 있습니다. 사람은 어느 날 죽음의 강을 건널 때 평안한 미소를 짓고 떠나지만 남겨진 이들의 눈가에는 눈물이 맺힙니다. 이렇게 울면서 태어나 미소를 머금고 떠나는 인생길에서 우리는 수많은 눈물 골짜기를 지나야 합니다.

사랑하는 사람을 잃은 사별이나 소중한 아기를 잃은 유산, 가족으로부터 버림받아 홀로 남겨짐, 직장을 잃은 실업과 실직 그리고 살아갈 소망을 잃어버린 상실의 무력감이 밀려올 때가 우리에게 있지 않습니까? 욥기를 읽다 보면 하루아침에 재산과 자녀를 잃고, 건강과 사람까지 잃었던 사람의 깊은 슬픔에 가슴이 아려옵니다. 특히 사랑하는 자녀를 잃고 옷을 찢고 머리털을 밀고 오래도록 울고 또 우는 아버지의 슬픔은 말을 잇지 못하게 합니다. 상실의 때에 아파하고 슬퍼하는 것은 잘못이 아닙니다. 그러나 **상실의 아픔이 계속되는 그때에 슬픔에 갇혀 삶을 소진시키는 절망감**은 사탄의 견고한 진이 될 수 있습니다.

많은 사람이 사탄에게도 일말의 동정심이 있을 것이라고 착각하곤 합니다. 우리가 상실의 슬픔에 가슴이 미어지는 동안에는 사탄도 동정심에 공격을 멈출 것이라고 생각합니다. 그러나 그렇지 않습니다. 사탄은 우리에게 티끌만큼의 동정심도 품지 않습니다. 철저한 기회주의자인 사탄은 우리가 상실의 슬픔으로 절망할 때에도 결코 가만두지 않습니다. 무자비한 사탄은 우리에게 슬퍼할 틈조차 주지 않습니다. 사탄은 비열합니다. 우리가 싸울 준비를 할 수 있도록 기다려주지 않습니다. 그러므로 슬픔의 때에도 우리는 적절한 방어체제를 갖추고, 그 시간들을 견뎌내야 합니다.

슬픔이 절망감을 넘어 축복이 되려면?

동방 사람 중에 가장 훌륭했던 욥은 깊고 어두운 눈물 골짜기를 지나야 했습니다. 온전하고 정직하여 하나님을 경외하며 악에서 떠나 있던 욥도 깊은 상실감에 울고 또 울어야 했습니다. 스바 사람이 갑작스레 침략하여 욥의 종들을 모두 죽이고 많은 재산을 노략했습니다. 맏아들의 집에 모두 모여 음식을 먹다가 큰 바람에 집이 무너지는 재해로 자녀들이 몰사했습니다(욥 1:13-19). 안 좋은 일은 몰려서 온다는 말처럼, 재산을 잃고 자녀를 잃은 욥은 건강마저 잃었습니다. 발바닥에서 정수리까지 종기가 나서 극심한 고통을 겪어야 했습니다. 그때 아내는 몸을 긁고 있는 욥에게 "하나님을 욕하고 죽으라"는 잔인한 말을 쏟아붙입니다(욥 2:7-9). 재산, 자식, 건강, 사람을 다 잃은 욥의 절망감이 얼마나 깊었겠습니까?

그런데 욥은 상실로 인한 눈물 골짜기에 갇히지 않았습니다. 그는 슬픔의 골짜기에 주저앉거나 절망하여 쓰러져 있지 않았습니다. 그는 꿋꿋하게 슬픔의 골짜기를 지나갔습니다. 눈물 골짜기를 지나 마침내 축복의 언덕에 올랐습니다. 그는 슬픔의 골짜기를 지나 희락의 언덕에 올랐습니다. 헤아릴 수 없는 슬픔에 아파하는 욥의 모습으로 시작된 욥기는, 하나님이 욥의 말년에 처음보다 더 복을 주시고, 욥이 늙어 나이가 차서 죽었다는 말씀으로 끝납니다(욥 42:12, 17).

욥의 생애를 묵상하는 내내 뇌리를 떠나지 않았던 말씀이 시편 84편 6절입니다.

> 그들이 눈물 골짜기로 지나갈 때에 그곳에 많은 샘이 있을 것이며 이른 비가 복을 채워주나이다(시 84:6)

욥이 눈물 골짜기를 지날 때 하나님은 그곳에 많은 샘을 내셨습니다. 욥이 지나던 슬픔의 골짜기를 하나님은 이른 비의 복으로 촉촉하게 적셔주셨습니다.

어떻게 해서 욥은 상실로 인한 절망감에 빠져들지 않고 축복의 언덕에 오를 수 있었습니까? 어떻게 욥은 잃어버린 슬픔의 골짜기를 은혜로 지나온 아름다운 사람이 될 수 있었습니까? 재산과 자녀 그리고 건강과 사람까지 잃어버린 욥은 어떻게 상실의 절망감을 넘어 축복이 될 수 있었습니까?

아픔을 느끼고 충분히 슬퍼하십시오
슬픔이 절망감을 넘어 축복이 되려면 첫째, 슬픔의 골짜기를 지나는 자신의 아픔을 깊이 느끼고 충분히 슬퍼해야 합니다.

"웃자고 시작한 이야기였는데 자꾸 눈물이 나서 혼났어요. 나도 몰랐는데 그 시절 어린 내가 많이 슬프고 힘들었나 봐요."

그녀는 고등학생인 딸과 어린 시절 이야기를 나누다가 자신도 모르게 눈물을 쏟은 이야기를 하며 또 눈가에 눈물이 맺혔습니다.

삼남매의 둘째인 그녀는 일고여덟 살 때에 벽돌을 산동네까지 날랐습니다. 산동네 무너진 집을 다시 짓는 곳까지 리어카가 올라오지 못하니 동네 어귀에서부터 공사장까지 벽돌 나르는 일을 어린아이들에게 맡겼던 것입니다. 그녀는 억척스럽게 벽돌을 날랐습니다. 아마도 벽돌을 나르고 받은 몇십 원으로 친구들과 그동안 먹고 싶었던 하드를 사먹었을 것입니다. 그녀는 오빠도 동생도 하지 않는 벽돌 나르는 일을 혼자서 정말 억척스럽게 했습니다.

그녀는 자라면서 무슨 일을 하든 억척스럽게 했습니다. 대학 생활도 부모의 도움을 받을 수가 없었기에 조교로 일하며 장학금도 놓치지 않아야 했습니다. 직장 생활도 결혼 생활도 어떻게 해서든 혼자 힘으로 성공해야 한다는 생각에 몸이 부서져라 억척스럽게 살았습니다.

그렇게 살아온 날들이 얼마나 아픈 골짜기였는지, 생각지도 못한 순간에 조금씩 깨닫게 되었습니다. 그녀는 중년이 되어서야 자신의 아픔을 솔직하게 아파할 수 있었습니다. 흐르는 눈물과 함께 조금씩 움켜쥔 손을 펴고 긴장을 풀 수 있었습니다. 자신의 아픔을 느끼고 충분히 슬퍼하는 시간을 지나며 그녀는 순간순간 감사로 살아가는 기쁨을 알아가고 있습니다.

교회 안에는 분노를 감추려 하는 것만큼이나 슬픔을 애써 외면하고 감추려는 경향이 있습니다. 슬프고 아픈 자기감정은 감춘 채 너무 빨리 하나님의 섭리를 말합니다. 하나님의 섭리를 믿는 사람은 아무리 아픈 골짜기를 지나도 슬퍼하거나 울면 안 된다고 생각합니다. 그러나 그렇지 않습니다.

그날 욥은 재산과 자녀를 잃고 처절히 슬퍼하며 울었습니다.

> 이때에 욥은 일어나 슬퍼하며 겉옷을 찢고 머리털을 민 다음에, 머리를 땅에 대고 엎드려 경배하면서(욥 1:20, 새번역)

하루아침에 재산을 약탈당하고 자녀들을 잃었을 때, 욥은 벌떡 일어나 슬픔으로 겉옷을 찢고 머리털을 밀었습니다. 아마도 자녀들의 장례를 치르며 몇날 며칠을 울고 또 울었을 것입니다. 하도 울어서 얼굴이 핏빛이 되고 눈꺼풀에는 죽음의 그림자가 드리웠습니다(욥 16:16). 심지어 욥은 자신이 태어난 날까지 저주하며 울부짖었습니다(욥 3:4-5). 욥기 3장에서 37장까지 이어지는 긴 이야기는 욥이 피눈물을 쏟으며 절규하는 부르짖음으로 가득합니다.

그런데 우리는 욥의 슬픔은 외면한 채, 엎드려 예배하며 하나님을 향하여 원망하거나 입술로 범죄하지 않았던 욥의 모습에만 집중하려 합니다. "주신 이도 여호와시요 거두신 이도 여호와시오니 여호와의 이름이 찬송을 받으실지니이다"라는 욥의 찬양만 기억하려 합니다(욥 1:20-22, 2:10). 그러나 성경은 욥의 믿음에 주목하는 만큼이나 욥의 슬픔을 그대로 드러내고 있습니다.

슬픔의 현실을 부정하는 방어막을 쳐서는 안 됩니다. 슬픔의 골짜기를 지날 때, 자신의 아픔을 정직하게 들여다보아야만 절망감에 쓰러지지 않고 오히려 축복을 누릴 수 있습니다. 사람들은 아픔을 피하기 위해 다양한 방어기제를 사용합니다. 「정서적으로 건강한 영성」에서 피터 스카지로Peter Scazzero는 슬픔의 방어기제 여덟 가지를 소개합니다.

- 부정(또는 선택적 망각): 현실의 고통스런 측면들을 외적으로나 내적으로 인정하지 않으려 합니다.
- 축소: 잘못을 인정하기는 하지만 실제 사실보다 덜 심각하게 받아들입니다.
- 책임전가: 행동에 대해 책임을 지려고 하기보다 다른 사람을 탓함으로 자기를 보호합니다.
- 자책: 모든 책임을 자신에게 돌립니다.
- 합리화: 일이 제대로 돌아가지 않거나 이해되지 않을 때 늘 변명하고 자신을 정당화시키며, 핑계를 댑니다.
- 지적으로 처리함: 힘들고 괴로운 감정을 받아들이지 않고 분석이나 이론화, 일반화에 집중합니다.
- 주의를 분산시킴: 위협적인 주제들을 피하기 위해 주제를 바꾸거나 희화화합니다.
- 적대감을 드러냄: 어떤 주제에 대해서 짜증을 부리거나 화를 냅니다.

우리는 이런 방어막을 치지 않아야 할 뿐 아니라 이미 생긴 이미 방어막을 걷어내야 합니다. 방어막을 거두고 충분히 슬퍼할 수 있어야 치유와 회복에 이를 수 있습니다. 문학평론가 신형철 선생님은 「슬픔에 대한 공부」에서 김경후의 시 "열두 겹의 자정"을 평론하면서 이렇게 말합니다.

> 그런데 너무 오랫동안 울음을 참아온 그는 정작 자신이 그래 왔다는 사실을 모른다. 세상에서 가장 슬픈 것 중 하나가 자기 자신이 슬픔이라는 것을 잊어버린 슬픔이다. 보라. 참는 사람은 늘 참는다. 그는 자기 자신에게 '안녕'이라고 말하는 법을 잊어버렸다. 대신 메뉴판에서 한 끼의 식사를 고르듯 적당한 미소와 웃음을 골라 하루하루를 연명한다. 그것들을 코르크 삼아, 울음이 치솟는 성대를 틀어막는다.

세상에서 가장 슬픈 것은, 자신이 슬픔이라는 것을 잊어버린 슬픔입니다. 슬픔으로 인한 절망감에 갇히지 않는 사람은 자신의 슬픔에 주의를 집중하는 사람입니다. 하나님은 당신이 창조하신 사람의 악함을 보시며 깊은 슬픔으로 아파하셨습니다. 사람 지으신 것을 후회하실 만큼 슬퍼하셨고 아파하셨습니다(창 6:6). 예수님은 친구의 주검 앞에서 눈물을 흘리셨습니다. 예수님은 잠시 후에 그를 죽음에서 일으키실 것입니다. 그러나 지금 이 순간 죽음의 사슬에 갇힌 친구를 바라보며 눈물을 흘리셨습니다(요 11:35). 예수님은 십자가를 앞두고 심히 놀라며 슬퍼하셨습니다. 마음이 심히 고민하여 죽게 될 만큼 슬퍼하셨습니다(막 14:33, 34). 이처럼 슬퍼하는 것은 미성숙하거나 연약한 것이 아닙니다. 슬픔을 충분히 슬퍼하는 사람은 살아 있는 사람이며, 회복의 소망을 가진 사람입니다.

지금 어떤 상실로 인한 슬픔이 있습니까? 눈물 골짜기를 지나며 슬피 우는 것은 잘못이 아닙니다. 슬픔을 만났을 때 충분히 슬퍼해야 살 수 있습니다. 특히 부모들은 어린 자녀들이 슬픔을 충분히 슬퍼할 수 있는 분위기를 만들어주어야 합니다. 성적이 오르지 않고, 친구 관계가 깨어지고, 간절히 원하는 것을 가질 수 없어 슬플 때, 슬픔을 억누르지 않고 울 수 있어야 합니다. 괜찮은 척하며 혼자 괴로워하게 만들어서는 안 됩니다. 그리고 자녀들이 슬픔에 눈물을 쏟을 때면 판단하거나 충고하는 것이 아니라 그냥 따뜻하게 안아주어야 합니다. 눈물 속에 치유가 일어날 것입니다.

하나님을 향하여 우십시오

슬픔이 절망감을 넘어 축복이 되려면 둘째, 슬픔의 골짜기를 지나며 하나님을 향하여 울어야 합니다.

박완서 선생님의 단편 「그 남자네 집」에서 주인공은 첫사랑이었던 '그 남자'를 이렇게 떠나보냅니다.

> 나도 따라 울었다. 이별은 슬픈 것이니까. 나의 눈물에 거짓은 없었다. 그러나 졸업식날 아무리 서럽게 우는 아이도 학교에 그냥 남아 있고 싶어 우는 건 아니다.

우리가 슬픔으로 우는 것은 슬픔에 갇혀 있고 싶어서가 아닙니다. 슬픔의 골짜기를 지나 축복의 언덕에 오르기 위해 우는 것입니다. 상실의 슬픔이 자기연민이 되고 눈물이 한(恨)이 되면, 눈물은 스스로를 절망감에 가두는 독이 되고 맙니다. 슬퍼하지만 슬픔을 딛고 일어나려면 눈물이 흐르는 곳이 하나님의 보좌여야 합니다. 눈물이 축복의 약재료가 되려면 눈물이 흘러 고이는 곳이 하나님 앞이어야 합니다. 우리는 슬픔을 안고 하나님을 향하여 울어야 삽니다.

얼굴이 핏빛이 되고 눈꺼풀에는 죽음의 그림자가 드리울 정도로 울었던 욥을 기억하십시오. 그의 눈물이 흘러가서 고인 곳은 하나님의 보좌 앞이었습니다.

> 나의 친구는 나를 조롱하고 내 눈은 하나님을 향하여 눈물을 흘리니
> (욥 16:20)

이때 눈물은 더 이상 원망이 아닙니다. 그것은 탄원이 됩니다. 슬픔의 골짜기를 지나는 욥이 입으로 범죄하지 않고 원망하지 않았다는 것은, 침묵으로 슬픔을 외면한 것이 아니라 탄원으로 부르짖었다는 뜻입니다. 슬픔의 골짜기를 지나면서 욥은 한없이 쏟아지는 눈물을 하나님 앞으로 흘려보냈습니다. 그리고 하나님은 눈물 골짜기 어느 만치에서 욥을 새롭게 만나주셨습니다.

욥의 긴 탄원을 지나서 욥기 38장에 이르면 하나님이 욥에게 나타나십니다. 폭풍우 가운데 욥에게 나타나신 하나님은 "무지한 말로 생각을 어둡게 하는 자가 누구냐"며 단호한 질문을 던지십니다(욥 38:2). 재산과 자녀와 건강과 사람을 잃고 슬퍼하는 욥을 찾아오신 하나님은 섣부른 위로의 말을 건네시거나 욥이 겪었던 고난의 이유나 목적을 찾지 않으셨습니다. 오히려 하나님은 욥을 향해 "대장부처럼 허리를 묶고 내가 네게 묻는 것을 대답"하라고 하십니다(욥 38:3). 그리고 고난에 대한 어떤 위로나 해석이 아니라 하나님의 크고 위대하심을 알려주는 긴 말씀을 이어가십니다(욥 38:4-41:34).

하나님은 이렇게 욥의 시선을 하나님께로 돌리셨습니다. 헤아릴 수 없는 슬픔을 만난 자기 자신에게서 눈을 들어 하나님을 보게 하신 것입니다. 욥이 눈을 들어 바라본 하나님은 한없이 크신 하나님입니다. 인간의 지혜와 지식으로 도저히 담을 수 없는 위대하신 하나님입니다. 크고 위대하신 하나님 앞에서 욥은 무지한 말로 이치를 가리는 사람이 자기 자신이었음을 깨닫고 엎드려 회개합니다. 하나님의 위대하심 앞에 욥의 슬픔은 너무나 작은 것에 불과했습니다.

눈물 골짜기를 지나 하나님을 새롭게 만난 욥은 이렇게 고백합니다.

> 내가 주께 대하여 귀로 듣기만 하였사오나 이제는 눈으로 주를 뵈옵

나이다(욥 42:5)

눈물 골짜기를 지나며 하나님 앞에서 울다 보면, 눈물에 어둠이 씻겨가며 하나님이 새롭게 보입니다.

다드림 교회 김병년 목사님은 2005년 8월 사모님이 셋째 아이를 낳은 직후 뇌경색으로 쓰러지는 일을 겪었습니다. 교회를 개척한 지 한 달 만에 생긴 일입니다. 그는 "하나님, 제 인생의 꿈이 여기까지입니까"라고 울부짖었습니다.

눈이 시뻘개지도록 분노의 눈물을 흘렸다. 울다 지치면 남은 힘을 다 모아 하나님께 삿대질을 했다. "일 좀 똑바로 하세요." 마흔, 중년 나이에 서른다섯 살 아내가 쓰러졌다. 이제 인생 40년 동안 가꿔온 꿈을 접어야 할 것 같아 보였다.

그리고 2008년 5월 혼수상태인 아내를 기도로 일으키기 위해 철야 기도를 하던 중 전기장판 화재로 아내의 한쪽 다리를 절단해야 했습니다. 그는 참혹했던 그때를 이렇게 회상합니다.

의사가 단도직입적으로 다리를 절단해야 한다고 진단을 내렸다. 병원 안 성당에 앉아 손가락을 치켜들고 악을 쓰고 울며 대들었다. "하나님, 나 좀 그만 때려. 내가 뭘 잘못했는데. 나, 하라는 대로 다 했잖아."

처절한 몸부림 속에 울부짖었던 목사님은 2014년 한우리 가족수양회에서 이런 고백을 했습니다. "두 번의 큰 아픔 속에서 하나님의 존재가 더욱 깊이, 더욱 빈번하게 드러나기 시작했습니다. 길을 가다가, 잠을 자다가, 울다가, 웃다가, 욕을 하다가, 끙끙대다가, 심지어 짜증을 내는 중에도 … 나는 아픔과 상실, 즐거움과 고통이 뒤엉킨 일상을 살아가면서 더 깊이 하나님의 임재를 느끼고, 존재한다는 것의 의미를 새롭게 발견합니다."

슬픔의 골짜기에서 흘리는 눈물이 하나님께 드리는 탄원이 될 때, 그 눈물은 우리를 치유하는 능력이 됩니다. 눈물 골짜기 어느 만치에서 우리는 하나님을 새로운 차원에서 만나게 됩니다. 슬픔의 골짜기를 지나오기 전과는 비교할 수 없이 하나님을 깊이 체험하며, 우리의 슬픔은 축복이 됩니다.

사랑하는 사람을 잃었습니까? 사랑하는 꿈과 일터를 잃었습니까? 사랑하는 교회를 잃었습니까? 아픈 가슴을 붙들고 충분히 슬퍼하십시오. 그러나 그 슬픔에 갇히지 않도록, 눈을 들어 하나님을 바라보십시오. 하나님 앞에서 우십시오. 하나님을 바라보며 하나님을 향하여 우는 사람은 상실의 절망감에서 일어나 축복의 언덕에 오르게 될 것입니다.

친구의 슬픔에 함께하십시오

슬픔이 절망감을 넘어 축복이 되려면 셋째, 슬픔의 골짜기를 지나며 곁에 있는 친구의 슬픔에 함께해야 합니다.

세월호 사건으로 딸 예은이를 잃은 박은희 전도사님은, 고통의 현장에 있으면서 그동안 자신이 남들을 위로할 때 했던 말들을 되새겨보게 되었다고 합니다.

> 고통의 한복판에 있어 보니 그동안 다른 사람에게 했던 수많은 위로의 말들을 물리고 싶었습니다. 사람들이 하는 말들 중에서 가장 상처가 되는 것은 '하나님의 뜻'이라는 말이었습니다. 심지어 어떤 사람은 장례식장에 와서 "아이들이 좋은 곳으로 갔으니 이제 울지 말라"고 말하기도 했습니다. 그게 얼마나 위험한 말인지를 알았습니다. 예수님의 말씀처럼, 우는 자와 함께 우는 것이 답입니다. 같이 우는 가운데 우리와 함께 우시는 하나님을 만났습니다.

그렇습니다. 슬픔의 골짜기를 지나는 이에게 가장 절실한 사람은 함께 울며 함께 걸어가는 친구입니다. 욥의 친구들은 처음 욥을 찾아왔을 때 밤낮 칠 일 동안 함께 땅에 앉아 울었습니다. 고통 가운데 너무 초라해져서 얼굴을 알아볼 수조차 없었던 욥의 곁에 앉아 겉옷을 찢고 하늘을 향하여 티끌을 날려 자기 머리에 뿌렸습니다. 욥의 고통을 보고 한마디도 말하는 자가 없었습니다. 그냥 곁에서 울었습니다(욥

2:12, 13). 슬픔의 골짜기를 함께 지나는 친구가 되었습니다.

그런데 얼마 지나지 않아 욥의 친구들이 입을 떼기 시작했습니다. 그들은 슬픔의 골짜기를 함께 지나는 길에서 탈선하여, 판단하고 평가하는 사람이 되어버렸습니다. 그들은 욥의 고통에 대해 스스로 답하려 했습니다. 자신이 하나님이라도 된 것처럼 전지적 관점에서 얄팍한 신학과 가벼운 신앙으로 해석하고 싶어 했습니다.

아픔 가운데 슬픔의 골짜기를 지나는 욥이 그들보다 성경을 모르고 신학을 몰라서 그렇게 된 것이 아닙니다. 그들보다 믿음이 모자라고 연륜이 부족해서인 것도 아닙니다. 다만 상실의 아픔이 너무 크고 깊을 뿐입니다. 그러므로 아무 말 없이 곁에 있어주고, 그냥 함께 살아가면 됩니다. 그러면 언젠가 상실의 슬픔에서 빠져나오면서 그가 말을 걸어올 것입니다. 그때까지 곁에 있어주는 게 친구입니다. 교회는 친구가 되어야 합니다.

욥은 눈물 골짜기를 지나며 슬픈 자신에게만 시선을 두지 않고 하나님을 향하여 눈을 들었습니다. 그리고 하나님을 향해 새롭게 열린 욥의 눈길은 친구들에게로 향했습니다. 하나님은 진행형의 슬픔 가운데 있는 욥에게 미래형의 슬픔을 만난 친구들과 함께하라고 말씀하십니다.

하나님은 욥에게 말씀하신 후에 데만 사람 엘리바스와 두 친구에게 진노를 발하십니다. "너희가 나를 가리켜 말한 것이 내 종 욥의 말같이 옳지 못하다"(욥 42:7)라는 말씀을 두 번이나 반복하십니다. 그리고 "수소 일곱과 숫양 일곱을 가지고 내 종 욥에게 가서 너희를 위하여 번제를 드리라"(욥 42:8)고 하십니다. 욥이 그들을 위해 기도하면 하나님이 욥을 기쁘게 받으시고, 우매한 친구들에게 진노를 내리지 않을 것이라고 말씀하셨습니다. 세 친구는 하나님이 명령하신 대로 행했습니다. 친구들의 말을 전해 들은 욥은 기꺼이 친구들을 위해 기도했고, 하나님은 욥을 기쁘게 받으셨습니다(욥 42:9).

그리고 그날 하나님은 욥의 곤경을 돌이키시고, 욥에게 이전 모든 소유의 갑절이나 주셨습니다.

> 욥이 그의 친구들을 위하여 기도할 때 여호와께서 욥의 곤경을 돌이키시고 여호와께서 욥에게 이전 모든 소유보다 갑절이나 주신지라(욥 42:10)

여러분이라면 어떻게 했을 것 같습니까? 아직 슬픔의 골짜기를 다 지난 것이 아닙니다. 언제 이 눈물 골짜기가 끝날지 알 수 없습니다. 빈털터리에 병든 몸으로 겨우 목숨만 부지하고 있는 처지입니다. 그런데 하나님은 친구들을 위해 번제를 드리라고 하십니다. 그것도 나를 위해서가 아니라 멀쩡하니 잘 살고 있는 친구들이 아직 당하지 않은 화를 위해 번제를 드리고 기도하라 하십니다.

그날 욥은 어떤 심정이었을까요? 형편과 처지는 아무것도 바뀌지 않았습니다. 그러나 분명한 것이 하나 있습니다. 하나님은 욥이 옳다고 하셨습니다. 슬픔의 골짜기를 지나며 울며 탄원하는 욥이 옳았습니다. 그리고 이제 친구들을 위해 기도하라고 하십니다. 친구들의 슬픔을 돌아보고 함께하라고 하십니다. 욥은 이해할 수 없었지만 순종했습니다. 그리고 순종하는 욥을 기쁘게 받으신 하나님은 친구들을 곤경에서 피하게 하셨을 뿐만 아니라 욥을 곤경에서 돌이키셨습니다.

또한 하나님은 친구의 슬픔과 곤경에 함께하는 또 다른 친구를 통해 욥을 회복하셨습니다.

> 이에 그의 모든 형제와 자매와 이전에 알던 이들이 다 와서 그의 집에서 그와 함께 음식을 먹고 여호와께서 그에게 내리신 모든 재앙에 관하여 그를 위하여 슬퍼하며 위로하고 각각 케쉬타 하나씩과 금고리 하나씩을 주었더라 (욥 42:11)

욥은 하늘의 기적으로 회복된 것이 아닙니다. 형제와 자매와 이전에 그를 알던 이들이 찾아와 함께 음식을 먹었습니다. 욥이 당한 재앙에 대해 해석하거나 충고하는 것이 아니라 함께 슬퍼하며 위로했습니다. 그리고 입이 아니라 주머니를 열어, 각각 케쉬타 하나와 금고리 하나씩을 주었습니다. 그들이 준 돈을 종잣돈 삼아 욥은 다시 사업을 일으켰습니다. 하나님이 욥에게 복을 주셨고 욥을 곤경에서 돌이키셨습니다. 이것은 하나님의 신비입니다. 하나님의 회복은 슬픔을 함께하는 친구들을 통해 찾아옵니다.

이병욱 박사의 「울어야 삽니다」에서 인용된 실화입니다. 하나의 인큐베이터 안에 두 명의 신생아가 함께 있습니다. 한 아이의 팔은 다른 한 아이를 감싸고 있습니다. "생명을 구하는 포옹"The Rescuing Hug이라는 제목이 붙은 한 장의 사진입니다.

1995년 10월 17일 미국 매사추세츠 메모리얼 병원에서 쌍둥이가 예정일보다 12주나 일찍 태어났습니다. 두 아이는 1kg도 안 되는 미숙아로 태어났기 때문에 인큐베이터에 넣어졌습니다. 카이리는 잘 자랐지만, 심장에 문제를 안고 태어난 브리엘은 예상대로 호흡과 맥박이 좋지 않아 거의 죽기 직전이었습니다. 생후 1개월 정도 되던 때였습니다.

19년 경력의 간호사 게일은 과거 유럽에서 써오던 미숙아 치료법을 떠올리며, 죽어가는 브리엘을 카이리의 인큐베이터에 같이 넣자고 제안했습니다. 두 아이가 줄곧 엄마 배 속에서 붙어 있었으니까 같이 있는 것이 좋겠다는 말에, 의사는 엄마의 동의를 얻어 두 아이를 한 인큐베이터에 나란히 눕혔습니다. 브리엘이 카이리의 인큐베이터로 옮겨진 것입니다.

그 순간 기적 같은 일이 벌어졌습니다. 카이리가 손을 뻗어 브리엘의 어깨를 포옹하듯 안은 것입니다. 그러자 브리엘의 심장이 안정을 찾기 시작했고, 혈압과 체온이 정상으로 돌아왔습니다. 그야말로 '생명을 구하는 포옹'이었습니다. 현재 아이들은 꿈꾸는 소녀로 건강하게 잘 자라고 있습니다. 슬픔의 골짜기를 지날 때 친구의 슬픔에 함께하는 것은 생명을 구하는 포옹입니다.

사람은 누구나 울면서 태어납니다. 그리고 울면서 살아갑니다. 눈물 없는 인생이 어디 있겠습니까? 슬픔의 골짜기를 지날 때, 아픈 자신을 들여다보며 충분히 슬퍼하십시오. 그러나 슬픔에 갇히지 않도록 하나님 앞에서 우십시오. 그러면 하나님이 새롭게 보입니다. 그렇게 하나님을 바라보며 하나님의 시선을 따라가다 보게 되는 친구의 슬픔에 함께하면 생명을 구하게 될 것입니다.

> 그들이 눈물 골짜기로 지나갈 때에 그곳에 많은 샘이 있을 것이며 이른 비가 복을 채워주나이다(시 84:6)

절망감을 무너뜨리는 약속의 말씀

"에브라임은 나의 사랑하는 아들 기뻐하는 자식이 아니냐 내가 그를 책망하여 말할 때마다 깊이 생각하노라 그러므로 내가 그를 위하여 내 창자가 들끓으니 내가 반드시 그를 불쌍히 여기리라 여호와의 말씀이니라"(렘 31:20).

절망감을 무너뜨리는 선포의 기도

"하나님! 너무나 소중하고 사랑하는 사람을 잃었습니다. 살 소망조차 잃어 울고 또 울었습니다. 그러나 자기연민과 한(恨)이 아니라 탄원의 눈물로 주님 앞에 머무르기로 작정합니다. 여전히 진행형의 슬픔을 안고 있지만 주님이 함께하라 하시는 슬픔의 영혼을 품고 함께하겠습니다. 아멘!"

절망감을 무너뜨리기 위해 함께 읽을 책

「내 아버지 집에 거할 곳이 많도다: 상실과 죽음에 대한 기독교적 위로」 (마이클 부쉬, 새물결플러스)

2
열등감

열폭하는 것 좀 봐라!

민수기 13:30-14:10

"열폭하는 것 좀 봐라!" 서로 반대 의견을 개진하다가 감정이 격해질 때 그것을 비아냥거리며 누군가 하는 말입니다. '열폭'이라는 말이 무슨 뜻인지 아십니까? 이 말은 '열등감 폭발'의 줄임말입니다. 화를 내지 않아도 될 만한 상황인데 갑작스럽게 터지는 비논리적인 분노와 짜증을 비하할 때 '열폭한다'고 합니다.

열등감은 폭발력 강한 뜨거운 감정으로, 자기 몫의 행복을 누리지 못하게 하는 사탄의 견고한 진입니다. 열등감을 딛고 일어서지 못하면 그것은 인생을 송두리째 갉아먹기도 합니다. 열등감은 객관적 조건의 문제가 아니라 관점의 문제입니다. 그래서 "스스로 인정하지 않는 한 열등감은 절대로 생기지 않는다"는 말도 있습니다. **열등감은 '자신을 어떤 시각으로 보느냐' 하는 자기 평가에서 나오는 감정이며, 자신이 다른 사람에 비해 뒤떨어지거나 무능력하다고 생각하는 만성적인 의식입니다.**

> 열등감은 매우 주관적이며 심지어 독선적이다. 그래서 이런 독선적인 열등감은 인생을 수치심과 패배감으로 채우고 무기력하게 만들어버린다. 심지어 정신질환을 일으키기도 한다.
> – 이무석, 「자존감」

> 열등감은 폭발력이 강한 감정이다. 상대를 자극하고 싶으면 그 사람이 갖지 못한 것을 들먹여 열등감을 터뜨리면 된다. 어쩌면 우리는 저마다 열등감이라는 폭탄을 가슴속에 하나씩 품고 사는지도 모른다.
> – 윤홍균, 「자존감 수업」

열등감은 스스로를 패배자로 만드는 감정입니다. 자기 몫의 행복을 누리고자 한다면 반드시 열등감을 딛고 일어서야 합니다. 열등감이 없는 사람은 아무도 없습니다. 다만 열등감을 딛고 이긴 사람과 그렇지 못한 사람이 있을 뿐입니다.

약속의 땅 가나안을 목전에 둔 이스라엘 백성은 바란 광야 가데스 바네아에서 집단적으로 열등감이 폭발합니다. 가나안 땅을 정탐하고 돌아온 열 정탐꾼과 이스라엘 백성이 열등감에 젖어 쏟아내는 말들은 스스로를 패배자로 만들고 맙니다. 자신을 열등한 사람으로 여기고 패배자의 말을 쏟아내었던 그들은 결국 그들이 했던 말 그대로 약속된 복을 누리지 못하고 맙니다(민 14:27-30).

하지만 그렇게 열등감을 폭발하는 사람들 속에서도 열등감을 딛고 이겨낸 사람들이 있었습니다. 바로 여호수아와 갈렙입니다. 그들은 어떻게 열등감에 묶이지 않고 열등감을 이길 수 있었을까요?

스스로를 패배자로 만드는 열등감

덩어리가 큰 감정인 열등감에는 여러가지 생각이 복합적으로 얽혀 있습니다. 속았다는 생각이 배신감으로 연결되듯이, 열등감은 네 가지 심리와 연결되어 있습니다.

무능감: '나는 부족해'

열등감의 첫 번째 심리는, 자신이 부족하고 연약하다고 생각하는 무능감입니다.

모세의 지시대로 사십 일 동안 정탐을 마치고 돌아온 가나안 정탐꾼 가운데 열 명의 말입니다. 그들은, 그 땅이 젖과 꿀이 흐르는 아름다운 땅이지만, 그 땅의 거주민은 강하고 성읍은 견고하고 심히 클 뿐 아니라 남방 땅과 산지와 해변과 요단 가에도 사람들이 거주한다고 보고합니다(민 13:27-29). 이 보고는 사실에 부합한 것이었지만 부정적인 뉘앙스를 짙게 담고 있습니다. 이를 느낀 갈렙이 백성을 진정시키며 "우리가 곧 올라가서 그 땅을 취하자 능히 이기리라"(민 13:30) 하고 외칩니다. 그러나 열 명의 정탐꾼들은 "우리는 능히 올라가서 그 백성을 치지 못하리라 그들은 우리보다 강하니라"(민 13:31) 하며 숨겨두었던 본심을 토해냅니다.

'그들은 강하다. 그들의 성읍은 견고하고 크다. 우리에게는 그들을 이길 만한 힘이 없다.' 이렇게 자신의 부족함과 모자람을 인식하는 무능감이 나쁘기만 한 것은 아닙니다. 무능감 때문에 겸손해질 수 있고, 포기해야 할 부분을 인정하며 마음이 편해지기도 합니다. 그런데 자신이 부족하다고 생각하는 무능감에 부정적인 생각 몇 가지가 더해지면서, 무능감은 열등감이라는 견고한 진을 형성하게 됩니다.

자격지심: '나만 부족해'

열등감의 두 번째 심리는, 자신의 부족한 점을 남들은 다 가지고 있다는 생각하는 자격지심自激之心입니다.

나에게 없는 것과 나에게 '만' 없는 것은 다릅니다. 자격지심은 자신은 물론 다른 사람도 제대로 들여다보지 못하게 합니다. 자신은 쓸모없는 사람으로 비하하고, 다른 사람은 과대평가하기가 쉽습니다. 이러한 자격지심은 자신이 출발선에서 이미 뒤처졌다고 생각하여 억울함을 느끼는 것으로 이어지기도 합니다.

열 명의 정탐꾼들은 이스라엘 백성 앞에서 가나안 땅을 악평합니다. "우리가 두루 다니며 정탐한 땅은 그 거주민을 삼키는 땅"(민 13:32)이라는 것입니다. '거주민을 삼킨다'는 말은 사람이 살 수 없는 척박한 땅이라는 뜻이 아닙니다. 오히려 너무나 비옥하고 좋은 곳이기에 사람들이 서로 차지하려다 보니 끊임없이 싸움이 일어나는 땅입니다. 그러므로 실상 이 말은, 너무 좋은 땅이라 차지하고 싶지만 자신들은 그런 좋은 땅을 차지할 힘이 부족하다는 의미입니다. "우리가 정탐하고 온 땅에 들어가 살려다가는 도리어 잡혀먹힐 것이다"(공동번역)라는 말입니다. 그 땅의 모든 백성은 신장이 장대한 자들이었고, 거기에는 네피림의 후손인 아낙 자손의 거인들까지 있었습니다. 그러니 섣불리 그 땅으로 올라가서는 안 됩니다. 섣불리 올라갔다가는 그 땅에서 잡혀먹힐 것입니다.

자격지심은 상대방은 지나치게 과대평가하게 하고, 자신은 극단적으로 비하하게 합니다. "우리는 스스로 보기에도 메뚜기 같으니 그들이 보기에도 그와 같았을 것이니라"(민 13:33).

결국 그들이 악평했던 것은, 정탐했던 가나안 땅과 그 땅 거주민들이 아니라 자기 자신이었던 것입니다. 아무도 이스라엘 백성을 메뚜기 같다고 하지 않았습니다. 그런데 그들 스스로 자신이 메뚜기 같다는 열등감으로 옥죄고 있습니다. 자신'만' 부족하다는 자격지심으로 스스로를 낙오자로 낙인찍어서는 안 됩니다.

피해의식: '나만 손해야'

열등감의 세 번째 심리는, 부족한 모습 때문에 자신이 손해를 본다고 생각하는 피해의식입니다.

피해의식은 콤플렉스가 있을 때 느끼는 감정과도 비슷합니다. 그것은 삶의 문제를 종합적으로 보지 못하게 합니다. 피해의식은 핑계거리를 찾아 책임을 돌리고, 희생양을 찾아 공격성을 드러냅니다. 피해의식에 사롭잡힌 이스라엘 온 백성은 소리 높여 부르짖으며 밤새도록 통곡했습니다. 모세와 아론을 원망하고 하나님께 책임을 돌렸습니다(민 14:2-3). 심지어 끝까지 믿음의 태도를 보이며 이스라엘 백성을 돌이키려 하는 여호수아와 갈렙을 돌로 치려고 했습니다(민 14:10). 무능감과 자격지심이 피해의식과 뒤엉키며 다른 사람 특히 자신보다 약한 사람을 향한 공격성으로 폭발하는 모습입니다.

닫힌 의식: '나는 안 돼'

열등감의 네 번째 심리는, 미래를 향해 나아가지 못하고 과거 속에 자신을 가두는 닫힌 의식입니다.

무능감과 자격지심 그리고 피해의식이 뒤엉켜 이제 이스라엘 백성은 애굽으로 돌아가서 종살이하는 것이 낫겠다고 말합니다(민 14:4). 그들은 자신이 가나안 사람들의 칼에 쓰러지고 처자는 사로잡히게 될 것이라는 절망적인 미래를 확신합니다(민 14:3). 그러나 그들의 미래를 절망스럽게 만드는 것은 그들 스스로의 생각일 뿐입니다. 이렇게 열등감에 '나는 안 돼'라고 생각하는 닫힌 의식이 더해지면, 삶의 방향이 긍정적인 미래로 향하지 못하게 되고 자신을 과거의 부정적인 경험에 가두게 됩니다. 열린 미래를 향해 나가지 못하고 닫힌 과거에 스스로를 가두게 하는 것이 열등감입니다.

열등감을 딛고 이기는 자가 되려면?

열등감은 무능감에 자격지심과 피해의식이 더해지면서 만들어진 폭발력 강한 뜨거운 감정입니다. 결국 열등감은 미래를 향해 나아가지 못하게 하고 과거 속에 자신을 가두게 합니다. 그리하여 마땅히 자기 몫으로 누려야 할 분복을 누리지 못하는 패배자로 전락하게 합니다.

잔뜩 부푼 풍선과도 같아서 누르면 결국 터져버리고 마는 열등감을 어떻게 해야 딛고 이길 수 있을까요? 여기저기 **열폭하는 사람들로 가득한 세상에서 열등감을 딛고 이기는 자가 되려면 어떻게 해야 합니까?**

거역하지 말고 하나님을 신뢰하십시오

열등감을 딛고 이기는 자가 되려면 첫째, 하나님을 거역하지 말고 신뢰해야 합니다.

열등감 하면 반드시 따라오는 자존감은 두 가지 요소로 구성됩니다. 하나는 자기 존재감입니다. '나는 가치 있는 사람이다', '나는 남에게 호감을 주는 사람이고, 사랑받을 만한 사람이다'라고 평가할 때 일어나는 가치감입니다. 또 하나는 자기 효능감입니다. '나는 유능한 사람이다', '내게 맡겨진 일을 잘 해낼 수 있다'고 믿는 자신감입니다. 자기 존재감과 자기 효능감이 높을수록 자존감이 높고, 자존감이 높은 사람이 대개 행복도와 성취도가 높습니다.

요즘 자녀 교육을 비롯한 교육의 가장 중요한 관심사는 '어떻게 하면 자존감을 높일 수 있는가'입니다. 그런데 문제는, 거울 앞에 서서 '나는 할 수 있다', '나는 사랑받을 만한 사람이다'라고 자신을 향해 '나는 나'라고 말한다고 해서 자존감이 쉽게 올라가지는 않는다는 것입니다. BTS(방탄소년단)의 앨범 〈Love yourself〉에 실린 "Answer: Love myself"를 노래한다 해도 현실의 열등감은 쉽게 사라지지 않습니다. '나조차도 존중하고 사랑하지 않는 나를 누가 사랑하겠느냐'는 말로 자기 암시를 하고 가치감과 자신감을 높이려고 애를 써보지만, 현실 속에서 부족한 자신을 만나면 한순간에 자존감은 바닥으로 떨어지고 열등감에 허우적거리게 됩니다.

여호수아와 갈렙은, 스스로를 메뚜기 같다고 여기며 열등감에 빠진 이스라엘 백성에게 자신감을 가져야 한다고 말하지 않았습니다. "우리는 메뚜기가 아니다", "저들보다 우리가 강하다"라고 말하지도 않았습니다. 가나안 사람들이 이스라엘 백성보다 강한 것은 객관적 사실이었습니다. 섣불리 자존감을 높인다며 현실을 호도하고 왜곡하는 우(愚)를 범해서는 안 됩니다.

열등감을 딛고 일어서는 믿음은 현실을 외면하지 않습니다. 다만 믿음은 현실 너머에서 역사하시는 하나님을 신뢰합니다. 여호수아와 갈렙은 옷을 찢는 안타까움으로 백성들에게 "다만 여호와를 거역하지는 말라"고 호소합니다(민 14:9). 하나님의 언약을 파기하고, 하나님을 불신하는 거역만은 하지 말아야 합니다. 우리와 함께하시는 여호와 하나님이 기뻐하시면 그 땅으로 인도하여 들이실 것입니다. 우리에게 힘이 있고 능력이 있어서가 아니라 하나님이 우리와 함께하시기 때문에 그 땅을 우리에게 주실 것입니다. 열등감에 하나님을 거역하지 말고 온전히 신뢰해야 합니다.

열등감을 딛고 이기는 자가 되려면 섣불리 자존감을 높이려 하기보다 먼저 믿음을 회복해야 합니다. "검으나 아름답다"고 노래하는 술람미 여인은 자신이 검은 염소털로 만든 장막 곧 '게달의 장막' 같지만 화려한 솔로몬 궁궐의 휘장과 같다고 노래합니다(아 1:5). 그녀는 햇볕을 쬐어서 거무스름합니다. 그런데 아름답습니다. 왜냐하면 왕이 그녀를 사랑하기 때문입니다. 솔로몬 왕에게 사랑받고 있다는 확신이 그녀를 당당히 노래하게 한 것입니다.

우리 또한 검으나 아름답습니다. 우리의 어떠한 부족함에도 불구하고 하나님의 사랑을 받는 우리는 아름답습니다. 하나님이 우리를 위하시는데 누가 우리를 대적할 수 있겠습니까? 자기 아들을 아끼지 아니하시고 우리 모든 사람을 위하여 내주신 하나님이 그 아들과 함께 모든 것을 우리에게 선물로 주실 것입니다(롬 8:31-32). 우리를 사랑하시고 함께하시는 하나님을 온전히 신뢰해야 합니다. 하나님을 향한 온전한 신뢰가 우리로 하여금 열등감을 딛고 이기게 합니다.

비교하지 말고 큰 그림을 조망하십시오

열등감을 딛고 이기는 자가 되려면 둘째, 부분을 비교하지 말고 큰 그림을 조망해야 합니다.

자신이 열등하다는 생각은 세상을 열등한 것과 우월한 것으로 구분하는 데서 출발합니다. 가난 때문에 열등감이 있는 사람은 빈부로 세상을 구분합니다. 출신 가정에 대한 열등감이 있는 사람은 집안에 따라 사람을 나눕니다. 열등감을 버리려면, 조건으로 사람을 비교함으로써 우월함과 열등함, 좋고 나쁨으로 구분하는 습관에서 벗어나야 합니다.

신장이 큰 사람은 우월하고, 작은 사람은 열등합니까? 신장이 큰 사람이 싸움을 잘합니까, 작은 사람이 잘합니까? 신장이 큰 사람이 성공할 가능성이 더 높습니까, 신장이 작은 사람이 높습니까? 잘 모릅니다. 신장은 유전자의 힘을 반영하고 식생활의 결과일 뿐입니다. 어떤 싸움에서는 신장이 큰 게 유리하지만 또 어떤 싸움에서는 신장이 작은 게 유리합니다.

그런데 가나안 땅을 정탐하고 돌아온 정탐꾼들의 생각은 달랐습니다. 그들은 그 땅에서 본 사람들의 장대한 신장만 중요한 요소라고 생각합니다. 정복 전쟁에 나서려는 정탐꾼이라면 적의 신장뿐만 아니라 적의 숫자는 얼마나 되고 무기는 어떤 것들을 가지고 있는지를 살펴보는 게 더 중요할 것 같은데 그런 보고는 없습니다. 이 사람들이 스스로를 메뚜기 같다고 생각하는 이유는, 가나안 사람들의 신장은 장대한데 자신들은 그렇지 못하기 때문입니다(민 13:32, 33).

이런 판단에 충분히 동의하십니까? 저는 동의할 수 없습니다. 싸움을 잘하는 것에서 신장은 한 가지 조건일 뿐입니다. 성경은 자기 기준으로 비교하는 것이 지혜 없는 모습이라고 말합니다.

> 그들은 자기가 만든 척도로 자기를 재고 자기가 세운 표준에다 자기를 견주어보고 있으니 그것이 얼마나 어리석은 일입니까?(고후 10:12, 공동번역)

열등감을 딛고 이기는 자가 되려면 작은 부분을 비교하며 우열을 나누려는 태도에서 벗어나야 합니다. 부분을 비교하는 것이 아니라 큰 그림을 조망할 수 있어야 합니다.

정탐꾼들은 자신들이 메뚜기 같으니 그들이 보기에도 그와 같을 것이라고 말합니다. 백성들은 밤새도록 통곡하며 처자식이 사로잡히게 될 것이라고 말합니다. 모세와 아론을 원망하고 하나님께 책임을 전가합니다. 그런데 정작 가나안 사람들은 어떻게 생각했을까요? 시간적인 간격은 있지만 후일 여호수아가 여리고 성으로 보낸 정탐꾼에게 라합이 전해준 이야기를 들어보면 전혀 그렇지 않습니다.

> 여호와께서 이 땅을 너희에게 주신 줄을 내가 아노라 우리가 너희를 심히 두려워하고 이 땅 주민들이 다 너희 앞에서 간담이 녹나니 (수 2:9)

열 명의 정탐꾼은 가나안 사람들의 장대한 신장을 자신과 비교하며 스스로를 메뚜기와 같다고 생각했는데, 가나안 백성들은 오히려 이스라엘 백성을 두려워하여 간담이 녹았습니다. 그들은 하나님이 행하신 위대한 구원의 소문을 듣고 두려움에 떨고 있었습니다. 가나안 백성들도 아는 하나님의 위대한 구원 역사를 정작 이스라엘 백성은 잊은 채 가상적 열등감에 열폭하는 모습이 얼마나 미련합니까?

> 목사님은 찬송가를 너무 느리게 부르시는 데다가 음정도 박자도 틀리면서 부르셨지만, 말씀은 너무 탁월하셨습니다. 그 말씀을 들으면서 '이 교회를 다녀야겠다'라고 생각했습니다. 그리고 방언으로 기도하는 성도들을 보며 '내가 다녀야 할 교회가 맞구나'라는 것을 또 알게 되었습니다.

23기 새가족모임 때 한 집사님이 나눈 간증 가운데 한 부분입니다. 지금은 세 아이의 엄마가 되었지만, 신혼이었던 16년 전에 우리 교회 새벽 기도회를 처음 방문했고, 그때의 이야기입니다. 어떻게 음정 박자를 다 틀리면서 찬송하는 목사를 보고도 이 교회를 다녀야겠다고 생각할 수 있었을까요? 감사할 뿐입니다. 만약 이 집사님이 목사의 찬양을 부분이 아닌 전체로 보는 분이었다면 지금까지 함께 신앙하는 은혜를 누릴 수 없었을 것입니다.

나아가 제가 만약 찬양을 부분이 아닌 전부라고 생각하며 늘 스스로를 열등한 목사라고 생각한다면 어떻겠습니까? '찬송가 하나 제대로 부를 줄 모르는 사람이 무슨 목회를 한다고…'라고 생각하며, 찬양이 부족하니 목회할 자격과 은사가 없는 사람이라고 스스로 여긴다면 어떻겠습니까?

찬양의 은사가 없는 것은, 제게 부족한 한 부분일 뿐입니다. 이 부분이 부족하다 보니 더 노력합니다. 또 찬양에 은사와 부르심이 있는 사역자들을 존중하며 함께하려 합니다. 저의 부족한 부분은 저의 전부가 아닙니다. 열등감은 큰 그림을 조망할 줄 모르고, 부분을 전체로 오해하는 데서 옵니다. 열등감에서 벗어나려면 작은 부분으로 비교하지 말고 큰 그림을 조망하는 안목을 가져야 합니다.

두려워하지 말고 자기 삶을 살아가십시오

열등감을 딛고 이기는 자가 되려면 셋째, 미래를 두려워하지 말고 자기 삶을 살아가야 합니다. 열등감에 갇혀 스스로의 미래를 두려워하지 말아야 합니다. 하나님은 우리 앞에 열린 미래를 두셨습니다. 그러므로 두려워 말고 미래를 향해 한 걸음씩 자기 삶을 살아가야 합니다. 자기 삶을 살아간다는 것은 하나님 없이 자기 마음대로 산다는 의미가 아닙니다. 자기 삶을 살아간다는 것은 내가 하고 싶은 대로 한다는 의미가 아닙니다. 자기 삶을 살아가는 것은 하나님의 부르심을 따라 살아간다는 의미입니다.

두려움에 사로잡힌 이스라엘 백성은 애굽으로 되돌아가려 했습니다. 열등감에 갇힌 그들은 복된 미래를 향해 앞으로 나아가기를 두려워했습니다. 하나님을 멸시하고 언약을 믿지 않은 것입니다. 하나님은 이러한 백성에게 분노하셨습니다. 분노하신 하나님은 이스라엘 백성에게 돌이켜 홍해 길을 따라 광야로 들어가라 하셨습니다. 그들이 쏟아내었던 원망의 말 그대로 여호수아와 갈렙 외에는 광야에서 다 소멸될 것입니다. 그들이 다 죽을 때까지 이스라엘 백성은 광야를 방황하게 될 것입니다(민 14:21-35).

상황이 이렇게까지 되었으면 돌이켜 엎드려야 하지 않겠습니까? 이스라엘 백성은 옷을 찢고 가슴을 찢으며 엎드려 은혜를 구해야 했습니다. 그러나 열등감은 자신의 잘못을 정직하게 인정하고 돌이키지도 못하게 합니다. 그들은 자기 몫을 잃어버리게 된 것만 슬퍼했습니다. 왜 그렇게 되었는지 자신의 잘못을 진지하게 돌아보지 않았습니다. 그들은 아침에 일찍이 일어나 약속하신 땅으로 올라가겠다고 나섭니다 (민 14:39, 40). 모세가 만류했지만, 그들은 모세의 말을 듣지 않습니다. 열등감은 때로 누구의 말도 듣지 못하게 합니다. 하나님의 언약궤도 모세도 진영을 떠나지 않았지만 그들은 그래도 올라갔고, 진멸되기에 이르렀습니다(민 14:41-45).

믿음은 하나님이 올라가라 하시면 올라가는 것입니다. 믿음은 하나님이 돌아가라 하시면 돌아가는 것입니다. 미래를 두려워하지 않고 자기 삶을 살아간다는 것은, 믿음 없이 자기 마음대로 산다는 것이 아닙니다. 자기 삶을 살아간다는 것은, 두려워하지 않고 부르심을 따르는 순종의 삶입니다.

사십여 년 후 가나안 정복전쟁을 마치고 땅을 분배하는 날에 여든 다섯 살 된 갈렙은 가데스 바네아에서의 일을 기억하며 여호수아에게 말합니다.

> 그날에 여호와께서 말씀하신 이 산지를 지금 내게 주소서 당신도 그날에 들으셨거니와 그곳에는 아낙 사람이 있고 그 성읍들은 크고 견고할지라도 여호와께서 나와 함께하시면 내가 여호와께서 말씀하신 대로 그들을 쫓아내리이다 하니(수 14:12)

갈렙은 헤브론 산지를 지금 자신에게 달라고 합니다. 그곳은 정복한 땅이 아닙니다. 아직 정복하지 못한 땅입니다. 그 땅에는 그 옛날에 보았던 장대한 아낙 사람이 살고 있습니다. 성읍들은 크고 견고합니다. 그런데 갈렙은 그 산지에 올라가서 그 땅 백성들을 쫓아내겠다고 도전합니다. 갈렙은 자신의 야망을 이루고자 헤브론 산지를 달라는 것이 아닙니다. 헤브론 산지를 정복하는 것이 자신의 비전이었기 때문에 올라가겠다는 것도 아닙니다. 갈렙이 노구(老軀)를 이끌고 헤브론 산지에 오르는 것은 하나님의 부르심 때문입니다. 하나님이 주신 땅이기에 가서 취해야 했던 것입니다(민 13:22, 14:24).

이것이 두려워하지 않고 자기 삶을 살아가는 당당한 믿음의 모습입니다. 미래를 두려워하지 않고 부르심을 따르는 사람은 반드시 열등감을 딛고 이기는 자가 될 것입니다.

열등감에 대해 묵상하는 내내 오래전 파이디온 선교회 어린이 여름성경학교에서 사용했던 어느 찬양이 떠올랐습니다. 탄자니아 이미경 선교사님이 쓴 "다섯 개밖에 없어요"라는 곡입니다.

> 다섯 개밖에 없어요 보리떡 말이에요
> 두 마리밖에 없어요 물고기 말이에요
> 요까짓 거 가지고 무얼 해요 너무 많이 모자라잖아요
> 능력 많으신 우리 예수님, 축복기도 하시고
> 배부르게 먹었네 남았네 남았네 열두 광주리나

'요까짓 거 가지고 무얼 해요. 너무 많이 모자라잖아요.' 이 부분이 새롭게 다가왔습니다. 스스로가 요까짓 거밖에 안 된다고 느껴질 때가 있지 않습니까? 수천 명의 군중에게 보리떡 다섯 개로는 너무 많이 모자랐던 것처럼, 우리 자신이 너무 많이 모자라게 느껴질 때가 있지 않습니까?

저는 그럴 때가 참 많습니다. '요까짓 거 가지고 무얼 해요. 너무 많이 모자라잖아요.' 그렇습니다. 이것이 저의 처지이고, 우리의 모습입니다. 그러나 '능력 많으신 우리 예수님, 축복기도 하시고' 배부르게 먹었습니다. 요까짓 거밖에 안 되지만 능력 많으신 우리 예수님이 축복하시면 능히 감당할 수 있습니다. 여호와 하나님이 우리와 함께하십니다. 예수님이 축복하시고 하나님이 함께하시면 우리는 능히 사명을 감당할 수 있을 것입니다. 우리는 능히 이기는 자가 될 것입니다.

열등감을 무너뜨리는 약속의 말씀

"버러지 같은 너 야곱아, 너희 이스라엘 사람들아 두려워하지 말라 나 여호와가 말하노니 내가 너를 도울 것이라 네 구속자는 이스라엘의 거룩한 이이니라 보라 내가 너를 이가 날카로운 새 타작기로 삼으리니 네가 산들을 쳐서 부스러기를 만들 것이며 작은 산들을 겨같이 만들 것이라"(사 41:14-15).

열등감을 무너뜨리는 선포의 기도

"하나님! 저는 존재감 있고 자신감 있는 사람이고 싶습니다. 제 부족함과 모자람을 만날 때마다 찾아드는 자격지심과 피해의식을 단호하게 거절하겠습니다. 부족하기에 더 겸손하고, 모자라기에 더 하나님만을 신뢰하며 의지하겠습니다. 작은 부분을 비교하지 않고 하나님의 큰 그림을 조망할 수 있는 영적 안목을 키워가겠습니다. 주님의 말씀만을 따라 두려움을 넘어서서 기꺼이 주어진 삶을 살아가겠습니다. 함께하시는 하나님으로 인하여 능히 약속하신 복을 취하여 누리게 될 것을 확신합니다. 아멘!"

열등감을 무너뜨리기 위해 함께 읽을 책

「이는 내 사랑하는 자요」(헨리 나우웬, IVP)

3
불안감

내가 많이 놀라고 불안했구나!

창세기 4:9-17

출이스라엘! Exodus Israel!

2020년 2월 22일, 이스라엘 따라 걷기 답사팀과 함께 안식일 오후 바울이 로마로 압송되며 머물렀던 가이사랴에 있었습니다. 헤롯이 로마 황제에게 헌정한 인류 최초의 인공 항구인 가이사랴는 로마 총독이 머무는 국제 행정의 중심지로 본디오 빌라도가 티베리우스 황제 시절에 그곳에서 근무했다는 비문이 발견되어 역사적인 가치가 더하는 곳입니다. 가이사랴로 물을 공급하던 로마식 수로에 올라 지중해의 노을과 바람을 느끼고 있던 중이었습니다.

"이스라엘 당국에서 한국인 입국 금지를 검토하고 있다고 합니다."

한국인 성지 순례단의 코로나19 감염 소식이 이스라엘 방송에 보도되면서 이스라엘이 긴급 조치를 검토하고 있다는 소식을 대사관으로부터 전해들었습니다. '설마 사전에 아무 예고도 없이 이미 한국의 인천공항을 떠나 이스라엘을 향하고 있는 여행자들을 입국 금지 시키겠어?' '그래도 우리는 오늘 저녁 출국이니까 아무 문제가 없겠지.' 이렇게 여유를 부리며 크게 염려하지 않고 지중해의 바람을 가르며 하늘을 나는 새들을 바라보았습니다.

그러나 얼마 후 이스라엘 당국은 우리가 타고 귀국해야 할 대한항공에 탑승한 '이스라엘 국적자와 영주권자를 제외한 모든 외국인'의 이스라엘 입국을 금지했습니다. 잠시 후 대한항공으로부터 결항을 알리는 문자를 받았습니다. 그때 시간이 오후 5시 10분이었습니다. 그때부터 급하게 대체 항공을 확보하기까지 세 시간 남짓은 피말리는 긴장의 연속이었습니다.

항공기 결항 소식을 듣자마자 저녁식사를 위해 욥바로 향하던 버스를 급히 텔아비브 공항으로 돌렸습니다. 공항으로 향하는 버스 안에서 항공사 발권 사이트를 찾아 긴급하게 대체 항공을 찾았습니다. 다행히 저녁 9시 터키항공 비행기편이 있었습니다. 이스탄불을 경유하지만 한국 도착이 2시간 정도 늦어지는 것 외에는 큰 문제가 없었습니다. 바로 모바일로 예약과 발권을 진행하는데 뜻대로 되질 않았습니다. 수천만 원의 항공료를 결제하려니 신용카드 사용한도 제한이 걸리고, 한번에 예약 가능한 인원도 6명이나 8명밖에 되지 않고, 실시간으로 항공료는 올라가고, 마지막 결제창에서 결제가 막히는 정신없는 상황이었습니다.

결국 세 시간여 씨름 끝에 그야말로 은혜로 서른 명의 귀국 항공권이 발권되었습니다. 1, 2차로 나누어 당일 저녁 9시와 다음날 아침에 터키항공 비행기로 출이스라엘을 할 수 있었습니다. 지금까지 살면서 그렇게 긴장되고 긴 밤은 없었던 것 같습니다. 그날의 일은 오랜 동안 잊을 수 없을 것 같습니다.

무사히 귀국했지만 한국은 2주 전 출국할 때의 그 한국이 아니었습니다. 공항에서부터 거리 곳곳에도 코로나로 인한 불안감이 가득했습니다. 귀국 후 2주간 스스로 자가 격리를 하며 집에 머물렀습니다. 그렇게 쉬는데 별 증세 없이 몸이 안 좋았습니다. '혹시 코로나에 감염된 것은 아닌가?' 별 생각이 다 들었습니다. 하루하루 시간이 지나가면서 깨달았습니다. "내가 그날 참 힘들었구나! 많이 놀라고 불안했구나!"

코로나19 사태를 겪으면서 사람들 마음에 가득한 감정 중 하나가 '불안감'인 것 같습니다. 사실 우리는 누구나 어느 정도의 불안감을 안고 살아갑니다. 옆에 잘난 사람이 있으면 그 사람 때문에 사랑받지 못할 것 같아 불안하고, 못난 사람이 있으면 나라도 잘해야 한다는 생각에 불안합니다. 이런 불안감이 코로나19와 함께 극대화되었습니다. 바이러스의 공습 앞에서 과연 나와 우리 가족이 안전할지를 놓고 깊은 불안감에 잠겼습니다.

대개의 불안감은 스트레스 상황에 대한 정상적인 반응입니다. 그러나 과도한 불안감은 풍성한 삶을 파괴하는 또 다른 견고한 진입니다. 지속되는 불안감은 마음을 소진시켜 숙면을 취하기 어렵게 합니다. 쉽게 피곤하고 지치게 됩니다. 나아가 불안감은 근육의 긴장과 가슴이 조이거나 답답한 현상, 위의 통증과 같은 신체적인 어려움을 가져오기도 합니다.

동물과 구별되는 사람의 소중한 특징 가운데 하나가 미래를 예측하고 상상하는 능력입니다. 그런데 미래를 예측하고 상상하는 능력이 부정적으로 작용할 때 사람은 한없이 불안하게 됩니다. 미래를 예측하고 상상하는 기능을 담당하는 전두엽을 다친 사람들의 특징이 불안을 모르는 것이라고 합니다. 이런 점에서 불안은 사람의 보편적인 모습이라고 할 수도 있습니다.

일상의 철학자 알랭 드 보통Alain de Botton은 「불안」에서 "불안은 욕망의 하녀"라고 말합니다. 그리고 "인생은 하나의 불안을 다른 불안으로, 하나의 욕망을 다른 욕망으로 대체하는 과정"이라고 말하기도 합니다. 끊임없이 채워보려 하지만 채워지지 않는 욕망이 불안의 근원입니다. 이렇듯 불안감이란 채워지지 않는 삶의 필요 곧 욕망으로부터 시작되어 사랑받지 못하고 있다는 느낌이나 사랑받을 수 없다는 소외감에서 절정에 이르게 됩니다. **불안감이란 불확실성이 강한 시대 속에서 채워지지 않는 욕망의 부정적인 미래를 예측하고 상상함으로 마음이 조마조마**

하고 걱정이 가득한 상태입니다.

무엇이 그토록 불안한 것인가?

'불안감'을 묵상할 때 가장 먼저 떠오르는 성경 인물은 '가인'입니다. 아담과 하와의 큰아들 가인, 그는 끝없는 불안 속에서 살아갑니다. 미국 대공황기의 불안한 시대를 살았던 사회현실주의 작가 존 스타인벡은 그의 소설 「에덴의 동쪽」에서 가인의 불안을 현대적인 언어로 잘 풀어냅니다. 물론 사람들에게는 제임스 딘 주연의 영화 "에덴의 동쪽"이 더 친숙하겠지만 말입니다.

가인은 불안함에 동생을 죽입니다. 가인은 불안함에 여호와 앞을 떠나서 에덴의 동쪽 놋 땅으로 갑니다. 가인은 불안함에 그곳에 최초의 도시를 쌓았습니다. 그리고 가인은 불안함에 자신이 세운 도시를 자기 아들의 이름을 따라 '에녹'이라 부릅니다. 높게 쌓아올린 성채만큼이나 가인의 불안함은 높았습니다. 그리고 그 불안함이 가인의 후손을 통해 도시 문명을 이뤄갑니다. 장막에 살며 가축을 치는 산업이 발달하고, 수금과 통소를 잡는 예술이 시작되고, 구리와 쇠로 여러 기구를 만드는 기계 문명이 발달합니다. 그러나 또한 그곳에 일부다처의 가정 파괴가 만연하고, 폭력적인 학살과 살인의 문화가 확산되어 갑니다. 모든 도시 문명의 뿌리에 가인의 근원적 불안감이 자리 잡고 있음을 봅니다.

주변을 둘러보십시오. 초고층 빌딩과 아파트들로 가득합니다. 사람들은 도시 문명의 최고층을 지향하며 살아갑니다. 그러나 마스크 한 장으로 다 가릴 수 없는 다양한 불안감 속에서 살아가고 있지 않습니까? 가인, 그는 무엇이 그토록 불안했던 것입니까? 그리고 오늘을 사는 현대인들은 무엇이 그토록 불안한 것입니까?

인정 불안: 나는 인정받을 수 있을까?

알랭 드 보통은 사람들이 일상 속에서 겪는 다양한 종류의 불안 중에서 사회적 지위status와 관련된 불안을 집중적으로 탐구합니다. 그리고 불안이란, 사회가 정해 놓은 성공에 이르지 못할 위험에 처했으며 그 결과 존중받지 못할지 모른다는 걱정이라고 정의합니다. 다시 말해서 그는 불안의 근본적인 원인을 높은 지위를 바라는 마음에서 찾습니다. 높은 지위에서 낮은 단계로 떨어질지 모른다는 걱정이 사람들의 가장 큰 불안입니다.

그렇다면 사람들은 왜 높은 지위를 바랍니까? 근본적으로는 인정 욕구 때문입니다. 사람에게는 존중받고 사랑받고 싶은 욕구가 있습니다. 그런데 현대 사회에서 낮은 지위에 있으면서는 그것을 이룰 수가 없습니다. 낮은 지위에 있으면 아무도 우리를 주목하지 않습니다. 사랑받을 수 없습니다. 우리의 자리는 항상 불안합니다. 사랑의 욕구가 결핍된 사람은 항상 불안합니다. 지위와 상관없이 사랑받아 본 경험이 없는 사람은 끝없이 불안합니다.

가인의 첫 번째 불안은 다시는 인정받지 못할 수도 있다는 인정 불안입니다. 형제는 영원한 라이벌이라는 말처럼 가인과 아벨은 한배에서 났지만 너무나 달랐습니다. 한 사람은 농사를 짓고, 다른 사람은 양을 쳤습니다. 가인은 땅의 소산으로 제물을 삼아 여호와께 드렸고, 아벨은 양의 첫 새끼와 그 기름으로 여호와께 드렸습니다. 그런데 하나님은 아벨과 그 제물을 받으시고 가인과 그 제물은 받지 않으셨습니다. 무슨 이유인지 우리는 추측할 수 있을 뿐 다 알 수 없습니다.

이런 일을 겪었을 때, 가인의 마음은 어떠했겠습니까? 우리가 가인이라면 어땠을 것 같습니까? 마음 깊은 곳에서 거절당한 분노를 느끼고, 인정받지 못한 불안이 가득하지 않겠습니까?

가인은 하나님께 거절당했지만 그의 분노는 아벨을 향합니다. 몹시 분하여 안색이 변하는 가인을 향해 하나님은 "네가 분하여 함은 어찌 됨이며 안색이 변함은 어찌 됨이냐?"(창 4:6) 물으십니다. "네가 선을 행하면 어찌 낯을 들지 못하겠느냐 선을 행하지 아니하면 죄가 문에 엎드려 있느니라 죄가 너를 원하나 너는 죄를 다스릴지니라"(창 4:7) 하고 말씀하십니다.

결국 가인은 자신의 마음에 일어나는 죄의 소원을 다스리지 못하고, 죄의 소원을 따라 동생 아벨을 살해하고 맙니다. 그렇게 가인은 최초의 살인자, 동생을 죽인 인면수심人面獸心의 괴물이 되어버렸습니다.

가인은 왜 살인에까지 이른 것입니까? 아벨과 상관없이 자기 인생을 다시 시작할 수는 없었습니까? 아벨과 상관없이 하나님 앞에서 자신의 제사를 받지 않으신 이유를 찾아 다시 시작할 수는 없었습니까?

우리는 충분히 그럴 수 있다고 생각합니다. 그러나 가인은 그렇게 생각하지 않았습니다. 그는 아벨이 없어지지 않는 이상 자신은 아무리 해도 2등일 뿐이라고 생각했습니다. 아벨이 없어지지 않는 한 자신은 하나님께 인정받을 수 없다고 생각했던 것입니다. 인정받고 싶은 불안함이 현실적인 그리고 잠재적인 라이벌을 제거하는 행동으로 나타나고 있는 것입니다.

한번 실패하고 꺾인 자리에서 다시 일어서려고 할 때 인정 불안은 사람의 마음을 황폐하게 합니다. 이번에 떨어지면 다시 인정받을 수 없다는 불안감이 무리수를 두게 합니다. 가짜 뉴스를 퍼트리고 남몰래 수군거리며 나보다 인정받는 것처럼 보이는 그를 깎아내립니다. 내가 인정받는 문제는 그와 아무 상관이 없는데도 그가 없어져야 내가 인정받는다고 착각합니다.

고故박정희 대통령 시절을 다룬 영화 "남산의 부장들"을 보았습니다. 정치적인 해석을 넘어 인간의 내면 심리, 인정 욕구를 중심으로 영화를 살펴보았습니다. 김재규도 차지철도 이후락도 다 대통령에게 인정받지 못할 수 있다는 인정 불안에 묶인 불행한 사람이었습니다. 누가 그들을 그렇게 만들었습니까? 바로 그들의 리더가 사람을 그렇게 다루었던 것입니다. 인정 불안이 에너지가 되어 충성하도록 만들었던 것입니다.

그러나 우리 하나님은 그런 분이 아니십니다. 인정 불안을 자극하며 더 큰 인정을 받기 위해 충성을 경쟁하도록 하는 지옥 같은 삶으로 우리 인생을 계획하지 않으셨습니다.

예수님은 인정 불안으로 그분을 죽이려 하는 종교지도자들을 향해 선지자 이사야의 말씀을 주십니다.

> 상한 갈대를 꺾지 아니하며 꺼져가는 심지를 끄지 아니하기를 심판하여 이길 때까지 하리니(마 12:20)

하나님은 상한 갈대와 같이 살인자요 간음한 사람인 다윗의 인생을 꺾지 않으셨습니다. 예수님은 꺼져가는 심지와 같이 그분을 모른다 부인하고 쓰러진 베드로의 인생을 끄지 않으셨습니다. 인생을 살다 보면 상한 갈대처럼 상처받고 흔들릴 때가 있습니다. 그러나 주님은 꺾지 않으십니다. 살다 보면 더 이상 살아갈 소망이 없고 기력이 다하여 버티는 것조차 고욕일 때가 있습니다. 그러나 주님은 끄지 않으십니다. 상한 갈대를 다시 일으켜 세우시고, 꺼져가는 심지에 기름을 부어 다시 살리십니다.

'나도 다시 인정받을 수 있을까?', '나도 다시 일어설 수 있을까?' 하는 인정 불안에 힘겨우십니까?

상한 갈대를 꺾지 않으시고, 꺼져가는 심지를 끄지 않으시기를 이길 때까지 하시는 주님을 바라보십시오.

미래 불안: 나는 노력한 만큼 이룰 수 있을까?

2015년 1월 6일이었습니다. 서울 서초동의 어느 평범한 가정집에서 43세 주부와 각각 18세, 13세인 두 딸이 주검으로 발견되었습니다. 범인은 다름 아닌 가장이었습니다. 그는 직접 119에 전화를 해 어느 아파트에 가면 자신이 죽인 아내와 딸들의 시신이 있으며 자신도 지금 나와서 죽으려 한다고 말했습니다.

'서초동 세 모녀 살인 사건'으로 알려진 이 사건에 세간의 관심이 모였던 이유는, 무엇보다도 피의자 강아무개씨가 우리 사회에서 성공한 중산층의 전형적인 삶을 살아왔다는 점 때문입니다. 명문대 경영학과, 외국 유학, 외국계 회사 상무, 강남의 고급 아파트, 10억대 재산 - 한국 사회에서 이른바 '성공의 아이콘'으로 불리는 것을 다 갖춘 사람이 이런 참극을 저질렀다는 사실에 모두가 경악했던 것입니다. 그는 갑작스러운 실직과 주식 투자 실패로 '미래에 대한 불안'에 괴로워하다 가족 동반자살을 결심했다고 합니다.

김누리 교수는 이 사건이 드러내는 진실을 이렇게 말합니다. 곧 우리가 불안사회에 살고 있으며, 견고해 보이는 우리의 삶이 기실 너무도 허약한 기반 위에 세워져 있다는 사실을 보여준다는 것입니다. 이 사건은 현대인의 삶이 살얼음판 위를 걷는 것, 벼랑 끝에 매달려 있는 것임을 극적으로 보여준다고 말합니다. 훌륭한 조건을 갖추고, 성공적으로 적응해온 사람도 한 걸음 삐끗하거나 한 손만 잘못 짚으면 끝없는 나락으로 추락할 수 있는 곳이 한국 사회입니다.

미래에 대한 불안은 우리 사회의 기본 정서입니다. 어린아이도 불안하고, 청년도 불안하고, 대학생도 불안하고, 중장년도 불안하고, 노인도 불안합니다. 실업자, 노동자, 농민, 회사원, 자영업자, 공무원, 전문직 종사자를 가릴 것 없이 이 땅의 모든 이가 미래 불안에 떨고 있습니다. 불안은 사회를 통제하고 관리하는 숨은 지배자입니다. 불안은 인간을 길들이고 소진시키며 예속시킵니다. 불안한 미래로 인한 비인간적인 무한경쟁의 논리 속에서 불안감은 심화되고 일상화됩니다. 그렇게 불안감은 마침내 생명을 죽입니다.

그날 가인이 느꼈던 두 번째 불안은 미래 불안입니다. 하나님은 동생을 죽인 가인을 찾아오셨습니다. 인정 불안으로 상한 갈대가 된 가인에게 다시 기회를 주시며 물어보십니다. "네 아우 아벨이 어디 있느냐?" 몰라서 물어보시는 것이 아닙니다. 상한 갈대를 꺾지 않으시고 돌이킴의 기회를 주시는 물음입니다. 그러나 가인은 돌이키지 않습니다. "내가 알지 못하나이다 내가 내 아우를 지키는 자니이까?"

돌이킴의 기회를 거부한 가인에게 하나님은 땅에서 노력한 만큼 거두지 못하고 유리방황하게 될 것을 말씀하십니다.

네가 무엇을 하였느냐 네 아우의 핏소리가 땅에서부터 내게 호소하느니라 땅이 그 입을 벌려 네 손에서부터 네 아우의 피를 받았은즉 네가 땅에서 저주를 받으리니 네가 밭을 갈아도 땅이 다시는 그 효력을 네게 주지 아니할 것이요 너는 땅에서 피하며 유리하는 자가 되리라

(창 4:10-12)

가인은 자신이 흘린 아벨의 피로 말미암아 땅에서 저주를 받을 것입니다. 가인이 밭을 갈아도 땅이 다시는 그 효력을 그에게 주지 않을 것입니다. 심은 대로 노력한 대로 거두지 못하게 될 것입니다. 나아가 유리하는 자가 될 것입니다. '유리하는 자'란 '이리저리 움직이는 자', '안정을 찾지 못하고 방황하는 자'를 말합니다. 가인은 노력한 만큼 거두지 못하고 방황하는 불안한 인생으로 전락하게 될 것입니다.

그때에도 가인은 돌이켜 회개하지 않았습니다. 죄벌이 너무 무겁다고 호소할 뿐입니다. "내 죄벌이 지기가 너무 무거우니이다"(창 4:13). 그렇게 가인은 안정감을 잃고 미래 불안 속에 방황하는 자가 되었습니다.

현대인들이 느끼는 가장 큰 불안이 미래 불안입니다. 이전 세대까지만 해도 열심히만 하면 그래도 살 만할 것이라고 생각했습니다. 그렇지 못하다면 열심히 살지 않아서라고 여겼습니다. 땀은 정직하다고 배우며 자랐습니다. 그리고 그렇게 정직한 땀의 결과로 여기까지 이루며 살아왔습니다.

그런데 오늘 많은 젊은이들은 그렇게 생각하지 않습니다. 인생은 노

력한 만큼 이룰 수 있는 게 아니라고 생각합니다. 그래서 노력보다는 한순간에 해결할 길을 찾고, 좀 더 나은 삶을 찾기보다 그냥 오늘을 즐기려는 듯 보입니다.

15년 경력의 신천지 추적자 변상욱 전 CBS 대기자는 최근 인터뷰에서 젊은이들이 신천지에 빠지는 이유를 사회심리학적 요인을 중심으로 말합니다. 그가 꼽은 첫 번째 이유는 '자기 효능감'이었습니다.

> 실패를 겪은 상태에서 '낙오자다', '분발해라' 등의 소리를 들은 사람들은 대개 자존감이 크게 떨어져 있다. 신천지는 이런 사람들의 약점을 파고든다. 당신도 세상을 바꿀 수 있다는 허황된 희망의 메시지도 건넨다. 이렇게 들어간 개인은 본인이 속고 있다는 생각을 쉽게 하지 못한다. 집단 행동 속에서 집단 최면에 빠지기 때문이다. 문제가 있다고 느껴도 효능감을 느꼈던 짜릿한 기억 때문에 벗어나기 어렵다.

신천지는 전형적인 미래 불안을 이용해 허황된 희망으로 사람을 미혹합니다. 그래서 20대 대학생들은 꾸준히 신천지에 진입하고, 30대에는 신천지를 떠나는 사람들이 많은 것입니다. 현실을 직시하게 되면서 거짓 희망에 속았던 것이 조금씩 보이기 시작하는 것입니다.

어찌 신천지뿐이겠습니까? 이제 돌 지난 아이를 놓고도 시집보낼 걱정을 하는 게 우리 아닙니까? 많은 사람들이 자식 교육에 목매는 이

유도 미래 불안 때문 아닙니까? 한국 사회를 끊임없이 뒤흔들고 있는 부동산 문제의 핵심도 결국 미래 불안 아닙니까?

그렇게 미래 불안에 흔들리는 우리에게 선지자 예레미야는 이렇게 말합니다.

> 여호와의 말씀이니라 너희를 향한 나의 생각을 내가 아나니 평안이요 재앙이 아니니라 너희에게 미래와 희망을 주는 것이니라(렘 29:11)

아무리 노력해도 소용없다고 여기고 있습니까? 결코 그렇지 않습니다. 우리에게는 미래와 희망을 주시는 하나님이 계십니다. 하나님은 심은 대로 거두게 하십니다. 홍수 이후 노아에게 하나님은 분명히 말씀하셨습니다. "다시는 물로 심판하지 않겠다" 하시며 땅이 있는 동안 심음과 거둠이 있을 것이라 하셨습니다(창 8:20-22). 심음에는 반드시 거둠이 있을 것입니다. 땀으로 심은 것은 반드시 거둠이 있을 것입니다. 눈물로 씨를 뿌리면 반드시 풍성함으로 거두게 될 것입니다.

미래가 불안하십니까? 허황된 가짜 희망 메시지에 속지 말고 오늘 땀으로 심으십시오. 우리에게 미래와 희망을 주시는 하나님이 열어주시는 미래는 땀과 눈물의 열매입니다. 주님이 반드시 풍성함으로 거두게 하실 것입니다.

안전 불안: 나는 나를 지킬 수 있을까?

가인이 느꼈던 세 번째 불안은, 스스로를 지킬 수 없다는 안전 불안입니다. 가인은 실체가 없는 죽음에 대한 불안, 자기 소외에 대한 불안에 휩싸였습니다.

> 주께서 오늘 이 지면에서 나를 쫓아내시온즉 내가 주의 낯을 뵈옵지 못하리니 내가 땅에서 피하며 유리하는 자가 될지라 무릇 나를 만나는 자마다 나를 죽이겠나이다(창 4:14)

하나님은 가인을 쫓아내지 않으셨습니다. 아벨의 피가 쏟아진 그 땅에서 자기 죄의 결과로 가인은 유리하게 될 것입니다. 그런데 가인은 모든 책임을 하나님께로 돌립니다. 자신의 죄를 보고 돌이킬 줄을 모릅니다.

'불시안, 저시안'佛視眼, 猪視眼이라는 말이 있습니다. 무학 대사가 이성계와 나누었던 이야기에서 유래한 말로, '부처 눈에는 부처만 보이고 돼지 눈에는 돼지만 보인다'라는 뜻입니다. 사람은 다 자기 수준만큼 보고 판단한다는 말입니다.

형이 동생을 죽였습니다. 인정 불안을 이기지 못하고 동생을 죽였습니다. 그러니 누구를 믿을 수 있겠습니까? 아무도 믿을 수 없습니다. 그래서 가인은 만나는 사람마다 자기를 죽일 것이라고 생각합니다. 살인자의 눈에는 모든 사람이 다 자기 같은 살인자로 보였던 것입니다. 그렇게 가인은 안전 불안에 떨고 있었습니다.

코로나19는 사람들의 안전 불안을 공포 수준으로 끌어올려 놓았습니다. 감염에 대한 불안은 공포를 넘어 혐오를 만들어내고 있습니다. 혐오와 공포는 쌍둥이이거나 그냥 하나인 것 같습니다.
전염병 앞에서 우리가 진정 불안한 것은 무엇입니까? 정말 코로나19에 감염되어 죽을까 불안합니까? 물론 기저질환이 있고 연로한 분들이라면 그럴 수 있습니다. 그러나 더 많은 사람들이 불안해하는 것은, 바이러스로 인한 고통 자체가 아니라 '확진자'라고 불리는 낙인입니다. 바이러스에 감염된 환자요 피해자임에도 불구하고 수많은 사람들로부터 혐오의 대상이 되는 것에 한없이 불안하지 않습니까?

텔아비브 공항을 향하는 버스에서 급하게 모바일 발권을 시도했습니다. 공항에 도착해서도 온갖 방법을 찾아 발권을 시도하면서 가장 불안했던 것은, 이스라엘을 떠나지 못할 수도 있다는 것이 아니었습니다. 시간이 문제일 뿐 결국 귀국할 것입니다. 전쟁이 난 것도 아니고, 죽을 병에 걸린 것도 아니고, 돈이 없는 것도 아닙니다. 다만 지금 바로 탑승할 수 있는 항공편을 확보하지 못했을 뿐입니다. 핑계 삼아 여행을 며칠 더 할 수도 있고, 경유지를 이스탄불이 아닌 파리나 런던으로 해서 여유 있게 돌아볼 수도 있습니다. 그런데 왜 그렇게 불안해했습니까? 그것은 교회에 대한 염려 때문이었습니다. 주변 사람들의 시선과 말이 두려웠던 것입니다.

코로나19가 확산되기 전이었지만 많은 이들의 불안한 시선을 뒤로 하고 떠나온 답사 여행길이었습니다. 그런데 제대로 안전하게 다녀오지 못하고 이스라엘에 격리되어 귀국할 수 없게 되었다고 한다면 교회가 어떻게 될지가 불안했습니다. 사람들의 반응은 어떨지 불안했습니다. 누군가 소설 같은 이야기를 지어내고, 가짜 뉴스를 만들어 떠들지는 않을지 불안했습니다. 순간순간 흔들리는 마음에 판단이 흐려지곤 했습니다.

그러나 모든 것은 기우에 불과했습니다. 하나님은 우리의 불안감 너머에서 이미 일하고 계셨습니다.

불안감을 넘어 안정감을 얻으려면?

가인은 이 모든 불안을 극복하기 위해 무엇을 했습니까? 그는 인정 불안에 동생을 죽였지만 더 큰 미래 불안과 안전 불안에 휩싸였을 뿐이었습니다. 불안에 휩싸인 가인에게 하나님은 "그렇지 아니하다 가인을 죽이는 자는 벌을 칠 배나 받으리라" 하시며 그에게 표를 주셨습니다. 그를 만나는 모든 사람에게서 죽임을 면하게 하겠다고 약속하셨습니다(창 4:15). 그러나 가인은 하나님의 약속을 믿지 못했습니다. 그는 하나님을 떠나 에덴의 동쪽으로 갔습니다. 그는 '유리함의 땅'이란 뜻을 가진 '놋 땅'에 거주하게 되었습니다(창 4:16).

하나님은 이미 가인의 불안감을 해결할 징표를 주셨습니다. 가인을 보호하겠다고 약속하셨습니다. 그러나 가인은 하나님을 믿지 못하고 하나님을 떠나 스스로 자신을 지킬 안정된 곳을 찾았습니다. 그런데 그 땅이 '유리함의 땅'입니다. 하나님을 떠나 에덴의 동쪽에서 불안감을 극복하려 했지만 불안은 끝없이 계속될 뿐입니다.

가인은 불안감을 스스로 극복하기 위해 아내와 동침하여 아들을 낳고, 성^{City}을 건축했습니다. 아들의 이름과 그 성의 이름을 똑같이 '에녹'으로 불렀습니다(창 4:17). 가인은 가정에서 안정감을 얻을 수 있을 것이라고 생각했습니다. 또 물질적 안정 장치로 성을 쌓아올렸습니다.

'에녹'은 '시작', '개벽'이란 뜻입니다. 모든 것을 다시 시작하겠다는 것입니다. 하나님 없이 자기 인생을 스스로 시작하는 개벽 천지를 만들겠다는 뜻입니다. 새로운 인생, 새로운 문명의 시작을 알리는 개벽 선언입니다. 도시 문명의 새 시대를 자신과 자신의 아들을 통해 열겠다는 선언입니다. 불안한 인생이 스스로 안정감을 얻으려는 갈망을 극적으로 보여주는 이름이 '에녹'입니다.

우리 또한 이렇지 않습니까? 불안감으로부터 우리를 보호해줄 피난처로 사람을 찾습니다. 가장 안전하게 자신을 보호해줄 사람이 가족이라고 생각합니다. 그리고 물질적인 안정이 자신을 보호해줄 것이라 여기며 자신만의 성을 쌓고 또 쌓습니다.

사람들은 안정을 찾아 결혼을 하고 배우자를 의지하지만 오래지 않아 서로에게 안정감이 될 수 없음을 깨닫게 됩니다. 자녀 또한 우리에게 안정을 주기는커녕 오히려 불안감만 더하게 할 뿐입니다. 나아가 돈이라는 성, 명예라는 성, 권력이라는 성, 학벌이라는 성, 사역이라는 성을 쌓아 안정감을 얻고자 합니다. 그러나 어떤 것도 우리에게 안정감을 주지 못합니다.

우리의 불안감은 가인이 쌓아올린 도시의 성벽보다 더 높았습니다. 인정 불안에 라이벌을 제거하고, 인정받으려 충성 경쟁을 할수록 더 깊은 불안에 빠져갈 뿐입니다. 미래 불안에 자식을 닦달하며 입시지옥으로 내몰고, 부동산을 기웃거려 보지만 불안은 더 커져만 갑니다. 안전 불안에 어떻게든 주류에 끼어보려고 하지만 쉽게 되지 않습니다.

어떻게 하면 불안감으로 가득한 세상에서 안정감 가득한 삶을 살 수 있습니까? 불확실성이 강한 시대를 살면서 불안감에 흔들리지 않고 안정감 있게 살아가려면 우리는 어떻게 해야 합니까?

자신이 쌓은 성을 벗어나 광야의 하나님께로 나아가십시오. 불안감으로 쌓아올린 도시의 높은 성벽을 허물고 하나님이 일하시는 광야로 나아가십시오. 성 밖 광야는 사방이 열린 공간입니다. 광야에는 아무것도 없는 것처럼 보입니다. 광야는 사람이 살 수 없는 곳처럼 보입니다. 그러나 그곳에 하나님이 계십니다. 하나님이 친히 우리의 불성곽이 되어 우리를 지키시는 곳이 광야입니다.

> 여호와의 말씀에 내가 불로 둘러싼 성곽이 되며 그 가운데에서 영광이 되리라(슥 2:5)

이스라엘 답사 여행을 통해 새롭게 느끼고 깨달은 것 가운데 하나가 광야입니다. 멀리서 보면 분명 사람이 살 수 없는 곳입니다. 그런데 그 광야를 들어가보니 그곳에서 하나님의 손길을 느낄 수 있었습니다. 광야에는 피할 바위가 있었고, 머물 동굴이 있었습니다. 광야에 새들이 깃들이고, 바위너구리와 사슴이 있었습니다. 쉴 만한 나무 그늘이 있고, 저 아래 시내가 흐르기도 했습니다. 광야, 그곳에는 살아 계신 하나님의 숨결이 함께했습니다.

성 밖 광야에서 하나님이 불성곽이 되어 우리를 지키십니다. 인생이 불안하십니까? 삶이 불안하십니까? 불안을 이기려고 쌓아올린 인생의 성을 나와 광야의 하나님께로 나가야 합니다.

> 여호와께서 그를 황무지에서, 짐승이 부르짖는 광야에서 만나시고 호위하시며 보호하시며 자기의 눈동자같이 지키셨도다 마치 독수리가 자기의 보금자리를 어지럽게 하며 자기의 새끼 위에 너풀거리며 그

의 날개를 펴서 새끼를 받으며 그의 날개 위에 그것을 업는 것같이 여호와께서 홀로 그를 인도하셨고 그와 함께한 다른 신이 없었도다(신 32:10-12)

텔아비브 공항에서 1차로 출발하게 된 이들은, 누가 선택한 것이 아니라 여러 명이 동시에 예약하는 과정에서 먼저 예약이 된 사람들이었습니다. 그런데 그중에 한 분은 자신이 먼저 가는 것이 너무 낯설었다고 합니다. '나는 늘 남겨졌었는데….' 심지어 그분은 비행기에서도 다른 사람들과 달리 앞쪽 편한 좌석에 앉게 되었다고 합니다. '아닌데, 나는 이러면 안 되는데… 나는 늘 뒤에 있고… 남는 자리가 내 자린데…, 왜 내가….' 그때 하나님이 이렇게 말씀하셨습니다. "아니야. 넌 항상 내게 첫 자리란다."

하나님은 급하게 길을 떠나는 와중에도 당신의 자녀가 가지고 있는 어린 시절 상처를 씻고 계셨던 것입니다. 늘 부모 형제에게 뒷자리였지만 하나님은 늘 그를 주목하여 귀하게 살피셨습니다.

안전하게 귀국을 하고 나서야 알았습니다. 하나님은 2월 20일 목요일부터 우리 일행을 위해 기도하는 이들을 세우셨습니다. 저희 가정과 교회를 위해 중보하시는 선배 목사님의 전언이었습니다. 뉴스를 보는데 불현듯 한우리교회 이스라엘 답사 여행팀이 제때에 귀국하지 못할 수도 있겠다는 생각이 들었다고 합니다. 그때부터 주위에 긴급 기도

제목을 나누고 함께 기도했다고 합니다.

  하나님은 그분들의 기도를 사용하셨습니다. 계획된 일정을 하나도 빠짐 없이 진행하게 하시고, 출애굽의 때에 황급히 애굽을 떠났던 그날의 이스라엘 백성처럼 출이스라엘로 이스라엘을 떠나오게 하셨습니다. 그렇게 하나님은 불안 가운데 떠는 당신의 자녀들을 위해 일하고 계셨습니다.

  오늘과 같은 때에 얼마나 불안하십니까? 인정받고 싶고, 더 나은 미래를 살고 싶고, 건강하게 잘 살고 싶은데 그게 그렇게 마음대로 되지 않질 않습니까? 그 모든 인정 불안, 미래 불안, 안전 불안을 내려놓고 우리의 피난처가 되신 하나님께로 나아갑시다. 가인이 쌓아올린 에녹성처럼 우리 스스로 쌓아올린 도시의 성벽을 벗어나 하나님이 이끄시는 광야, 하나님이 일하시는 광야로 나아갑시다. 하나님이 계신 광야 그곳에서 우리는 더 이상 불안감에 흔들리지 않고 안정감 가득한 삶을 알아갈 것입니다. 광야에서 하나님이 우리를 위해 불성곽을 치실 것입니다.

불안감을 무너뜨리는 약속의 말씀

"야곱의 집이여 이스라엘 집에 남은 모든 자여 내게 들을지어다 배에서 태어남으로부터 내게 안겼고 태에서 남으로부터 내게 업힌 너희여 너희가 노년에 이르기까지 내가 그리하겠고 백발이 되기까지 내가 너희를 품을 것이라 내가 지었은즉 내가 업을 것이요, 내가 품고 구하여내리라"(사 46:3-4).

불안감을 무너뜨리는 선포의 기도

"변함없이 사랑하시는 하나님, 현실과 느낌의 불안감을 단호하게 거절합니다. 불안감을 스스로 해결하려는 모든 헛된 시도를 멈추고 하나님만을 구합니다. 불안한 내면을 온전히 하나님 당신에게 맡겨드립니다. 불안한 그때에도 여전히 하나님 앞에 엎드려 찬양하리이다. 아멘!"

불안감을 무너뜨리기 위해 함께 읽을 책

「폭풍 속의 주님」(켄 가이어, 두란노)

4
죄책감

나 자신을 용서할 수 있을까?
요한계시록 12:9-11

요한 아놀드의 책 「왜 용서해야 하는가」에는 베트남 전쟁 참전용사 리차드 데이빗의 죄책감 어린 고백이 있습니다.

> 제 마음속에는 늘 죽음에 대한 생각이 떠나질 않았습니다. 내가 다른 사람을 죽인 일과 나 자신도 죽어야 한다는 생각이 늘 저를 따라다녔습니다. 저는 평소에 같이 일하는 사람들과 농담을 많이 합니다. 하지만 그건 나의 고통을 감추고 죽음에 대한 생각에서 벗어나기 위한 몸부림이었습니다. 전 웃어야 했습니다. 웃을 때만이 우울한 생각에서 벗어날 수 있었으니까요. … 제가 저지른 죄에 대해 나

자신을 용서할 수 있을지 자신이 없었습니다. 하루하루 살아가지만 삶은 늘 피곤했고 변화가 없었습니다. 이 생활에 끝이 있을까? 희망이 보이지 않았습니다. 그리고 이런 생활이 벌써 25년을 넘어 지금까지 계속되어 온 것입니다.

안타까움에 서둘러 장례식장을 찾았습니다. 사랑하는 아내를 수술 후유증으로 갑작스럽게 잃고, 남편은 장례식장 구석에서 가슴을 움켜쥐고 있었습니다. '그때 내가 조금만 더 일찍 병원으로 데려갔더라면 죽지는 않았을 텐데.' '그때 내가 다른 병원으로 데려갔더라면 이렇게 허망하게 죽지는 않았을 텐데.' 남편은 꼬리에 꼬리를 무는 후회와 죄책감에 마냥 주저앉아 있었습니다. 그는 자신의 잘못으로 아내가 죽었다는 죄책감에 오랜 시간 힘겨운 날들을 보내야 했습니다.

이런저런 죄책감에 스스로를 받아들이지 못하여 가슴앓이하고 있지는 않습니까? 가해자로서 피해자에 대한 씻을 수 없는 죄책감에 시달리고 있지 않습니까? 또 어떤 때는 피해자이면서도 막연한 죄책감에 묶여 있지 않습니까?

죄책감은 우리를 자유 가운데 살지 못하게 하는 또 다른 사탄의 견고한 진입니다. **죄책감이란 자신의 잘못에 대해 스스로 유죄 판결을 내리고, 스스로를 심판하는 자기 정죄의 감정입니다.**

죄책감으로부터 벗어나려면?

"그래도 지구는 돈다." 「두 우주 체계에 대한 대화」라는 책을 통해 지동설을 설파하던 갈릴레오^{Galileo Galilei}가 1616년 종교재판에 회부되어 문책을 받고 어쩔 수 없이 천동설을 긍정했지만 재판정을 나오면서 했다는 혼잣말입니다. 갈릴레오가 실제로 이런 말을 했다는 뚜렷한 근거나 신빙성 있는 자료는 없지만, 널리 알려진 일화입니다. 이 말은 진리의 불변성을 역설하는 동시에 나약한 지식인의 한계를 드러내기도 합니다.

권력의 위협 앞에 칠순 노인이 자신의 신념을 포기하면서도 여전히 진실을 붙들고 싶어 하는 모습을 담은 이 말처럼, 많은 그리스도인들에게서 듣게 되는 모순 같은 말이 있습니다. 그것은 바로 "그래도 나는 죄인이다"라는 말입니다. 하나님 앞에서 예수 그리스도로 말미암아 의인이 되고 하나님의 자녀가 되었다는 말씀을 믿음으로 받았습니다. 그리고 '그래, 나는 의인이야. 나는 하나님의 자녀야'라고 고백하지만 이내 '그래도 나는 죄인이야'라는 모순에 젖어 살아가는 수많은 그리스도인들을 봅니다.

'그래도 나는 죄인이야'라며 스스로를 어둠에 가두게 하는 죄책감에서 벗어나려면 어떻게 해야 합니까? 죄책감의 견고한 진을 무너뜨리고 회복을 이루려면 어떻게 해야 합니까?

죄책감과 죄의식을 혼동하지 마십시오

죄책감으로부터 벗어나려면 첫째, 죄책감罪責感과 죄의식罪意識을 혼동하지 않아야 합니다.

성경에서 자주 언급되는 '정죄'定罪는 죄인으로 확정하는 것입니다. 법정에서 쓰이는 그림 언어특정한 상황을 그려주는 언어라는 뜻으로 사용함인 정죄는, 단순히 죄를 확인하는 차원이 아니라 재판 결과에 따라 내려지는 형벌 또는 심판 행위를 의미합니다. 정죄란 죄를 지은 사람에게 유죄 판결을 내려 죄인으로 확정하는 것에 더하여 죄에 합당한 징벌을 내리는 심판 행위까지를 포함합니다. 이런 정죄가 자기 자신에게로 향하는 자기정죄 감정이 바로 죄책감입니다. 죄책감은 자신의 잘못에 대해 스스로 유죄 판결을 내리고, 스스로를 심판하는 행위입니다. 그러므로 자신의 죄와 허물에 대해 죄책감을 갖는 것은, 우리의 죄를 사하시는 예수님의 권위를 무시하고 십자가와 부활을 무력화하는 불신앙의 태도입니다(롬 8:1, 2).

반면에 죄의식은 죄책감과 비슷해 보이지만 전혀 다른 개념입니다. 죄의식은 성령님의 깨닫게 하심을 통해 죄를 죄로 인식하는 것입니다(요 16:7-9). 죄를 죄로 깨닫고 돌이키지만, 죄에 대한 심판은 하나님께 맡기는 것이 죄의식입니다. 죄의식은 돌이킴을 위한 은혜입니다.

죄책감과 죄의식을 혼동하지 않고 분명하게 구별할 수 있어야 합니다. 그리하여 죄책감을 거절하고, 죄의식은 받아들여야 합니다. 죄책감의 배후에는 우리를 참소讒訴하는 사탄이 있습니다. 죄책감은 사탄으로부터 오는 거짓된 참소를 받아들인 것에 불과합니다. 사탄은 '온 천하를 꾀는 자' 곧 죄의 유혹자인 동시에 '참소하던 자' 곧 우리를 죄책감으로 정죄하고 고발하는 자입니다. 죄책감을 받아들이고 사는 것은 참소하는 사탄의 올무에 스스로 매인 삶입니다.

> 큰 용이 내쫓기니 옛 뱀 곧 마귀라고도 하고 사탄이라고도 하며 온 천하를 꾀는 자라 … 우리 형제들을 참소하던 자 곧 우리 하나님 앞에서 밤낮 참소하던 자가 쫓겨났고(계 12:9, 10)

하나님은 예수 그리스도 안에서 우리를 용서하시고 사면하셨습니다. 예수님 안에서 우리는 죄와 사망의 정죄로부터 해방되었습니다. 우리를 묶고 있던 모든 정죄의 사슬은 예수님 안에서 다 풀어졌습니다. 이제 정죄의 사슬에 우리를 계속 묶어두는 방법은 우리 스스로 죄책감의 사슬에 매이기를 자처하는 것뿐입니다. 그래서 사탄은 끊임없이 우리를 고발합니다. 사탄의 거짓된 자기정죄를 받아들여 스스로를 어둠의 사슬에 매이게 하는 것이 죄책감입니다.

> 살인범은 사람을 죽였다는 죄책감 때문에 죽을 때까지 도망자의 신세가 될 것이다 그런 자를 돌보지 말아라(잠 28:17, 현대인의 성경)

성경에는 죄책감에서 벗어나지 못하고 스스로를 괴롭힌 사람들로 요셉의 형들이 있습니다. 그들은 동생을 학대하고 팔아버렸다는 죄책감에 시달리며 살아야 했습니다. 그날 일과 아무 상관관계도 없어 보이는 억울한 일을 겪으면서도 그날의 일을 기억하고 괴로워했습니다.

> 그들이 서로 말하되 우리가 아우의 일로 말미암아 범죄하였도다 그가 우리에게 애걸할 때에 그 마음의 괴로움을 보고도 듣지 아니하였으므로 이 괴로움이 우리에게 임하도다(창 42:21)

그들은 우여곡절 끝에 동생과 뜨거운 화해를 하게 되었습니다. 그러나 동생과 화해한 후에도 죄책감에서 벗어나지 못했습니다. 그들은 아버지 야곱이 죽자 유언을 조작합니다. 지난 일로 보복당하게 될 것이라는 불안심리에 매여 아버지의 유언을 조작하고 그것으로 용서를 구합니다. 그토록 오랜 시간이 지났지만 그들은 여전히 죄책감에 갇혀 있습니다. 죄책감으로 괴로워하는 형들을 보면서 동생은 하염없이 울고 또 울었습니다. '이미 용서했는데…. 이미 다 해결된 죄에 아직까지도 묶여 있단 말인가?' 동생은 죄책감에 묶여 있는 형들이 안타까워 울었습니다(창 50:17).

동생의 눈물은 죄책감에 스스로를 묶고 힘겨운 인생을 살아가는 우리를 바라보시는 하늘 아버지의 아픈 눈물이기도 합니다. 십자가로 모든 죄를 용서하신 하늘 아버지께서 울고 계십니다. 하나님이 다 용서했다고 하시는데도 용서를 받아들이지 못하고 죄책감에 묶인 우리가 안타까워 하나님은 울고 또 우십니다.

죄책감의 굴레에 묶이지 않기 위해서는 죄책감과 죄의식을 분명하게 구별할 수 있어야 합니다. 요셉의 형들을 긴 세월 동안 묶어두었던 속박束縛은, 죄를 깨닫고 돌이키게 하는 죄의식이 아닙니다. 그것은 끊임없는 자기정죄의 올무에 스스로를 매이게 하는 죄책감입니다. 죄책감이 우리에게 던지는 소리와 느낌은 그 어떤 것도 하나님으로부터 말미암은 것이 아닙니다.

특히 피해자에게 밀려오는 죄책감은 사탄의 잔혹하고 파괴적인 공격입니다. 고통스런 그 일은 피해자의 잘못이 아닙니다. 어떤 일은 그 누구의 잘못도 아니고 관련된 모두가 피해자일 수 있습니다. 스스로를 희생양 삼아 자기연민自己憐憫에 젖어드는 것은 하나님의 뜻이 아니라 사탄의 올무입니다.

다윗의 딸이요 압살롬의 동생이었던 비극적인 여인 다말을 기억하십니까? 그녀는 너무나 아름답고 착한 여인이었습니다. 그런데 그녀를 좋아하던 이복오빠 암논이 사랑이라는 이름의 폭력으로 성폭행을 했습니다. 사랑이라는 이름의 잔혹한 폭력에 짓밟힌 다말은 마땅히 아버지를 찾아 억울함을 호소해야 했습니다. 마땅히 암논의 죄를 드러내고 신원해야 했습니다. 그러나 심성이 여린 다말은 그렇게 하지 못하고 처량하게 울고만 있었습니다. 오빠 압살롬이 "근심하지 말라" 해도 그녀는 스스로를 자책하며 깊은 죄책감의 나락으로 떨어져 갔습니다.

… 이에 다말이 그의 오라버니 압살롬의 집에 있어 처량하게 지내니라(삼하 13:20)

그런 동생을 바라보던 오빠 압살롬은 마침내 증오에 찬 폭력을 휘두르게 됩니다. 너무나 가슴 아픈 이야기입니다.
'그때 거길 가지 말았어야 했는데', '그때 아버지 말씀을 들었어야 했는데', '그때 이렇게 했어야 했는데.' 수만 가지 이유로 스스로를 죄책감에 묶고 있지는 않습니까? 우리를 과거 속에 묶어 두려움과 근심으로 자책하게 하는 죄책감은 사탄의 파괴적이고 견고한 진입니다.

죄를 어린양의 피로 덮으십시오
죄책감으로부터 벗어나려면 둘째, 사탄이 참소하는 죄를 어린양의 피로 덮어야 합니다.

또 우리 형제들이 어린양의 피와 자기들이 증언하는 말씀으로써 그를 이겼으니…(계 12:11)

참소하는 자인 사탄은 스스로를 정죄의 올무에 매이게 하는 죄책감으로 우리를 끊임없이 공격합니다. 그때마다 우리는 그리스도 안에서 은혜의 풍성함을 따라 속량贖良 곧 죄사함을 베푸시는 예수님의 보혈로 우리의 모든 죄를 덮어야 합니다. 사탄의 참소로 말미암은 죄책감의 견고한 진을 무너뜨리는 가장 강력한 무기는 어린양의 피입니다.

> 우리는 그리스도 안에서 그의 은혜의 풍성함을 따라 그의 피로 말미암아 속량 곧 죄사함을 받았느니라(엡 1:7)

여기서 속량이란 노예 시장에서 온 그림 언어입니다. 몸값을 지불함으로 노예의 신분에서 풀어주어 자유민이 되게 하는 것이 속량입니다. 죄로 말미암아 사탄에 묶여 사망의 종노릇하던 우리를 위해 예수님이 십자가에서 자신의 피 값으로 속전贖錢을 지불하심으로 우리를 해방하셨습니다(히 2:15). 예수님의 피로 말미암아 우리는 이제 노예가 아니라 아들이 되었습니다. 그러므로 우리가 죄사함을 받았다는 것은, 단순히 죄를 용서받는 것을 넘어 죄의 결과에 대한 책임까지도 면했음을 뜻합니다. 어린양 예수님의 피를 믿는 우리에게는 어떠한 죄값도 남아 있지 않습니다.

사탄이 참소하는 모든 죄가 이미 어린양 예수 그리스도의 피로 사해졌음을 믿음으로 바라보십시오. 우리의 모든 죄는 화목제물 되신 어린양의 피로 이미 덮어졌습니다.

이 예수를 하나님이 그의 피로써 믿음으로 말미암는 화목제물로 세우셨으니 이는 하나님께서 길이 참으시는 중에 전에 지은 죄를 간과하심으로 자기의 의로우심을 나타내려 하심이니(롬 3:25)

너희가 알거니와 너희 조상이 물려준 헛된 행실에서 대속함을 받은 것은 은이나 금같이 없어질 것으로 된 것이 아니요 오직 흠 없고 점 없는 어린 양 같은 그리스도의 보배로운 피로 된 것이니라 (벧전 1:18-19)

굳게 닫힌 감옥에 한 사형수가 있었습니다. 감옥 벽은 그가 무슨 죄를 저지르며 살아왔는지를 기록한 낙서들로 가득 차 있습니다. 그러던 어느 날 그 사형수에게 왕의 사면장이 날아왔습니다. 잔잔한 음악이 흐르며 감옥 문이 활짝 열렸습니다. 사형수는 일어나서 문을 향해 걸어갑니다. 바로 그때 교도관이 감옥 안으로 뛰어들어오며 외칩니다.

"넌 나갈 수 없어. 네가 무슨 죄를 저질렀는지 너도 잘 알잖아? 네 혐의는 전부 유죄로 드러났어. 너는 이 지저분하고 끔찍한 감옥에 사는 게 당연하다는 것을 잘 알 텐데. 여기 벽에 쓰인 내용들을 보라고, 저게 진짜 너야. 네가 어디로 가든 네가 무슨 옷을 입든 달라질 건 없어. 속을 사람은 아무도 없어. 속을 사람은 너뿐이지. 너는 사형수라고. 넌 결코 석방될 수 없어. 여기 그냥 앉아. 내가 말벗이라도 되어줄 테니."

교도관의 이 말을 듣고 머뭇거리며 있는 사형수를 보게 된다면 어떨까요? 이렇게 소리치고 싶지 않겠습니까?

"당신 도대체 뭐하는 거요? 감옥 문이 열렸다고요! 빨리 나가요!"

우리는 죄로 말미암아 죽을 수밖에 없는 사형수였습니다. 우리는 사탄에게 고소당하고 유죄 판결을 받았습니다. 그런데 왕의 아들이 우리를 위해 자기 피로 죄값을 치르셨습니다. 그로 말미암아 우리는 완전한 사면을 받았습니다. 우리가 죄를 회개하고 돌이키는 믿음으로 왕의 사면장을 받아드는 순간 이미 감옥 문이 열렸습니다. 사탄이 아무리 문을 잠그려 해도 그에게는 열쇠가 없습니다. 아들의 피는 우리 죄를 사하기에 충분한 아버지의 사랑입니다.

종교개혁자 마르틴 루터$^{Martin\ Luther}$는 이것을 '즐거운 교환' 곧 '자리 바꿈'이라고 했습니다. 예수님의 자리에 우리를 세우시고, 우리의 자리에 예수님을 세우셨다는 것입니다. 그래서 우리의 죄는 더 이상 우리의 것이 아니고 예수님의 것이 되었습니다. 예수님의 의^{義}는 더 이상 예수님의 것이 아니고 우리의 것이 되었습니다. 그래서 예수님은 죄인이 되시고, 우리는 의인이 되어버린 것입니다.

왜 그렇게 되었습니까? 예수님이 십자가에서 흘리신 피로 말미암아 하나님이 무조건 우리 죄를 용서하셨기 때문입니다. 예수님 안에서 우리의 모든 죄를 다 씻어버리시고 죄 없다고 선언하셨기 때문입니다.

이런 놀라운 일을 하나님이 십자가를 통해 하셨습니다. 예수님이 십자가에서 흘리신 피로 말미암아 우리의 모든 죄는 씻겨졌고, 그 모든 죄의 권세와 책임으로부터 자유하게 되었습니다.

그러므로 우리는 어린양의 피를 믿는 믿음으로, 자기 죄를 스스로 해결하려는 어떠한 노력도 멈추어야 합니다. 죄에 대한 그 누구의 정죄도 단호하게 거절하고 용납하지 말아야 합니다. 특히 자기 자신을 <u>스스로 정죄하는 죄책감</u>을 허용하지 말아야 합니다. 사탄의 정죄하고 참소하는 소리가 들릴 때마다 모든 죄를 어린양의 피로 덮어야 합니다.

가슴 깊이 죄책감을 품고 살던 한 여인이 있었습니다. 그녀가 그렇게 수치스럽게 여기는 일에 대한 생각에 사로잡혀 바닷가를 걷고 있었습니다. 바닷가를 거닐며 밀려오는 파도를 손으로 찰싹 때리기도 하다 보니 그녀의 손에는 모래가 묻었습니다. 순간 떠오르는 생각과 함께 하나님과의 대화가 이어졌습니다. 하나님이 그녀에게 속삭이듯 말씀하셨습니다.

"네 손에 묻은 모래들이 보이니? 그것을 네가 수치스럽게 여기는 죄라고 하자. 네 앞에 있는 거대한 바다가 보이지? 그것은 너를 향한 죄 사함의 은혜란다. 네가 바다에 손을 담그고 바닷물과 악수하면, 네 손에 있는 모든 것이 쓸려나가지? 네가 그 모래를 다시 바다에서 찾을 수 있겠니? 그럴 수 없단다. 그 모래를 다시 가져올 수 있겠니? 아니지. 너는 다시는 일어나지 않았으면 좋겠다고 생각하는 수치스러운 죄를 네 손아귀에 계속 쥐고 비참하게 지낼 수도 있고, 그것을 저 바다와 같은 나의 죄사함의 은혜에 떨쳐버리고 자유롭게 지낼 수도 있어. 이것은 너의 선택이란다. 왜 너를 이렇게까지 사랑하는 내 마음을 받아들이지 않고 스스로를 자책하며 괴로워하고 있니?"

그녀는 손을 바다에 담그고, 손에 있던 모래가 바다로 돌아가는 것을 보았습니다. 그것은 "너는 자유로워졌다. 지금 이 순간뿐만 아니라 영원히 말이야"라는 하나님의 말씀을 드러내는 상징적 행동이었습니다.

지금 우리의 손에는 어떤 죄와 허물의 모래가 묻어 있습니까? 일어나 죄사함의 은혜의 바다에 우리의 손을 내어놓읍시다. 우리는 은혜의 풍성함을 따라, 그분의 피로 말미암아 속량 곧 죄사함을 받았습니다.

증언하는 말씀으로 죄책감과 싸우십시오

죄책감으로부터 벗어나려면 셋째, 죄책감의 소리에 맞서 증언하는 말씀으로 싸워야 합니다.

> 또 우리 형제들이 … 자기들이 증언하는 말씀으로써 그를 이겼으니 그들은 죽기까지 자기들의 생명을 아끼지 아니하였도다(계 12:11)

참소하는 사탄의 고발을 꺾는 또 하나의 강력한 무기는 증언하는 말씀입니다. 패할 수밖에 없는 것처럼 보이던 법정에서 거짓 증언을 뒤

집는 진실의 증인이 나타나듯이, 증언하는 말씀은 사탄의 참소를 능히 이기게 합니다. 증언하는 말씀이란 단순히 지식적 차원에 머무는 말씀이 아니라 체험적 고백으로 확증된 말씀입니다.

몇몇 자매가 둘러앉아 큐티^{QT}실습을 하고 있었습니다. 그날의 실습 본문은 요한복음 8장 1-11절이었습니다. 간음하다 현장에서 잡혀온 여인을 용서하신 예수님에 대한 말씀입니다. 각자 삼십 분 정도 말씀을 묵상하고 나서 그날의 큐티를 나누기 시작했습니다. 한 명씩 돌아가며 묵상을 나누는데, 한 자매가 갑자기 흐느끼기 시작했습니다. 그녀는 한참을 흐느낀 후에 조심스럽게 입을 열었습니다.

"제가 바로 간음하다 잡혀온 여인입니다. 제가 바로 간음한 여인입니다. 저는 결혼 전에 남자친구와 깊은 육체적 관계를 맺었습니다. 철없던 시절이지만 그 일만 생각하면 수치심을 견딜 수가 없습니다. 이제 중년이 되어가지만 젊은 날에 저질렀던 죄악은 여전히 저를 옭아매고 있었습니다. 그런데 오늘 예수님이 "나도 너를 정죄하지 않는다"고 하셨습니다. 예수님이 직접 말씀하시는 것만 같았습니다. "나는 너를 정죄하지 않는다. 그러니 너도 너를 정죄하지 말아라." 이 말씀을 듣는 순간 저도 모르게 눈물이 터졌습니다. 예수님의 말씀이 그동안 저를 묶고 있던 죄책감의 사슬을 한순간에 끊어내는 느낌입니다. 이제는 정말 예수님 때문에 자유할 수 있을 것 같습니다."

그날 이후에도 또 죄책감이 올라올 때가 있었을 것입니다. 그러나 자매는 그때마다 "나도 너를 정죄하지 아니하노니 가서 다시는 죄를 범하지 말라"(요 8:11) 하신 말씀을 그녀의 증언하는 말씀으로 선포하며 죄책감과 싸웠습니다. 그녀는 증언하는 말씀과 함께 사탄의 참소를 이겨냈습니다. 그리고 더 이상 죄책감에 매이지 않고 자유하게 되었습니다.

선지자의 책망과 함께 자신의 죄가 드러났을 때 사울과 다윗은 전혀 다른 반응을 보였습니다. 그들의 반응과 함께 그들의 인생도 달라졌습니다. 사울도 잘못했고, 다윗도 잘못했습니다. 그러나 사울은 핑계하고 변명했고, 다윗은 깊은 회개로 돌이켰습니다. 하나님은 사울을 버리셨고, 다윗을 은혜로 회복하셨습니다. 죄를 깨닫게 되면, 죄책감에 빠지거나 자기 연민의 책임전가가 아니라 돌이켜 회개함으로 엎드려야 합니다. 돌이켜 회개하는 곳에 용서와 회복의 은혜가 임합니다.

회개悔改는 죄인이 죄악된 길에서 돌이켜 하나님께로 향하는 삶의 근본적인 전환 곧 분수령적인 방향 전환을 말합니다. 회개는 단순한 후회와 자책이 아닙니다. 회개는 근원적인 돌이킴입니다. 오순절 성령강림 이후, 베드로는 설교를 듣고 어찌할꼬 후회하는 사람들과 예수 그리스도의 이름으로 걷게 된 사람을 보고 놀라서 모인 사람들에게 회개하라고 외쳤습니다.

> 베드로가 이르되 너희가 회개하여 각각 예수 그리스도의 이름으로 세례를 받고 죄사함을 받으라 그리하면 성령의 선물을 받으리

니(행 2:38)

그러므로 너희가 회개하고 돌이켜 너희 죄 없이함을 받으라 이같이 하면 새롭게 되는 날이 주 앞으로부터 이를 것이요(행 3:19)

죄사함을 위해 회개하라는 말씀입니다. 하나님을 등진 죄로부터 돌이켜 회개하라는 말씀입니다. 윤리적인 차원의 범죄를 말하는 것이 아닙니다. 하나님을 하나님으로 믿지 않았던 근원적인 죄를 회개해야 합니다. 하나님 없이 살겠다는 자기중심성에서 돌이켜 하나님께로 가는 것이 회개입니다. 우리가 책망받아야 할 죄의 본질은 예수님을 믿지 않는 것입니다(요 16:9). 하나님이 구원자로 주신 예수님을 믿지 않음이 죄인 것을 깨닫고 돌이켜 예수님을 믿음으로 받아들이는 것이 회개입니다. 예수님을 믿고 회개할 때 우리는 죄 없이함을 받아 하나님 앞에 의가 됩니다(고후 5:21).

예수님을 믿지 않음이 죄요, 하나님을 하나님으로 받아들이지 않음이 죄입니다. 하나님 없이 내 마음대로 살고자 했던 자기중심성이 죄임을 깊이 깨닫고 믿음으로 돌이켰습니까? 예수님을 구주와 주님으로 믿고 영접함으로 삶의 근본적인 방향을 전환했습니까? 그것이 회개입니다.

이런 근원적인 회개와 쉽게 혼동되는 것이 자백自白과 고백告白입니다. 넓은 의미의 회개에 포함되는 자백과 고백을 제대로 이해하고 삶에서 실천할 때, 죄를 이기고 죄책감에 갇히지 않을 수 있습니다. 우리는 분수령적인 회개에도 불구하고 로마서 7장에서 바울이 씨름했던 것처럼 여전히 죄의 실재와 싸워야 합니다. 이미 십자가로 말미암아 용서받고 의인이 되었지만, 여전히 죄의 실재를 짊어지고 살아야 하는 고통이 있습니다. 죄와 함께 넘어질 때마다, 우리는 회개하고 또 회개합니다. 십자가 앞에서 근원적으로 돌이키는 회개를 이미 했지만, 일상의 넘어짐에서 자신의 죄를 깨닫고 회복의 은혜를 구하는 회개는 여전히 필요합니다.

"이미 목욕한 자는 발밖에 씻을 필요가 없느니라"(요 13:10) 하신 예수님의 말씀처럼, 목욕하는 것이 근원적인 회개라면 발 씻는 것은 일상의 회개 곧 자백입니다. 자백으로서의 회개는 십자가로 이미 용서받은 죄의 실재를 벗어나기 위한 싸움입니다. 성경은 예수님을 믿고 하나님과 사귐이 있는 성도들에게 죄를 자백하라고 촉구합니다.

> 만일 우리가 우리 죄를 자백하면 그는 미쁘시고 의로우사 우리 죄를 사하시며 우리를 모든 불의에서 깨끗하게 하실 것이요(요일 1:9)

여기서 우리가 자백하는 '죄'는 헬라어 '하마르티아'라는 단어로 '표준에 이르지 못하는 것', '진리에서 벗어나는 것'을 의미합니다. 하나님의 진리에서 벗어난 자기 실재를 직면할 때마다 십자가 앞에 엎드려 회복의 은혜를 구하는 것이 자백입니다. 우리의 어떠함에 상관없이 예수님의 십자가와 부활을 믿는 성도의 모든 죄는 이미 용서되었습니다. 이미 용서받은 의인이지만 하나님의 표준에 이르지 못하는 자신의 연약함과 악함을 하나님 앞에 인정하고 은혜를 구하는 것이 자백입니다. 죄의 실재로부터 벗어나 죄를 이기는 삶을 향한 결단이 자백입니다. 죽기까지 생명을 아끼지 않고 죄와 치열하게 싸우는 투쟁이 자백입니다.

신비롭게도 죄를 자백할 때 죄의 실재와 더불어 죄책감에서도 벗어나는 경험을 하게 됩니다. 하나님 앞에 죄를 자백할 때 빛이신 하나님으로 말미암아 죄가 끊어지고 죄책감에서 벗어나게 됩니다. 참으로 신비한 회복의 은혜입니다.

회개의 또 다른 차원으로, 공동체에서 자신을 오픈하는 고백告白이 있습니다. 디트리히 본회퍼Dietrich Bonhoeffer는 신자의 공동체는 고백 공동체가 되어야 한다고 했습니다. 그가 고백 공동체의 핵심으로 제시했던 말씀이 야고보서 5장 16절입니다.

> 그러므로 너희 죄를 서로 고백하며 병이 낫기를 위하여 서로 기도하라 의인의 간구는 역사하는 힘이 크니라(약 5:16)

여기서 서로 고백하라고 하는 '죄'는 헬라어 '파랍토라'로서 '잘못', '착오', '과실', '실수', '나쁜 행위'를 의미합니다. 하나님 앞에 자백해야 할 죄하마르티아 곧 진리에서 벗어난 것은 아닐지라도, 일상의 크고작은 잘못된 것파랍토마들을 서로 고백하라는 말씀입니다. 자백과 마찬가지로 고백 또한, 이미 용서받았지만 아직 끊어지지 않은 죄의 사슬을 끊기 위함입니다. 고백을 명령하는 야고보서 5장은 치유를 위한 공동체적인 기도의 문맥입니다. 신자 공동체가 병으로 대표되는 서로의 고통을 위해 함께 기도하는 과정에서 서로의 죄를 고백하라는 것입니다.

공동체 안에서 행하는 죄의 고백은, 죄의 사슬을 끊고 죄책감에서 벗어나기 위한 것입니다. 죄를 고백하는 것은 죄를 이기는 놀라운 힘이 있습니다. 왜냐하면 그것이 흑암에 감추어 두었던 것을 빛으로 드러내는 것이기 때문입니다. 죄는 빛으로 드러나는 순간 권세를 잃게 됩니다. 고백과 함께 빛으로 드러난 죄책감은 우리를 더 이상 속박할 수 없습니다. 고백은 자유에 이르는 길입니다.

하나님께 죄를 자백할 뿐만 아니라 공동체에서도 죄를 고백해야 한다고 본회퍼가 강조한 것은 고백된 죄는 힘을 잃기 때문입니다. 실재로 그는 자신이 가르쳤던 핑겐발데 신학원에서 공동체 생활을 하면서 서로 나누는 '죄 고백'을 문자 그대로 실천했습니다. 1907년 평양 대부흥 운동도 내용적으로는 '죄 고백' 운동이었습니다. 죄를 빛 가운데로 드러내는 것이 부흥의 역사입니다.

우리가 서로에게 죄를 고백할 때, 죄는 빛으로 드러나면서 힘을 잃게 되고, 개인의 죄는 공동체의 문제로 확장되어 함께 싸워 이기게 됩니다. 교회가 죄를 고백하는 공동체를 이룰 때, 성도들은 자신의 죄와 연약함과 상처를 드러내며 서로를 살리는 죄사함의 공동체로 나아가게 됩니다.

김양재 목사님이 담임하고 있는 '우리들교회' 홈페이지 목장 나눔 게시판에서 '바람', '외도', '이혼', '재혼', '간음' 같은 단어로 검색하면 수백 건의 글이 나옵니다. 이 게시판은 로그인 없이 아무나 볼 수 있습니다. 이렇게까지 공개해도 부작용이 없을지 걱정이 앞서기까지 합니다. '우리들교회'의 큐티 교재인 "큐티인"만 해도 그 속에는 실명으로 공개된 죄의 고백들이 가득합니다.

'우리들교회'에 특별히 죄가 많은 사람들만 모였기 때문에 이런 것입니까? 그렇지 않습니다. 교회에서 죄를 고백하는 훈련이 되어 있고, 서로의 죄 고백을 듣고 용납하며 기도하는 안전한 공동체 분위기가 뒷받침되기 때문입니다. 무엇보다 죄 고백을 통해 죄가 끊어지고 죄책감에서 자유하게 되는 열매를 직접 목격하고 경험하기 때문에 적나라한 죄를 서로 고백할 수 있는 것입니다.

고상하고 교양 있는 척하지만 우리 속에 얼마나 많은 숨은 부끄러움이 있습니까? 모두가 죄인인데 죄를 고백한다고 해서 부끄러워할 것이 무엇이겠습니까? 죄를 고백하고 느끼는 부끄러움은 오히려 죄 자체에 대한 부끄러움을 이기는 능력입니다. 특히 숨은 죄를 고백하는 것은 죄책감의 올무에서 벗어나는 강력한 능력입니다.

성도들이 큐티나 말씀묵상과 관련해서 흔히 사용하는 '내 죄를 본다'는 말은, 모든 문제를 자기 죄로 환원시켜 죄책감에 스스로를 묶는 것이 아닙니다. '내 죄를 본다'는 것은 말씀의 빛 아래 자신을 보게 될 때 드러난 죄를 겸손하게 인정하고 돌이켜 자백과 고백으로 나아가는 것입니다.

예배나 기도 가운데 눈물이 흐를 때가 있습니다. 그 눈물은 어떤 눈물입니까? 진정 회개에 이르는 참회의 눈물을 흘려보았습니까? 자신의 죄가 보여 통회하며 울고, 그런 죄인임에도 불구하고 십자가만큼이나 나를 사랑하시는 그 사랑 때문에 울고 있습니까? 하나님 앞에 자백하며 울고, 공동체 가운데 고백하며 울고 있습니까?

삼십 년 가까이 한우리교회를 섬기면서 가장 힘겨웠던 싸움 가운데 하나가 죄책감과의 씨름입니다. 교회와 더불어 성도들과 함께 살아내는 것이 목회이기에, 아픔을 만난 성도들을 볼 때면 남모르는 죄책감이 밀려옵니다. 내면에 끊임없이 이어지는 죄책감의 소리들이 있습니다.

'내가 조금만 더 능력 있는 목사였다면 이렇게 젊은 나이에 허망하게 죽지 않을 수도 있었을 텐데', '내가 조금만 더 지혜로운 목사였다면 그렇게 아픔을 안고 사랑했던 공동체를 떠나지 않았을 텐데', '내가 그때 그렇게 하지 않았더라면 그분이 그렇게까지 가슴앓이를 하지 않았을 텐데', '내가 아닌 다른 스타일의 목사를 만났더라면 저분도 칭찬받으면서 교회생활을 했을 텐데.'

성도들의 장례 예배를 집례할 때마다, 아픔과 괴로움 속에 있는 성도들 앞에서 아무것도 할 수 없을 때마다, 이런저런 이유로 교회를 떠나는 성도들의 뒷모습을 볼 때마다, 기질과 성향의 문제로 갈등을 빚는 분들을 볼 때마다, 스스로를 자책하며 아프게 할 때가 참 많았습니다. 그럴 때면 사랑의 주님은 제 마음을 달래기도 하시고 꾸짖기도 하셨습니다. 그렇게 지난 시간 목회자로 살아온 삶은 죄책감과 씨름하는 여정이었습니다. 더불어 사탄의 거짓 참소임을 알면서도 그것을 받아들이는 어리석음은 완벽주의를 가장한 자기 교만임을 깨닫게 하셨습니다.

우리는 죄와 허물을 깨닫고 철저하게 돌이켜야 하지만 사탄의 참소로부터 시작된 죄책감은 단호하게 거절해야 합니다. 예수를 믿고 십자가를 통과했음에도 불구하고 '그래도 나는 죄인이야'라고 하는 것은 교만과 불신앙임을 깨닫고, 돌이킴으로 자유에 이르게 되기를 주님의 이름으로 축복합니다.

죄책감을 무너뜨리는 약속의 말씀

"그러므로 이제 그리스도 예수 안에 있는 자에게는 결코 정죄함이 없나니 이는 그리스도 예수 안에 있는 생명의 성령의 법이 죄와 사망의 법에서 너를 해방하였음이라 … 누가 능히 하나님이 택하신 자들을 고발하리요 의롭다 하신 이는 하나님이시니 누가 정죄하리요 죽으실 뿐 아니라 다시 살아나신 이는 그리스도 예수시니 그는 하나님 우편에 계신 자요 우리를 위하여 간구하시는 자시니라"(롬 8:1, 2, 33, 34).

죄책감을 무너뜨리는 선포의 기도

"하나님! 죄책감과 죄의식을 선명하게 분별할 수 있기를 원합니다. 말씀의 빛 앞에서 죄를 깨닫게 될 때마다 어린양의 피로 덮고 돌이켜 회개에 이르도록 엎드리겠습니다. 십자가 아래에서 죄를 깨달을 때마다 하나님께 자백하고 공동체 가운데 고백하며 죄와 싸우겠습니다. 나아가 이미 용서받은 죄에 대한 죄책감의 뿌리는 사탄임을 알고, 어떤 종류의 정죄의 참소도 단호하게 거절하겠습니다. 아멘!"

죄책감을 무너뜨리기 위해 함께 읽을 책

「상한 감정의 치유」(데이빗 씨맨즈, 두란노)

5
우울감

난 속에서부터 고장 났다
열왕기상 19:1-21

난 속에서부터 고장 났다. 천천히 날 갉아먹던 우울은 결국 날 집어삼켰고 난 그걸 이길 수 없었다. 나는 날 미워했다. 끊기는 기억을 붙들고 아무리 정신 차리라고 소리쳐 봐도 답은 없었다. 막히는 숨을 틔어줄 수 없다면 차라리 멈추는 게 나아⋯.

2017년 12월 18일 28세로 생을 마감한, 그룹 샤이니의 고故 김종현 형제가 쓴 유서입니다. 한 청년의 죽음 앞에 너무 안타깝고 슬픕니다. 뉴스 속 영정 사진에서 등장하는 십자가 그리고 성도라는 글귀에 더욱 마음이 아픕니다. 무대 위에서 화려한 스포트라이트를 받으며 행복해

보였던 그가 무대 뒤에서는 너무나 쓸쓸하고 고독했던 것입니다. 팬들뿐 아니라 동료들도 그를 선한 영향력을 가진 아티스트로 기억하고 있었지만, 실상 그는 홀로 슬픔 그리고 우울과 씨름하며 버텨내고 있었던 것입니다.

"자기가 좋아하는 일을 하면서도 행복하지 않았다니…" 안타까움에 말을 잇지 못하는 십대 팬의 인터뷰 기사는 가슴을 더욱 먹먹하게 합니다.

며칠 동안 기분이 가라앉는다고 해서 우울증이 되는 것은 아닙니다. 때때로 우울해지는 것과 만성적인 우울감으로 괴로움을 겪는 것은 큰 차이가 있습니다. 내향성이 강한 저는 우울해질 때가 자주 있습니다. 그러나 우울감에 묶여 일상이 흔들리지는 않습니다.

에리히 프롬은 그의 책 「건강한 사회」에서 우울감을 이렇게 정의합니다.

> 우울이란 무엇인가? 그것은 감각에 대한 무능력이며, 우리의 육체가 살아 있음에도 불구하고 죽어 있는 느낌을 가지는 것이다. 그것은 슬픔을 경험하는 능력이 없는 것일 뿐만 아니라 기쁨을 경험할 능력도 없는 것을 말한다.

계속되는 우울감이 사람을 한번 사로잡으면 아무리 좋아하고 원하는 것을 한다 할지라도 행복할 수 없게 만듭니다. 만족감과 희망에 그늘을 드리워 풍성한 삶을 질식시키는 것이 우울의 본질이기 때문입니다. 우울감은 천천히 우리의 영혼과 육체를 갉아먹는 것입니다.

오늘 남모르게 지속적인 우울감으로 인한 괴로움과 싸우고 있습니까? 겉으로는 아무 문제 없어 보이지만 실상 우울감으로 인한 아픔에 홀로 힘겨운 싸움을 하는 지체가 우리 곁에 있지는 않습니까? "난 속에서부터 고장 났다"는 깊은 탄식에 잠겨 있지는 않습니까?

우울감의 늪에 빠진 모습?

영광으로 변모하신 예수님의 좌우에는 모세와 엘리야가 있었습니다(눅 9:30). 그런데 아이러니하게도 그들은 하나님께 죽기를 청할 만큼 깊은 우울감으로 힘들어 했던 사람입니다(참고. 민 11:15, 왕상 19:4). 특히 그날 엘리야는 갈멜 산에서 놀라운 승리를 거두었지만 깊은 우울감에 갇혔습니다.

엘리야는 하나님을 거역하고 선지자들을 학살한 아합 왕에게 당당하게 하나님의 심판을 외쳤습니다. 그는 바알 신앙의 본거지인 이세벨의 고향 시돈 땅 사르밧에 머물 만큼 담대했습니다. 하나님의 말씀을 따라 바알과 아세라 선지자들과 하늘에서 불을 내리는 기도의 싸움을 감행하기도 했습니다. 그때마다 하나님은 그를 기적적인 능력으로 도우셨습니다. 엘리야가 기도하자 3년 6개월 동안 비가 내리지 않았습니다. 하나님은 엘리야를 그릿 시냇가의 까마귀를 통해 먹이셨고, 사르밧 과부를 통해 돌보셨습니다. 그리고 엘리야의 간절한 기도에 대한 응답으로 내린 하늘의 불은 갈멜 산의 제단을 불사르기에 충분했고, 수많은 바알 선지자들이 죽음을 맞았습니다.

그렇게 강력한 믿음의 능력을 드러냈던 엘리야가 깊은 우울감에 빠졌습니다. 이세벨이 보낸 협박편지 한 통에, 그토록 능력 있는 선지자가 우울감의 견고한 진에 갇혀버렸습니다. 속에서부터 고장 난 것처럼 깊은 어둠의 늪으로 빠져들었습니다.

우울감은 무서운 병인 동시에 마음의 견고한 진입니다. 믿음이 있다 해도 한번 걸려들면 빠져나오기가 너무나 힘겹습니다. 우울감은 마음의 병입니다. 우울감은 뇌신경 질환입니다. 그리고 우울감은 사탄의 견고한 진입니다. 우울감에 빠져들었습니까? 그 어둠이 온 마음과 영을 덮을 때 놀라고 이상한 일을 당한 것처럼 감추거나 부정하려 하지 마십시오. 엘리야 같은 사람도 우울의 늪에 빠졌습니다. 패배는 우울감과 싸울 때 찾아오는 것이 아니라 포기할 때 찾아오는 것입니다. 믿음의 사람도 우울감과 싸워야 합니다. 끝까지 포기하지 말아야 합니다.

위대한 승리 이후에 깊은 우울감에 빠져든 엘리야에게서 여러 가지 우울감의 증세를 찾아볼 수 있습니다. 그에게는 약간의 조울증 증세도 보이고, 공황 장애의 모습까지도 보입니다.

도피, 일상이 무기력하게 무너짐

우울감에 빠진 엘리야는 하던 일을 포기하고 모든 것을 멈춥니다. 그는 아무것도 하기 싫어졌습니다. 그에게는 선지자로서 마땅히 해야 할 일이 있었습니다. 그러나 선지자의 모든 일상이 무너지고 멈춰버렸습니다. 엘리야는 손이 풀어지고 의욕이 사라지는 무기력함에 일상의 자리에서 도피했습니다. 사람이 없는 광야로 도망가 숨어버렸습니다(왕상 19:3, 4).

광야로 들어간 엘리야는 로뎀 나무 아래 앉아 죽기를 원했습니다. 로뎀 나무 아래는 풍성한 쉼을 누릴 만한 안식의 자리가 아닙니다. 로뎀 나무는 광야의 뜨거운 해를 피하기에는 부족한 대싸리 나무입니다. 작은 그늘에서 그저 잠시 쉴 수 있을 뿐입니다. 또한 엘리야는 재충전을 위해 잠시 쉴 곳을 찾은 것이 아닙니다. 삶의 활력을 회복하기 위해 일상을 멈추고 안식하려는 것이 아닙니다. 깊은 우울에 빠진 그는 아무것도 하기 싫어졌습니다. 아니 아무것도 할 수 없었습니다. 그래서 일상에서 도피한 것입니다. 선지자의 일상은 우울감과 함께 산산이 무너져 내렸습니다.

우울감에 어디론가 도피하고 싶을 때가 있지 않습니까? 손이 풀리고 아무것도 하기 싫고, 하고자 해도 할 수 없을 때가 있지 않습니까? '힘내'라는 말이 가장 듣기 싫을 때가 있지 않습니까? 바로 그런 때가 우울의 늪에 빠져들기 시작하는 때입니다.

죽음, 죽고만 싶은 충동

광야로 도피한 엘리야는 로뎀 나무 아래에 앉아서 죽기를 원하며 하나님께 구합니다.

> 여호와여 넉넉하오니 지금 내 생명을 거두시옵소서 나는 내 조상들보다 낫지 못하니이다(왕상 19:4)

우울감의 늪에 빠지면, 살고 싶은 마음이 사라집니다. 마음이 우울에 묶이면 죽는 것이 좋겠다는 생각을 하게 됩니다. 어느 순간부터 '죽고 싶다'는 말이 입에서 자주 흘러나옵니다. 자살 충동을 느끼는 단계가 시작됩니다.

그렇게 죽기를 청하던 엘리야는 로뎀 나무 아래서 잠이 들었습니다. 편히 잠들기에는 너무나 부족한, 광야의 로뎀 나무 아래서 잠이 들었습니다. 평안한 쉼이 엘리야를 잠들게 한 것이 아닙니다. 그는 암담한 현실을 잊고 떠나고 싶었습니다. 그는 깊은 우울감에 잠들었던 것입니다. 죽고 싶은 마음이 잠들 수 없는 곳에서 잠들게 했던 것입니다. 이처럼 종종 우울증은 불면증이나 과수면증으로 찾아옵니다. 밤에는 잠이 오지 않고, 낮에 깊은 잠을 자기도 합니다. 이런 잠은 쉼과 회복이 아니라, 죽음의 또 다른 그림자일 뿐입니다.

왜곡, 시각視角이 좁아짐

우울한 엘리야는 시각이 좁아졌습니다. 시각이 좁아지면 시선이 왜곡되고, 사고는 패쇄적이 됩니다.

고故 김종현 형제는 유서에서 이렇게 말합니다.

> 왜 이렇게까지 아픈지 신기한 노릇이다. 나보다 힘든 사람들도 잘만 살던데. 나보다 약한 사람들도 잘만 살던데. 아닌가 보다. 살아 있는 사람 중에 나보다 힘든 사람은 없고, 나보다 약한 사람은 없다. 그래도 살라고 했다. 왜 그래야 하는지 수백 번 물어봐도 날 위해서는 아니다. 널 위해서다. 날 위하고 싶었다.

살아야 할 이유를 찾지 못하겠다는 절규입니다. 우울감의 견고한 진에 갇히면 일상이 무너지고 죽고 싶어지면서, 시각이 점점 좁아집니다. 굴 속에 들어간 엘리야처럼 볼 수 있는 각도가 좁아집니다(왕상 19:9). 굴 속에 들어가 있으면 우물 안 개구리처럼 제대로 볼 수가 없습니다. 좁은 시야 안에 들어오는 것만 보게 되고, 자기가 본 것이 전부라고 착각하게 됩니다. 그래서인지 우울증을 앓는 사람들은 대부분 어두운 곳을 즐겨 찾습니다. 온통 커튼을 쳐서 집을 어둡게 하고, 옷도 어둡게 입고, 밤에만 깨어 있으려 합니다. 한낮의 밝은 빛을 피합니다. 어두운 굴 속에서 자신의 좁아진 시각에 보이는 것이 전부라고 믿고 살아갑니다. 그리고 이때 대부분은 자기연민과 자기정죄에 빠져들게 됩니다.

이렇게 시각이 좁아지면 잘 들리지도 않습니다. 우울할 때는 다른 사람들의 말이 잘 들리지 않습니다. 하지만 우리는 우울할수록 억지로라도 마음의 귀를 열고 듣고자 해야 합니다.

상함, 섭섭하고 서운한 마음

우울한 엘리야는 하나님께 서운한 마음이 들었습니다. 엘리야는 "내가 만군의 하나님 여호와께 열심이 유별하오니"라고 반복합니다(왕상 19:10, 14). 그는 누구보다 열심히 살았습니다. 누구보다 하나님께 충성을 보였고 최선을 다했습니다. 그런데 이게 뭐냐는 말입니다. "내가 하나님을 위해 이렇게 열심히 살았는데 어떻게 하나님은 나를 이렇게 대하실 수가 있나?" 하는 서운함 이상의 억울함이 담긴 말입니다. 열심히 했는데 나만 병들고, 나만 손해 보고, 나만 힘들어졌다는 말입니다.

우울함에 마음이 상하면 모든 게 섭섭하고 서운합니다. 하나님께도 이런데 주변 사람들에게야 오죽하겠습니까? 자신이 받은 은혜는 다 잊고 자신이 한 일만 생각하니 서운하고 억울할 뿐입니다.

고립, 아무도 없다는 외로움

우울한 엘리야는 자신만 홀로 남았다고 생각했습니다. "난 오롯이 혼자였다"는 김종현 형제의 고백처럼 우울은 스스로를 고립시키고 혼자라고 여기게 합니다. "나만 홀로 남았다"는 엘리야의 울부짖음이 얼마나 어리석고 좁은 생각인지는 조금만 둘러보아도 알 수 있습니다.

물론 엘리야는 늘 혼자 사역했습니다. 성경은 그의 가족이 누구인지도 밝히지 않습니다. 그는 늘 혼자였습니다. 그러나 그는 늘 혼자가 아니었습니다. 그릿 시냇가에는 까마귀가 있었고, 사르밧에는 과부와 그 아들이 있었습니다. 그리고 오바댜에 의해 생명을 부지한 선지자 백여 명이 있습니다. 갈멜 산에서는 하나님 편에 서겠다고 결단하는 수많은 백성이 있었습니다. 그리고 오늘도 그의 곁에는 동행하는 사환이 있습니다(왕상 19:3). 엘리야를 사람들로부터 고립시키고 떼어놓은 것은 엘리야 자신이었습니다. 그는 결코 혼자가 아니었습니다. 그런데 우울감은 아무도 곁에 없다고 여기게 합니다. 오롯이 혼자라고 여기며 스스로를 고립시킵니다.

우울한 사람은 외로운 사람입니다. 외로워서 우울하기도 하고, 우울해서 외롭기도 합니다. 우울해지면 나 혼자뿐이라는 생각이 강하게 듭니다. 그래서 우울한 사람은 "다 필요 없고 다 소용없다"고 말합니다. 가족도 친구도 교우도 다 필요 없다는 생각과 함께 깊은 고립의 늪으로 빠져듭니다.

우울감의 늪에서 빠져나오려면?

위대한 믿음의 사람 엘리야도 우울감의 견고한 진에 갇혀 허우적거렸습니다. 누구나 우울감에 갇히면 일상이 무너지고 도피하게 되고, 죽기를 호소하는 자살 충동을 느끼고, 시각이 좁아지고, 하나님께까지 서운한 마음이 들면서 아무도 곁에 없다는 깊은 외로움에 젖어듭니다. 우리 시대 사탄이 쌓아놓은 가장 견고한 진 가운데 하나는 바로 우울감입니다.

고통스러운 우울감의 늪에서 빠져나오려면 어떻게 해야 합니까? 우울감에 갇힌 엘리야를 향한 하나님의 회복 프로젝트는 무엇이었습니까? 우울감에 빠져 허우적거리는 이들을 살리려면 어떻게 해야 합니까?

공동체, 서로 어루만지며 곁에 머무십시오

우울감의 늪에서 빠져나오려면 첫째, 서로를 어루만지며 곁에 머물러 있어야 합니다.

하나님은 우울한 엘리야에게 하나님의 사자를 보내셨습니다. 하나님의 사자는 엘리야를 찾아가 어루만지며 숯불에 구운 떡과 물을 주었습니다. 하나님은 주님을 위해 충성하다가 우울감에 빠진 하나님의 사람을 외면하지 않으십니다. 찾아가서 따스한 손길로 어루만져 주십니다.

천사가 그를 어루만지며 그에게 이르되 일어나 먹으라 하는지라
(왕상 19:5)

여호와의 천사가 또다시 와서 어루만지며 이르되 일어나 먹으라 네가 갈 길을 다 가지 못할까 하노라(왕상 19:7)

우울한 사람에게는 따뜻한 터치가 필요합니다. 어루만짐이 있어야 합니다. 밥을 같이 먹으며 함께 있어주어야 합니다. "예수 믿는 사람이 어떻게 그런 것 하나 못 이기느냐? 믿음으로 툭툭 털고 일어나라"는 식의 핀잔과 충고는 아무런 도움이 안 됩니다. 권면의 말이 아니라 그의 아픔을 충분히 들어주는 것이 중요합니다. 우울에 빠졌을 때는 어루만져 주는 한 사람이 절실합니다.

법무법인 대표변호사로 있는 한 친구는 이런 고백을 했습니다.

엊그제 자살한 아이돌 가수가 극심한 우울증으로 고통을 겪었다고 한다. 나도 군대 제대하고 사법시험 공부하면서 생전 처음으로 우울증을 겪어봤다. 뭐라 표현하기 어려울 정도로 고통스러웠다. 사법시험에 합격하고 행복한 가정을 꾸리고 의욕 넘치는 변호사 생활을 하는데도 우울증에서 벗어나기까지 십 년 가까운 시간이 걸렸다. 그 정도로 고통스럽고 힘든 병이었다. 그래서 나는 우울증을

앓고 있다는 사람을 만나면 아무 말 없이 손만 꼭 쥐어줄 뿐이다.

미국 존스홉킨스 대학 정신의학과 교수인 아담 캐플린 박사에 따르면, 우울증의 원인과 증상은 너무나 제각각이기 때문에 그들에게 서툰 위로의 말을 건네기보다 그들의 이야기를 가만히 들어주는 것이 좋습니다. 캐플린 박사는 "우울증에 걸린 사람들에게 대수롭지 않게 던진 위로의 말이 그들의 결점이나 나약함을 더욱 부각하는 독이 될 수 있다"며 우울증 환자에게 해서는 안 될 말 여섯 개를 아래와 같이 제시합니다.

"힘내."
"네가 감정을 다스려야지."
"가족을 생각해."
"긍정적으로 생각해. 네가 생각하기에 달렸어."
"어떤 심정인지 알아."
"너보다 더 안 좋은 상황에 있는 사람도 있어."

김종현 형제는 말합니다.

왜 아픈지를 찾으라 했다. 너무 잘 알고 있다. 난 나 때문에 아프다. 전부 다 내 탓이고 내가 못나서야. 선생님 이 말이 듣고 싶었나요?

아뇨. 난 잘못한 게 없어요. 조근한 목소리로 내 성격을 탓할 때 의사 참 쉽다 생각했다. … 제발 모르는 소리 좀 하지 말아요. 왜 힘든지를 찾으라니. 몇 번이나 얘기해줬잖아. 왜 내가 힘든지. 그걸로는 이만큼 힘들면 안 되는 거야? 더 구체적인 드라마가 있어야 하는 거야? 좀 더 사연이 있었으면 하는 거야? 이미 이야기했잖아. 혹시 흘려들은 거 아니야? 이겨낼 수 있는 건 흉터로 남지 않아.

고통과 상처, 갈등을 이야기하는 이들에게 '충고나 조언, 평가나 판단'을 하지 말아야 합니다. 이는 특히 저 같은 목사들을 비롯한 신앙의 리더들이 조심해야 할 부분입니다. 충고, 조언, 평가, 판단을 멈추고 그냥 곁에 머물러 있어주어야 합니다. 그렇게 곁에 있어주는 한 사람을 만나면 그 사람은 다시 일어날 수 있습니다.

처녀의 몸으로 임신하게 된 두려움을 안고 마리아는 엘리사벳을 찾아갑니다. 그리고 그녀에게 공감해주는 엘리사벳과 함께 가장 힘든 석 달을 보내고 집으로 돌아옵니다(눅 1:40, 56). 성령으로 잉태된 것이라 할지라도, 처녀로서 임신하고 출산해야 하는 부르심의 무게 앞에 마리아는 한없이 두렵고 우울했을 것입니다. 하지만 늦은 나이에 성령으로 임신하게 된 엘리사벳과 함께 먹고, 그녀의 어루만짐 아래에서 힘든 시간을 견뎌낼 수 있었습니다.

정신과 의사 정혜신 선생님은 「당신이 옳다」에서 "벼랑 끝에 선 그에게 나는 어떤 말을 해야 하는가?"라는 물음을 던집니다. 그리고 "결론적으로 말하자면 해줄 말이 별로 필요하지 않다"라고 말합니다.

> 그의 고통에 눈을 포개고 그에게 물어야 한다. '지금 네 마음이 어떤 거니?', '네 고통은 도대체 어느 정도인 거니?' 왜 라고 묻지 말고 그냥 그의 고통을 느끼고 알기 위한 물음이 필요할 뿐이다. 그의 대답이 없어도 그가 대답을 못해도 걱정할 것 없다. 대답이 중요하지 않다. 그런 질문을 하는 사람의 '존재'를 그가 확인할 수 있는 것이 중요하다. 자신의 고통에 진심으로 주목하고 있는 사람이 존재한다는 사실을 느끼는 것, 그것이 치유의 결정적 요인이다. 말이 아니라 내 고통을 '공감하고 있는 존재'가 치유의 핵심이다. 자신의 고통과 연결되어 있는 사람이 존재한다는 걸 알면 사람은 지옥에서도 빠져나올 힘을 얻는다. … 내 고통에 진심으로 눈을 포개고, 듣고 또 듣는 사람, 묻고 또 물어주는 사람, 대답을 채근하지 않고 먹먹하게 기다려주는 '한 사람'이 존재하는 것, 그것이 치유의 핵심이다. 누구라도 상관없다. 그 사람이 누구인가가 중요하지 않고 그렇게 해주는 사람이 중요한 사람이다. 그 '한 사람'이 있으면 사람은 산다.

그렇습니다. 참혹함 속에서도 그 '한 사람'을 만난다면 그를 통해서 세상과 사람 전체에 대한 신뢰를 회복합니다. 이상한 일입니다. 수학적으로는 맞지 않는 이야기일지 몰라도 그게 사람 마음의 오묘한 법칙입니다. 사람은 '한 사람'이라는 개별성의 끝에서 보편성을 만납니다. 한 사람은 한 세상을 만드는 존재입니다.

그러므로 한 사람이 전부입니다. 그 '한 사람'이, 하나님이 사랑하는 사람을 살리기 위해 보내신 하나님의 사자입니다. "그를 어루만지며… 일어나서 먹으라."

탄원, 하나님과 솔직하게 대화하십시오

우울감의 늪에서 빠져나오려면 둘째, 하나님과 솔직한 대화에 나서야 합니다.

우울할 때는 서로 어루만지며 함께 먹는 공동체가 있어야 합니다. 때로는 병원을 찾고 상담소를 찾기도 하지만 궁극적으로는 함께할 수 있는 공동체 아니 '한 사람'이 있어야 합니다. 그리고 그 중에서도 끊임없이 찾아야 할 곳은 하나님과의 솔직한 대화의 자리입니다.

로뎀 나무 아래는 쉴 만한 충분한 그늘이 있는 자리가 아닙니다. 그럼에도 불구하고 우울에 빠진 이들에게는 '로뎀 나무 아래'가 필요합니다. 왜냐하면 '로뎀 나무 아래'는 하나님과 솔직한 대화를 나누는 자리이기 때문입니다. 심지어 자살 충동을 느끼면서도 엘리야는 하나님께 솔직하게 고백했습니다. 그리고 굴과 굴 밖 산에 서서 하나님을 향한 서운함도 외로움도 솔직하게 고백합니다. 이 솔직한 대화가 치유의 핵심 열쇠입니다.

서른두 살 청년은 인생이 너무나 고통스럽다고 느낀 나머지 이런 인생을 계속하기보다 차라리 포기해야겠다고 결론을 내렸습니다. '이 고통에서 벗어날 길은 오직 자살뿐이야. 그래 죽는 거야. 고통스러운 이 세상에서 떠나버리는 거야.' 그는 템스 강에 투신해야겠다고 결심했습니다. 이 청년이 찬송가 258장 "샘물과 같은 보혈은"을 작사한 윌리엄 카우퍼William Cowper입니다. 자살을 하려던 그날, 그는 여섯 살 때 어머니가 돌아가신 후 어머니처럼 자신을 돌봐주던 언원 여사를 잃었습니다.

"하나님! 대체 왜 저를 이렇게 놔두시는 거죠? 간절한 기도에도 정신적인 고통은 나아질 기미가 보이지 않고 이젠 언원 여사까지 돌아가셨으니 전 누구를 의지하고 살아야 하는 겁니까? 하나님! 역시 당신은 저를 버리셨어요. 제가 아픔을 당하도록 만드셨어요!"

이렇게 절규하며 자살을 하려고 템스 강을 향하던 그 밤에 참 신기한 일이 있었습니다. 마차를 잡아 타고 템스 강으로 가자고 했습니다. 그런데 갑자기 마차가 멈춰 섰습니다. 그리고 마차 창문 앞으로 마부가 다가왔습니다.

"나리, 안개가 너무 짙어서 한 치 앞도 안 보입니다. 강까지는 도저히 갈 수가 없겠습니다. 정말 송구하지만 다시 댁으로 모셔드리면 안 될까요?"

그날 밤의 간증을 담은 찬양이 통일찬송가 80장 "주 하나님 크신 능력"입니다.

주 하나님 크신 능력 참 신기하도다

바다와 폭풍 가운데 주 운행하시네

참 슬기로운 그 솜씨 다 측량 못하네
주님 계획한 그 뜻은 다 이뤄지도다

검은 구름 우리들을 뒤덮을지라도
그 자비하신 은혜로 우리를 지키네

어둠에서 소경같이 나 헤맬지라도
주 나를 불쌍히 보사 앞길을 비추리

우울감의 견고한 진에 갇혀 죽고만 싶은 그날도 하나님은 신기한 능력과 은혜로 우리를 지키십니다. 어둠에 헤매는 그날도 주님은 우리를 보시고 앞길을 비춰주십니다. 살았어도 죽은 것만 같고, 죽고만 싶은 그날에 하나님과 솔직하게 대화하십시오. 솔직한 대화조차 어렵다면 찬양이라도 부르십시오. 하나님은 반드시 우울의 늪에 빠진 사랑하는 이를 건져내실 것입니다.

일상, 자기 자리에서 자기 일을 하십시오

우울감의 늪에서 빠져 나오려면 셋째, 일상을 살던 자기 자리로 돌아가서 자기 일을 해야 합니다.

'우울의 늪에서 하나님의 품으로'라는 부제가 달린 「아바의 팔베개」는 우울증으로 죽음만 생각하던 끝에 하나님을 만나 회복되는 담담한 여정들을 이야기합니다. 그 가운데 목요일 저녁에 모이는 '우울로부터 회복' 지원 그룹의 모습을 그려주는 장면이 있습니다.

> 쑥스러운 마음을 애써 추스르며 주저주저하면서도 좋든 나쁘든 마음에 오가는 느낌과 생각을 나눕니다. 할 수 있는 데까지 솔직하게 이야기합니다. 한동안 침묵이 흐릅니다. "어… 오늘 형제님들 나눠 준 이야기… 듣기에 참 가슴 아픕니다." "… … … … ….", "그래도 … 모두들 세수하고 이곳에 올 수 있다는 게, 우리에게는 기적 같은 일이고 하나님의 은혜라고 생각합니다."

하루하루 숨 쉬는 것조차 벅찬 그들에게는 살아 있다는 사실이 지긋지긋합니다. 그렇게 어려운데도 세수하고 머리 빗고 모여 있는 그 모습은 갈라진 홍해를 건너가는 이스라엘 민족의 모습입니다. 우울감에 사로잡히면 자기 자리에서 자기 일을 하는 그 단순한 것이 그렇게 힘들어집니다. 그래서 도피하고, 숨어 잠자게 되고, 사라지고 싶어 하는 것입니다.

엘리야는 굴로 들어갔습니다. 사람들은 우울하면 굴로 들어갑니다. 굴은 어둡습니다. 우울하면 어두운 곳을 찾아갑니다. 그런데 그렇게 굴에 있으면 점점 더 우울해집니다. 밖으로 나와야 합니다. 살려면 굴에서 나와야 합니다. 우울에서 벗어나려면 굴에서 나와야 합니다. 빛을 받아야 합니다. 하나님은 어두운 굴에 있는 엘리야에게 "너는 나가서 여호와 앞에서 산에 서라"(왕상 19:11)고 명령하십니다. 그리고 하나님이 그를 찾아오십니다. 엘리야를 찾아오신 하나님은 "네가 어찌하여 여기 있느냐"(왕상 19:13) 하고 물으시며 자기 자리로 돌아가 일상을 살아가라고 말씀하십니다.

하사엘에게 기름을 부어 아람의 왕이 되게 하고, 예후에게 기름을 부어 이스라엘의 왕이 되게 하고, 엘리사에게 기름을 부어 엘리야를 대신하는 선지자가 되게 하라고 말씀하십니다(왕상 19:15-17).

전도서 10장에 이런 말씀이 있습니다. "주권자가 네게 분을 일으키거든 너는 네 자리를 떠나지 말라 공손함이 큰 허물을 용서받게 하느니라"(전 10:4). 저는 이 말씀을 이렇게 다시 읽고 싶습니다. "아무리 우울하고 힘들어도 자기 자리를 떠나지 말라. 그러면 하나님이 받아주실 것이다."

우울한 그날 집안일부터 챙기십시오. 밤이면 자고, 아침이면 일어나십시오. 아이들을 챙겨 학교에 보내고, 씻고 옷을 갈아입고 문밖을 나서십시오. 해야 할 일을 하십시오. 그 일을 잘하고 못하고는 중요하지 않습니다. 자기 일을 하고 있다는 것이 중요합니다. 이렇게 힘겹지만 자기 자리를 지키는 것이 사는 길입니다. 먼 미래와 나중을 염려할 필요가 없습니다. 그냥 오늘 하루를 살아내면 그것으로 족합니다. 잘했습니다. 하루하루 이렇게 자기 자리에 서서 자기 일을 할 때 우울감에서 벗어나는 기쁨을 맛보게 될 것입니다.

  심각한 우울증을 앓는 아내를 품고 살아낸 스탠리 하우어워스는 회고록 「한나의 아이」에서 이런 고백을 합니다. "심각한 정신질환을 앓는 사람과 같이 살아야 하는 이들에게 내가 줄 수 있는 최선의 조언은 일단 살아남아야 한다는 것이다. 당신이 살아남지 못하면 누구도 살아남지 못한다. 살아남기 위한 노력은 이기적인 것이 아니다. 삶이 이어질 수 있다는 희망의 끈을 놓지 않으려면 살아남기 위해 노력해야 한다."

  그렇습니다. 우울감에 힘겨운 시간을 보내고 있습니까? 그래도 살아남아야 합니다. 하나님은 단 한 번도 우울한 당신을 포기하신 적이 없습니다. 살아남아 있기만 하면 반드시 빛을 보게 될 것입니다.

우울감을 무너뜨리는 약속의 말씀

"하나님이여 나를 구원하소서 물들이 내 영혼에까지 흘러 들어왔나이다 나는 설 곳이 없는 깊은 수렁에 빠지며 깊은 물에 들어가니 큰 물이 내게 넘치나이다 내가 부르짖음으로 피곤하여 나의 목이 마르며 나의 하나님을 바라서 나의 눈이 쇠하였나이다 … 그의 종들의 후손이 또한 이를 상속하고 그의 이름을 사랑하는 자가 그 중에 살리로다"(시 69:1-3, 36).

우울감을 무너뜨리는 선포의 기도

"주 하나님! 도저히 빠져나올 수 없을 것 같은 이 깊고 긴 우울의 늪에서 희망은 살아 계신 주님밖에 없음을 고백합니다. 함께 먹고 함께 어루만지며 일상의 자리에 머물러 견디겠습니다. 주님, 이 작은 자를 살려주옵소서! 어둡고 외로운 그곳에서 홀로 있게 하지 않으심을 믿습니다. 아멘!"

우울감을 무너뜨리기 위해 함께 읽을 책

「한나의 아이」(스탠리 하우어워스, IVP)

6
거절감

저리 가 있어라

시편 27:7-14

그녀는 택시 운전을 하며 가족을 사랑으로 돌보는 평범한 아버지와 살림꾼 어머니의 맏딸로 자랐습니다. 자라면서 아버지에 대한 특별한 상처나 갈등이 없었는데도 늘 친근함을 가로막는 벽을 느꼈습니다. 성인이 되어 이런저런 힘들고 어려운 일을 만날 때에도 아버지에게만은 감추려 했습니다. 그녀는 자신의 연약함과 부족함이 드러나면 사람들이 자신을 싫어하게 될 것이라는 두려움에 스스로를 가두곤 했습니다.

어느 날 기도회 때 쓰러져 울고 있는 그녀에게 기억 저편에 숨어 있던 장면 하나가 환상처럼 떠올랐습니다. 초등학교 1학년 무렵 밖에서 놀다가 들어오는데 아버지가 일찍 퇴근해 집에 계셨습니다. 너무 반가

위 아버지께 뛰어들었습니다. 그런데 그 순간 아버지는 손님들이 계신다며 딸을 밀어내셨습니다. "저리 가 있어라." 아이는 아버지가 너무나 차갑게 느껴졌습니다.

어제 일처럼 선명하게 떠오른 그 기억에 그녀는 하염없이 울었습니다. 너무나 서럽게 우는 그녀를 겨우 달랜 후에야 자초지종을 들을 수 있었습니다. 그녀에게 그날 이후 아버지는 늘 어렵고 조심스럽기만 했습니다. 그 거절감은 권위자와의 관계에서 그대로 투영되어 나타나곤 했습니다. 그날 느낀 거절감은 그녀의 성격 형성에 중요한 근원이 되었습니다.

대상관계 이론의 어머니라 불리는 멜라니 클라인 Melanie Klein 역시, 어린 시절 의사인 아버지의 무릎 위에 올라가려 했을 때 "저리 가라"는 말을 듣고 평생 동안 거절당한 상처를 갖고 살았다고 합니다. 많은 사람들의 내면 깊은 곳에서, 거절감이 상처가 되어 그를 묶고 있음을 봅니다.

기독교 심리상담가들은 에덴 동산에서 살던 아담과 하와가 선악을 알게 하는 나무의 열매를 먹고 그곳에서 쫓겨나게 된 사건을 인간이 최초로 거절감을 경험한 사건이라고 말합니다. 그러나 이 사건은 하나님이 인간을 보호하시려는 목적이었지 내쫓아 상처를 주시려는 의도가 아니었습니다. 또 그들은 엄마의 배 속에서 태어날 때 탯줄이 끊기면서 사람들은 누구나 분리불안과 엄마로부터 버림받았다는 유기불안의 마음을 갖고 살게 된다고 합니다. 그러나 이것 역시 자녀의 생명을 살리기 위함이었습니다.

우리를 하늘의 풍성한 삶에서 끝없이 멀어지게 하는 견고한 진 가운데 하나가 거절감입니다. 거절감이라는 이 지독한 상처로 인해, 대인관계를 두려워하고 삶의 풍성함을 누리지 못하고 아픔 속에 살아가는 사람이 너무나 많습니다. 치유되지 않은 상처들 가운데 사령관급에 해당하는 것이 버림받았다고 느끼는 거절감입니다. **거절감이란 거절당한 경험에 영혼이 묶여, 스스로를 살 만한 가치가 없는 사람이라 여기는 황량한 마음상태입니다.**

사실 거절당하는 것 자체는 견고한 진이 아닙니다. 살면서 거절을 경험하지 않는 사람은 아무도 없습니다. 누구나 크고작은 거절을 경험합니다. 다만 버림받고 거절당할 때 일어나는 감정을 어떻게 다루느냐가 중요할 뿐입니다.

거절당한 마음을 잘못 다루면 거절감이 우리의 마음을 묶습니다. 그렇게 거절감에 마음이 묶이면, 그것은 몸과 마음을 병들게 하는 견고한 진이 되어 우리를 그리스도의 풍성한 삶으로부터 한없이 멀어지게 합니다.

거절감으로 인한 묶임의 유형

누군가에게 거절당하고 버림받은 아픔이 있습니까? 버림받거나 거절당할까 두려워서 늘 착한 모습으로 자신을 포장하고 있지는 않습니까? 거절당한 분노에 지금도 힘겨워하고 있지는 않습니까? 버림받는 것이 두려워 전전긍긍하고 있지는 않습니까? 아니 버림받는 것이 두려워 사람들로부터 스스로를 소외시키고, 마음에 높은 벽을 쌓아두고 있지는 않습니까?

거절감으로 인한 상처로 마음이 묶이면 정서적인 일그러짐이 생기게 됩니다. 성경 인물을 찾아보면 거절감으로 인해 상처에 묶인 네 가지 유형을 요약할 수 있습니다.

수동공격형-사울 왕

충분한 준비 없이 뜻하지 않게 이스라엘의 왕이 된 사울은 백성들에게 인정받지 못하고 버림받을까 두려웠습니다. 블레셋과의 전쟁을 앞두고 있을 때, 기다리는 사무엘은 오지 않고 백성들이 흩어지는 것을 보게 되자 더 이상 사무엘을 기다리지 못하고 직접 번제를 드렸습니다(삼상 13:8, 9). 아말렉과의 전쟁에서는 백성들이 두려워서 온전히 진멸하지 않고 좋은 것을 남겼습니다(삼상 15:9, 15, 24). 그는 하나님께 버려지는 진노 속에서도 하나님의 마음보다 백성들의 눈치를 더 살폈습니다(삼상 15:30). 이렇게 사울 왕은 백성에게 버림받거나 거절당하는 것이 두려워 늘 수동적으로 상대방에게 맞추며 살았습니다.

그는 자신이 아니라 다윗이 블레셋의 골리앗을 무찌르고, 백성들은 "사울은 천천이요 다윗은 만만이라" 노래할 때 불쾌하여 심히 분노했습니다(삼상 18:7-8).

그날 이후 사울은 다윗을 죽이기 위해 모든 노력을 기울이게 됩니다. 한없이 수동적이던 사람이, 자신이 지키려던 것을 잃었다고 느낄 때 매우 공격적이 되는 모습입니다. 이처럼 거절감은 우리로 하여금 늘 수동적으로 누군가에게 맞추며 살게 합니다. **이런 사람은 충분한 인정과 칭찬을 받아야 합니다.**

부정형-모세

출애굽기 3, 4장을 보면, 동족 히브리인들에게 거절당한 상처에 묶인 모세는 하나님의 끈질긴 설득에도 계속해서 할 수 없다는 부정적인 태도로 일관합니다. "누가 너를 우리를 다스리는 자와 재판관으로 삼았느냐"는 말을 듣고 모세의 내면은 거절감에 묶였습니다(출 2:14, 행 7:29). 그렇게 거절감에 묶인 모세는 하나님의 계속된 설득에도 끝까지 부정적으로 반응합니다.

> 내가 누구이기에 바로에게 가며 이스라엘 자손을 애굽에서 인도하여 내리이까(출 3:11)

> 그러나 그들이 나를 믿지 아니하며 내 말을 듣지 아니하고(출 4:1)

> 오 주여 나는 본래 말을 잘하지 못하는 자니이다 … 나는 입이 뻣뻣하고 혀가 둔한 자니이다(출 4:10)

> 오 주여 보낼 만한 자를 보내소서(출 4:13)

이렇게 거절감은 우리를 한없이 부정적인 사람으로 만들기도 합니다. **이런 사람에게는 무한한 긍정의 결정적 만남이 있어야 합니다.**

집착형-야곱

쌍둥이 동생으로 태어난 것을 거절당한 것으로 느꼈던 야곱은 끊임없이 집착하는 유형입니다. 야곱은 잡을 때와 놓을 때를 아는 열정이 아니라 잡으려고 하는 집착만 강했습니다. 그는 태어나면서부터 집착했습니다. "후에 나온 아우는 손으로 에서의 발꿈치를 잡았으므로…"(창 25:26). 어린 시절에는 장자의 명분에 집착하고(창 25:31), 청년 시절에는 여자에게 집착합니다(창 29:18). 결혼 후에는 자녀와 재물에 집착합니다(창 37:3, 31:40). 야곱은 끊임없이 사람과 소유에 집착하며, 한번 잡은 것을 놓지 않으려 했습니다.

그러나 그는 얍복 나루에서 모든 것을 놓고 홀로 빈손이 되어야 했습니다. 그리고 모든 것을 놓은 그 손으로 야곱은 하나님을 붙잡고 놓지 않았습니다(창 32:24-26). 집착의 이름 '야곱'이 하나님과 겨루어 이 겼다는 뜻인 '이스라엘'로 바뀌었습니다.

이스라엘이 된 후에 야곱은 집착을 내려놓는 것을 아픔 속에 배워가야 했습니다. 얍복 나루에서 건강을 잃었고(창 32:31), 세겜에서 가족의 안전을 위협받았고(창 34:30), 에브랏 길에서 사랑하는 아내 라헬을 잃었고(창 35:16-18), 누구보다 사랑하는 아들 요셉마저 잃어야 했습니다(창 37:33-35). 흉년과 기근으로 모든 것을 잃어가고 있었습니다(창 42:1-2). 그러나 그 모든 일 속에서 하나님은 야곱의 집착을 끊어내고 계셨습니다.

마침내 야곱은 스스로 "내가 자식을 잃게 되면 잃으리로다"(창 43:14)라고 고백하며 집착의 손을 폅니다. 그때 하나님은 그를 진정한 축복의 사람으로 세우십니다. 그때부터 야곱은 집착을 놓고 축복하는 인생으로 새로워집니다(창 47:10, 48:15, 49:28). 이렇게 거절감은 우리로 끊임없이 집착하게 합니다. **가장 힘든 유형인 이런 사람은 결정적으로 맞아야만 합니다.**

허무형-가룟 유다

가룟 유다는 거절감의 무게를 감당하지 못하고 떠나갑니다. 이때 자살을 택하는 모습은 거절감이 허무함으로 나타날 때 종종 발견됩니다. 유다는 스스로 뉘우쳤지만 거절감에 묶여, 돌이키는 자를 다시 품으시는 은혜를 모른 채 스스로 목매어 죽었습니다(마 27:3-5). 너무나 가슴 아프고 슬픈 모습입니다.

중년의 한 여성이 상담실을 찾았습니다. 그녀는 '서울 사람이 지방에 내려와 교만하다', '뭐 아는 게 많은 거 같아 교만하다'는 소리를 들으면서 이 교회 저 교회에서 거절당한 아픔을 쏟아놓았습니다. 그녀는 어린 시절에 우울증을 앓는 엄마에게 거절당한 상처가 깊었습니다. 그녀는 '내가 왜 이 나이에 또다시 낯선 사람들에게 이런 대접을 받아야 하느냐'며 울부짖었습니다. 그녀는 상담실 탁자에 머리를 박고, "지옥만 안 간다면 지금 당장 자살하고 싶어요"라며 목놓아 울었습니다.

이렇게 거절감은 우리로 하여금 허무에 떨어지게 합니다. **이런 사람은 극단적 선택을 하기도 합니다.**

거절감으로 인한 상처에 묶이지 않으려면?

우리에게 있는 수동공격형의 모습이 거절감 때문은 아닙니까? 매사에 부정적이고 집착하는 모습이 거절감으로 인한 묶임 때문은 아닙니까? 끊임없이 어디론가 도망가려는 것이 거절감 때문은 아닙니까? 거절당하고 버림받을 때 상처 난 마음을 어떻게 다루어야 합니까? 거절당하는 일을 겪는다 해도 거절감으로 인한 상처에 묶이지 않으려면 어떻게 해야 합니까? 거절당한 경험이 거절감이라는 견고한 진이 되지 않도록 하려면 어떻게 해야 합니까?

거절당하셨지만 묶이지 않으신 예수님을 바라보십시오

거절감으로 인한 상처에 묶이지 않으려면 첫째, 거절당하셨지만 묶이지 않으신 예수님을 깊이 바라보아야 합니다.

예수님은 버린 돌과 같이 자기 백성에게 거절당하셨지만 거절감에 묶이지 않으시고 그들을 찾아가셨습니다. 자기 사람이라고 여겼던 제자들에게까지 버림받고 홀로 남으셨지만 거절감에 묶이지 않으시고 끝까지 그들을 사랑하셨습니다. 하늘 아버지에게도 버림받은 십자가에서조차 거절감에 묶이지 않으시고 아버지께 자신의 영혼을 위탁하셨습니다. 예수님은 수없이 거절당하고 버림받으셨지만 단 한번도 거절감의 상처에 묶이지 않으셨습니다.

예수님을 따르는 제자 된 우리가 감당해야 할 그리스도의 고난 가운데 가장 큰 고난이 버림받고 거절당하는 것입니다. 우리가 주님을 생각하며 주님과 함께 버림받고 거절당한다면 우리가 느끼는 거절감도 우리를 묶지 못할 것입니다. 오히려 거절감은 영혼을 살리는 생명의 약재가 될 것입니다. 건축자가 쓸모없다고 버린 돌이 집 모퉁이의 머릿돌이 되었습니다(행 4:11). 사람들은 예수님을 버리고 거절했지만 예수님은 세상을 구원하셨습니다. 우리 또한 거절당하고 버림받는다 할지라도 그 상처와 아픔에 묶이지 않으면 영혼을 살리는 생명의 통로가 될 것입니다.

예수님이 세상에 오시던 날 세상은 그분을 거절했습니다(요 1:11). 환대는커녕 받아주려고도 하지 않았습니다. 혹시 기억조차 없는 시절, 어머니의 태중에 있을 때 환영받지 못했습니까? 마리아와 정혼했던 요셉이 조용히 정혼 관계를 끊고자 했듯이, 어머니 배 속에 있을 때 모두의 골칫거리였습니까? 그렇게 낙태의 위기를 지나며 세상에 나왔지만 환영받지 못한 채로 버려졌습니까? 아들이 아닌 딸이라는 이유 때문에 또는 딸이 아닌 아들이라는 이유 때문에 배 속에서부터 그리고 강보에서 환영받지 못했습니까?

그러나 분명히 기억하십시오. 아무도 우리를 환영하지 않았던 그 순간에도 하늘의 천군 천사는 크게 노래하며 환영했습니다. 우리 주님이 오셨던 그날 자기 백성은 영접하지 않았지만 하늘의 천사들이 노래하며 축복했던 것처럼 우리의 임신과 출생도 하늘에서는 큰 축복이었습니다. 그러므로 주님처럼 자기 백성 곧 가까운 사람들에게 거절당할지라도 그들을 찾고 또 찾아야 합니다.

예수님은 자기 사람이라고 여기며 끝까지 사랑했던 제자들에게 버림받으셨습니다. 하지만 예수님은 세상에 있는 자기 사람을 사랑하시되 끝까지 사랑하셨습니다(요 13:1). 그 사랑이 제자들의 발을 씻기게 했습니다. 그날 예수님이 씻기신 이들이 누구였습니까? 말없이 발을 내놓았던 몰염치한 제자들과 전방지축 몰지각한 베드로와 음흉한 가룟 유다였습니다. 예수님은 사랑하는 이들에게 버림받으셨습니다.

너희 중 하나가 나를 팔리라(요 13:21)

지금은 따라올 수 없으나 … 네가 세 번 나를 부인하리라(요 13:36, 38)

너희가 다 각각 제 곳으로 흩어지고 나를 혼자 둘 때가 오나니 벌써 왔도다(요 16:32)

수많은 기억의 파편들 속에, 사랑했고 기대했던 사람에게 거절당하고 버림받은 아픔이 있습니까? 가족을 버리고 떠나가는 아버지의 뒷모습에 한없이 처량하게 울고 있는 소녀가 보이십니까? 너무나 좋아했던 선생님이 다른 친구를 먼저 반기고, 친구의 손을 잡아주는 모습을 물끄러미 바라만 보는 소년이 보이십니까? 오빠와 동생만 챙기는 할머니에게 소외감을 느끼며 말 없이 걸레질을 하는 소녀가 보이십니까? 사랑받고 싶고 인정받고 싶어 발버둥쳐보지만 늘 뒤처질 수밖에 없었던 아들이 보이십니까? 소리 내어 울 줄도 몰라 숨죽여 울먹이며 어두운 구석에 쪼그려 앉아 있는 여인이 보이십니까? 주님은 그들 모두를 아시고 사랑하십니다.

사랑하는 연인이 나를 버리고 다른 사람을 찾아 떠났습니까? 하늘의 별이라도 따다줄 것 같던 남편의 너무나 달라진 모습에 적응할 수가 없었습니까? 늘 비교의 대상이 되어 아무리 잘하려 해도 항상 2등일 뿐이었습니까? '저 사람만은 내 편일 거야' 했던 사람에게 배신을 당했습니까?

그 모든 거절의 아픔을 주님이 아십니다. 그리고 버림받고 거절당한 이들을 주님은 당신의 상처 난 가슴으로 품어 안으십니다. 주님이 거절감에 상처 난 우리를 사랑으로 품으시는 것을 믿음의 눈을 들어 바라보십시오. 자기 사람을 끝까지 사랑하시는 주님을 생각하십시오.

예수님은 하늘 아버지께조차 거절당하시고 버림받으셨습니다(마 27:46). 다 버리고 떠나도 하늘 아버지가 계시니 견딜 수 있었습니다. 그런데 이제 하늘 아버지까지 고개를 돌리셨습니다. 그 얼굴을 가리셨습니다. 해가 빛을 잃고 모든 것이 캄캄해졌습니다.

제게도 그런 날이 있었습니다. 다 버리고 떠났어도 하나님만 내 편이면 족하다고 생각했습니다. 그런데 하나님마저 "네가 틀렸다"고 하셨습니다. 하나님마저 '네 잘못'이라 하셨습니다. 도저히 견딜 수가 없었습니다. 하나님만은 내 편이실 줄 알았는데, 하나님조차 고개를 돌리셨습니다. 아무것도 보이질 않았습니다. 내게 남은 건 쓰라린 상처의 흔적들뿐이었습니다. 여전히 겪어야 할 고통의 쓰라린 아픔뿐이었습니다. 내 편은 아무도 없었습니다. 하나님마저 떠나신 것 같았습니다.

그러나 거절당했지만 묶이지 않으셨던 주님을 묵상하며 바라보았습니다. 우리 주님은 거절감에 묶이지 않으셨습니다. 아버지께서도 얼굴을 돌린 그 자리에서 주님은 자신의 영혼을 하늘 아버지께 위탁하셨습니다. "아버지 내 영혼을 아버지 손에 부탁하나이다"(눅 23:46). 그리고 하늘 아버지께서는 아들의 영혼을 받아주셨습니다. 아버지께서는 예수님을 죽음에서 다시 일으켜 부활의 생명으로 인도하셨습니다.

영화 "패션 오브 크라이스트"Passion of Christ의 한 장면입니다. 예수님이 절규하시며 위탁의 기도와 함께 십자가에서 운명하시는 순간, 하늘에서 아버지의 눈물 한 방울이 골고다 십자가 언덕 위로 떨어졌습니다. 하늘 아버지께서 고통당하는 아들을 보며 울고 계셨던 것입니다. 아버지께서는 아들을 거절한 것이 아니라 아들을 응원하고 계셨던 것입니다. 아버지께서는 버림받고 거절당한 상처가 생명의 통로로 빚어지기를 간절히 응원하고 계셨습니다. 하늘 아버지께서는 그렇게 우리의 상처 난 아픔의 자리에도 함께하시며 응원하셨습니다.

하늘 아버지는 아파하는 우리를 외면하신 채 다른 이들과 축제를 즐기시는 분이 아니십니다. 하늘 아버지는 우리가 아파할 때 눈물로 우리를 응원하시는 분이십니다.

우리는 버림받음과 거절당함의 고통에 묶이지 않기 위해 예수님을 생각해야 합니다. 예수님 안에서 고통당하시는 하늘 아버지의 사랑을 보아야 합니다. 그렇게 예수님을 바라보고 있으면 어떤 거절감도 우리를 묶지 못할 것입니다.

끝없이 받아주시는 하나님을 바라보십시오

거절감으로 인한 상처에 묶이지 않으려면 둘째, 끝없이 받아주시는 하나님을 바라보아야 합니다.

시편 27편에서 시인은, 그의 살을 먹으려는 듯 달려드는 원수들에게 둘러싸여 있습니다. 입만 열면 거짓을 말하고 악을 토하는 대적들이 일어나 시인을 치려 합니다. 인생의 가장 어두운 순간 시인은 하나님까지도 그를 버리신 것 같은 절망적인 감정에 사로잡힙니다.

> 주의 얼굴을 내게서 숨기지 마시고 주의 종을 노하여 버리지 마소서 주는 나의 도움이 되셨나이다 나의 구원의 하나님이시여 나를 버리지 마시고 떠나지 마소서(시 27:9)

나아가 시인은 자신의 아픈 과거를 고백하며 탄원합니다.

> 내 부모는 나를 버렸으나 여호와는 나를 영접하시리이다(시 27:10)

이것은 막연한 시적 고백이 아닙니다. 시인이 살아온 삶의 실재입니다. 그는 부모에게 버림받았습니다. 버림받았다는 거절감은 그에게 끊임없이 고통을 주었습니다. 그런데 이제 하나님도 그를 버리실 것 같아 너무나 고통스럽습니다. 그때 시인은 애써 "여호와는 나를 영접하시리이다"라고 고백합니다. 부모에게 버림받은 상처를 타고 하나님도

너를 버리셨다고 사탄은 속삭이지만 시인은 하늘 아버지를 더욱 신뢰
합니다.

> 내가 산 자들의 땅에서 여호와의 선하심을 보게 될 줄 확실히 믿었도
> 다 너는 여호와를 기다릴지어다 강하고 담대하며 여호와를 기다릴지
> 어다(시 27:13, 14)

이 외침은 누군가 다른 사람을 향한 외침이기 이전에 자기 자신을 향한 울부짖음입니다. 신뢰가 흔들리는 속사람을 향해 '강하고 담대하며 기다리라'는 외침입니다. 이와 같은 하나님을 바라보는 신뢰의 외침이, 거절감으로부터 시인을 살리고 우리를 살립니다.

하나님의 손바닥에는 우리가 새겨져 그분 앞에 성벽이 되어 서 있습니다. 하나님은 우리를 잊으려야 잊으실 수가 없습니다(사 49:15, 16). 십자가 보혈의 피로 그분의 손바닥에 새긴 우리의 이름은 영원할 것입니다. 강하고 담대함으로 하나님을 찾으십시오. 버림받을까 거절당할까 하는 두려움을 내던지고 담대한 확신으로 아버지를 부르십시오. "아버지…."

우리를 잊으실 수 없는 하늘 아버지가 우리를 품어주실 것입니다. 그분께 부르짖으며 나아갈 때 하나님은 이렇게 언약하십니다.

> 다시는 너를 버림받은 자라 부르지 아니하며 다시는 네 땅을 황무지

라 부르지 아니하고 오직 너를 헵시바라 하며 네 땅을 **쁄라**라 하리니 이는 여호와께서 너를 기뻐하실 것이며 네 땅이 결혼한 것처럼 될 것임이라(사 62:4)

하나님과 우리가 결혼한 것처럼 될 것입니다. '헵시바'란 '나의 기쁨이 그녀에게 있다'라는 뜻이며, '쁄라'는 '수고에 대한 대가와 보상'을 뜻합니다. 우리는 하늘 아버지께 한없는 기쁨입니다. 아버지는 우리의 수고가 헛되지 않도록 해주실 것입니다. 우리가 아픔으로 흘린 눈물이 생명수가 되어 생명을 살릴 것입니다. 우리의 아픔이 약재가 되어 공동체를 풍성한 생명으로 세울 것입니다.

한 자매에게 이런 문자를 받았습니다. "마음이 무겁고 하루 종일 고통스러울 것 같아서 이렇게 문의드립니다. 저는 하나님이 사랑의 도구로 진노도 사용하신다는 말씀이 너무 힘듭니다. 저한테 하시는 말씀이실까 해서 힘듭니다. 십일조도 하라고 하시는데 못했고, 다른 것들도 불순종했는데 그것들 때문에 제가 이렇게 된 것 같아서 괴롭습니다."

그녀의 질문에는 하나님께마저 버림받을 것 같다는 두려움이 가득했습니다. 답문을 보냈습니다. "하나님이 사랑하기에 그 사랑으로 징계하기도 하신다는 말은 성경적 원리입니다. 그러나 막연한 두려움으로 현재의 고난을 버림받음이나 저주로 해석하는 것은 전혀 성경적이지 않습니다. 자녀를 혼내는 부모의 마음을 곰곰이 생각해보서요. 잘못해서 혼날 때 겁난다고 숨고 도망치는 것은 부모의 사랑을 믿지 못하는 것입니다. 혼날 때일수록 더욱더 부모의 가슴을 파고드는 게 진정한 자녀입니다. 지난 잘못은 회개하고 돌이키면 됩니다. 하나님의 사랑을 군건하게 붙드셔요."

그러자 감사하다는 고백과 함께 다시 답문이 왔습니다.

"하나님은 이토록 너그러우신데 저는 혼낼 때 품속으로 파고드는 아이에게 냉정했던 게 생각나 가슴이 미어집니다. 너무 마음이 아픕니다. 앞으로 죄 짓지 않고 살기를 하나님께 간구합니다."

우리의 상처와 거절감이, 품어주지 못하고 받아주지 못하게 했던 것입니다. 하나님도 나와 같으실 것 같아 두렵기만 했던 것입니다. 그러나 그렇지 않습니다. 하나님은 끝없이 받아주십니다. 버림받고 거절당할 때마다 우리를 있는 모습 그대로 받아주시는 하나님의 사랑을 더욱 신뢰하십시오. 사랑을 믿고 하늘 아버지의 품을 파고드십시오. 주님이 넓은 품으로 우리를 안아주실 것입니다.

거절감을 무너뜨리는 약속의 말씀

"너희는 다시 무서워하는 종의 영을 받지 아니하고 양자의 영을 받았으므로 우리가 아빠 아버지라고 부르짖느니라 성령이 친히 우리의 영과 더불어 우리가 하나님의 자녀인 것을 증언하시나니"(롬 8:15, 16).

거절감을 무너뜨리는 선포의 기도

"하나님! 제 안에 있는 거절감의 상처로 인한 왜곡들을 깨닫기 원합니다. 거절감이 만들어낸 일그러진 모습에서 벗어나길 원합니다. 하나님의 끝없는 받아주심을 믿기로 작정합니다. 거절감에 묶이지 않으셨던 예수님을 바라보며 어떤 버림받음과 거절당함에도 묶이지 않겠습니다. 십자가에서 아들을 주신 그 큰 사랑만을 신뢰하며 주님 안에 거하기로 작정합니다. 아멘!"

거절감을 무너뜨리기 위해 함께 읽을 책

「내 이름 아시죠」(토미 워커, 규장)

7
용서하지 않는 마음

어떻게 그 사람을 용서하냐고요?
창세기 45:1-8

이청준의 단편 「벌레 이야기」를 원작으로 만들어진 이창동 감독의 영화 "밀양"Secret Sunshine이 있습니다. 주인공인 서른세 살 신애는 남편을 잃고 아들 준과 남편의 고향인 밀양으로 가고 있었습니다. 그녀는 이미 너무 많은 것을 잃었습니다. 피아니스트라는 희망도 남편에 대한 꿈도 잃었습니다. 그녀는 작은 도시 밀양에서 새로운 시작을 기약합니다. 그러나 관객들은 이내 연약한 애벌레처럼 웅크린 그녀의 뒤로 새어 나오는 처절한 울음소리를 듣게 됩니다. 원작의 제목처럼 한 마리 벌레가 되어 웅크린 그녀를 만나게 됩니다.

그녀의 통장 잔고는 고작 870만 원이지만 남편의 꿈이 밀양에 집을 짓고 사는 것이었다며 땅을 보러 다닙니다. 그녀의 허세로 인해 아들이 유괴되고 살해당합니다. 살인범이 체포되어 유치장으로 가는 복도에서 그녀와 마주칩니다. 따귀를 한 대 쳐도 시원치 않을 판에 그녀는 눈을 내리깔아 버립니다. 분노에 가득 차 있지만 동시에 공포에 지배되는 아이러니 속에 오히려 피해자가 가해자를 피해 숨어버립니다.

헤아릴 수 없는 고통 속에서 신애는 교회에 나가게 되고, 교인들과 교제를 나누며 하나님의 사랑을 깨달아갑니다. 그녀는 힘겹게 '하나님의 사랑'으로 용서를 결심하고, 살인범을 면회하러 갑니다. 그러나 살인범은 교도소에서 이미 하나님을 만났고, 하나님이 용서해주셨기에 마음의 평안을 얻었다고 합니다. 신애는 아들을 잃은 슬픔과 살인범에 대한 분노로 하루하루를 힘겹게 살아왔지만 그녀의 분노 혹은 용서는 살인범에게 아무런 의미가 없었던 것입니다.

우리는 이 지점에서 용서에 대한 신앙적인 고민을 만납니다. 그리고 신애를 통해 영화 속 유명한 대사가 흘러나옵니다. "그 사람은 이미 용서를 받았대요. 근데 내가 어떻게 다시 그 사람을 용서하냐고요?"

용서에 대해 알아야 할 것들? (용서 십계명)

그날 요셉은 바로의 궁중에서도 들릴 만큼 큰 소리로 목놓아 울었습니다(창 45:2). 아버지 집에서 아픔을 준 가해자들 앞에서 서럽게 울었습니다. 가정폭력으로 인한 상처의 응어리가 풀어지는 결정적인 회복의 순간입니다. 그러나 지난한 용서의 여정 속에서 요셉이 흘려야 했던 눈물은 아직 다 마르지 않았습니다. 이미 용서했지만 용서받지 못한 마음으로 살던 형제들로 인해 요셉은 또 울어야 했습니다(창 50:17). 이처럼 용서는 회복을 위한 여정의 첫걸음인 동시에 자유를 위한 지난한 과정입니다. 우리는 용서해야 합니다. 세상에서 가장 쉽지 않은 길인 용서의 길을 가야 합니다. 용서의 여정에는 회복하시는 하나님의 따스한 사랑이 가득할 것입니다.

용서의 길을 가고자 할 때 우리가 꼭 알아야 할 것은 무엇입니까? 현재진행형인 관계의 고통에서 벗어나 자유를 누리기 위한 용서 십계명은 무엇입니까? 용서하지 못하는 마음의 견고한 진에 갇히지 않기 위해 반드시 알아야 할 용서의 열 가지 원리는 무엇입니까?

은혜로 말미암아 용서하십시오

용서 십계명 첫 번째입니다. '하나님의 은혜로 말미암아 용서하라.'

어머니를 일찍 여읜 열일곱 살 소년은 힘겹게 살아가고 있었습니다. 아버지의 지나친 편애는 이복형제들의 시기와 질투를 더할 뿐이었고, 그는 마음 둘 곳이 없었습니다. 그러나 그는 '꿈꾸는 자'라는 별명이 붙을 만큼 해맑고 아름답게 자랐습니다. 그날도 아버지의 심부름으로 멀리 양을 치러 나간 형들을 만나러 갔습니다. 그리고 그곳에서 그는 참혹한 일을 겪게 됩니다.

그를 향한 형들의 시기와 질투는 미움을 넘어 살인을 모의하기에 이르렀습니다. 그는 옷이 벗겨지고, 구덩이에 던져졌습니다. 다행히 구덩이에 물이 없어 목숨은 건졌지만 미디안 상인들에게 노예로 팔려 애굽으로 가게 되었습니다. 이 사람이 노예로 팔려 총리가 된 요셉입니다.

오랜 세월이 지난 후에 요셉의 형들은 그날의 일을 이렇게 후회합니다. "그가 우리에게 애걸할 때에 그 마음의 괴로움을 보고도 듣지 아니하였으므로"(창 42:21)

여기서 '애걸'이라는 말은 '은혜를 구하다', '호의를 간절히 호소하다'라는 뜻입니다. 요셉은 버려진 구덩이 속에서 형들에게 은혜를 구했습니다. 형들은 상인들에게 팔려가며 은혜를 애걸하는 요셉의 괴로움을 보고도 듣지 않았습니다. 형들은 요셉을 향한 은혜를 거두었습니다. 그러나 요셉은 그런 형들을 향한 은혜를 거두지 않았습니다.

요셉은 어떻게 형들로 인한 참혹한 고통에도 불구하고 용서할 수 있었습니까? 요셉이 어떻게 형들을 용서할 수 있었는지 힌트가 되는 말씀이 있습니다. 요셉은 노예살이와 감옥살이를 지나 총리가 되었습니다. 결혼하여 자녀를 얻게 되자 그는 첫 아들의 이름을 '잊음'이라는 의미의 '므낫세'라고 지었습니다.

> 요셉이 그의 장남의 이름을 므낫세로 하였으니 하나님이 내게 내 모든 고난과 내 아버지의 온 집 일을 잊어버리게 하셨다 함이요(창 41:51)

하나님은 요셉의 모든 고난과 아버지 집에서의 일을 잊어버리게 하셨습니다. 하나님의 은혜가 모든 고난과 아픔을 잊을 수 있게 했습니다. 요셉을 향한 하나님의 무조건적인 은혜가 그로 하여금 자신에게 잘못한 사람들의 기록을 잊을 수 있게 했습니다. 요셉은 자신을 향한 하나님의 은혜로 말미암아 형들을 용서할 수 있었습니다. 은혜를 아는 사람만이 용서를 통해 은혜를 흘려보낼 수 있습니다.

우리는 스스로의 힘으로 과거의 아픔과 상처를 잊을 수 없습니다. 우리는 스스로의 힘으로 용서할 수 없습니다. 오직 용서하게 하시는 은혜로 말미암아 용서할 수 있을 뿐입니다. 그래서 진정한 용서를 위해서는 용서하시는 은혜의 십자가 앞으로 나아가야 합니다. 우리는 그리스도 안에서 용서하시는 십자가를 은혜로 만난 깊이만큼 용서할 수 있습니다.

우리는 용서할 수 없지만 예수님은 하실 수 있습니다. 아니 이미 용서하셨습니다. 예수님의 용서하심 때문에 우리는 용서할 수 있습니다. 예수님의 용서하심에 근거해서 용서할 수 있습니다. 우리의 용서를 가능하게 하는 것은 오직 은혜의 십자가입니다. 용서하고 싶습니까? 그렇다면 먼저 십자가 아래서 우리를 용서하시는 하나님의 은혜를 깊이 만나야 합니다.

자유를 위하여 용서하십시오

용서 십계명 두 번째입니다. '사탄에게 묶이지 않는 자유를 위하여 용서하라.'

창세기 37장에서 41장까지 요셉을 살펴보면, 자신을 고통스럽게 했던 가해자들로 인한 어떤 상처나 분노도 찾아볼 수가 없습니다. 형들이 시기하고 질투하는 것을 알면서도 그들을 찾아 도단으로 갑니다. 성폭행범이라는 누명을 쓰고 옥에 갇혔지만 주어진 일에 최선을 다합니다. 그는 어떤 순간에도 사람에 대한 애정을 잃어버리지 않았습니다. 상처에 묶여 사람을 경계하지 않습니다. 그것은 그가 이미 그들을 용서했기 때문입니다. 용서는 자유를 위한 자발적 선택입니다.

필립 얀시Philip Yancey는 이렇게 말합니다.

> 하나님은 우리에게 섬뜩한 권한을 주셨다. 바로, 다른 사람을 용서하지 않음으로써 우리는 실제적으로 그들을 하나님의 용서를 받을 자격이 없는 사람으로 만들어버리고, 동시에 우리 자신까지도 그런 사람으로 만들고 만다는 것이다.

다른 사람을 용서하지 않는 것은 자기 자신도 건너야만 하는 다리를 무너뜨리는 것과 같습니다. 용서하지 않음이 마음에 자리를 잡으면 그것은 마치 반영구적인 콘크리트 벽처럼 우리를 둘러쌉니다. 그 덕분에 더 이상의 고통으로부터 보호될 수는 있지만 결국에는 자신의 마음까지 딱딱하고 무감각하게 만들어버립니다. 용서하지 않음의 견고한 진은 결국 자기 마음에 마비를 가져옵니다. 용서하지 않음의 아이러니는 자신이 만든 증오와 원한이 자기 자신을 삼켜버린다는 것입니다. 용서하지 않을 때 우리는 자신에게 고통을 주게 됩니다. 용서하지 않는 마음의 독은 궁극적으로 자신을 파괴합니다. 우리가 용서해야 하는 이유는 간단합니다. 어둠의 포로가 된 가해자와 피해자는 어느 한 쪽이 문을 열 때까지 둘 다 이 어둠에 붙잡혀 있어야 하기 때문입니다. 그리고 그 문이 가해자에 의해서 먼저 열리는 경우는 거의 없습니다.

영화 "밀양"에서 신애는 피해자의 용서가 필요 없다는 살인범을 만나고 온 충격으로 자해를 하고 정신병원에 입원하게 됩니다. 그리고 치료를 마치고 퇴원하던 날에 우연히 찾아간 미용실에서 살인범의 딸을 만납니다. 살인범의 딸에게 머리 손질을 맡기지만 도중에 미용실을 뛰쳐나오고 맙니다. 그러고는 자기 집 마당에서 직접 자신의 머리카락을 자릅니다.

결국 '용서'는 상대를 위한 것이 아니라 자기 자신을 위한 것이었습니다. 자신을 집어삼킬 듯한 분노, 삶에 대한 회의에서 우리를 구원해줄 마지막 희망이 '용서'입니다. '용서'는 가해자를 위한 것이 아니라 피해자인 자신의 행복과 자유를 위한 것입니다.

너희가 무슨 일에든지 누구를 용서하면 나도 그리하고 내가 만일 용서한 일이 있으면 용서한 그것은 너희를 위하여 그리스도 앞에서 한 것이니 이는 우리로 사탄에게 속지 않게 하려 함이라 우리는 그 계책을 알지 못하는 바가 아니로라(고후 2:10, 11)

사탄의 계책은, 우리가 용서하지 못함으로 분노와 증오로 쌓아올린 견고한 진에 갇혀 어둠 속을 헤매는 것입니다. 이런 사탄에게 속지 않으려면 용서해야 합니다. 신약 성경에서 '용서'로 번역된 헬라어 '아피에미'는 '자신에게서 멀리 보내버린다', '자신의 힘과 소유권으로부터 멀리 보내다', '자신이 있는 곳에서 멀리 보내다'라는 의미를 가지고 있습니다. 누군가를 용서한다는 것은 그로 인한 모든 묶임에서 스스로를 놓아버리는 자유의 선택입니다. 그래서 용서는 자기 자신의 영광입니다(잠 19:11). 용서는 어둠으로부터 자신을 지키고 자유하게 하는 최선의 자기돌봄이며 자기사랑입니다.

증오와 원한의 속박에 묶이지 않는 자유를 원하십니까? 그렇다면 지금 용서를 선택해야 합니다.

사과가 없어도 용서하십시오

용서 십계명 세 번째입니다. '가해자의 사과^{謝過}가 없어도 자발적으로 용서하라.'

용서는 가해자의 사과나 변화 또는 강요에 얽매이지 않는 피해자의 자발적 선택입니다. 영화 "밀양"의 신애가 살인범을 찾아간 것은 '용서하기'를 위해서가 아니라 '사과를 받기' 원했기 때문입니다. '용서'는 '사과'에 대한 응답이 아닙니다. 가해자가 '사과'해줄 때 비로소 '용서'할 수 있다면, '용서'에서도 피해자는 가해자에게 종속되고 맙니다. 용서는 가해자의 '사과'에 상관없이 피해자가 주도적으로 선택하는 자유와 회복을 위한 첫걸음입니다.

한국 사회를 깊은 슬픔에 젖게 했던 세월호 사건에 대해 어떤 이들은 "이제 좀 그만하라"고 합니다. "그만 우려먹으라"고 말합니다. "그만 용서하고 일상으로 돌아가자"고 합니다. 그러나 이런 말이 누구를 위한 것입니까? 피해자를 위해 하는 말입니까? 결코 그렇지 않습니다.

용서는 피해자의 자유를 위한 자발적인 선택입니다. 어떤 사람도 용서를 강제할 수 없습니다. 용서를 강요해서는 진정한 용서에 이를 수 없습니다.

그리스도인들이 용서와 관련해서 대표적으로 오해하는 말씀이 있습니다.

> 그러므로 예물을 제단에 드리려다가 거기서 네 형제에게 원망 들을 만한 일이 있는 것이 생각나거든 예물을 제단 앞에 두고 먼저 가서 형제와 화목하고 그 후에 와서 예물을 드리라 (마 5:23, 24)

이 말씀은 가해자에게 주는 말씀입니까, 피해자에게 주는 말씀입니까? '원망들을 만한 일'이 생각난 사람은 가해자입니까, 피해자입니까? 그렇습니다. 가해자입니다. 예수님의 말씀은 가해자를 향해 자신의 잘못을 책임 있게 사과하고 돌이키라는 말씀이지 결코 피해자에게 용서를 강제하는 말씀이 아닙니다.

용서는 가해자가 먼저 입에 올릴 수 있는 말이 아닙니다. 가해자는 책임 있는 돌이킴을 통해 용서를 구할 수 있을 뿐 용서를 강요할 수 없습니다. 이해해 달라는 변명으로 용서를 압박해서도 안 됩니다. 용서는 가해자의 행위에 상관없이 피해자가 하나님 앞에서 자신의 회복을 위해 스스로 선택하는 것입니다. 요셉은 극심한 어려움을 겪으면서도 가해자의 반응에 상관없이 용서를 선택하고 용서를 실천했습니다. 피해자가 용서조차도 가해자의 '사과'에 종속시켜서는 안 됩니다.

감정이 없어도 용서하십시오

용서 십계명 네 번째입니다. '용서에 따라오는 감정적인 느낌이 없어도 용서하라.'

우리는 용서를 의지적으로 선택할 수 있을 뿐 그에 따른 감정의 변화를 만들어낼 수는 없습니다. 원수 갚는 것이 우리의 몫이 아니듯이 용서에 따른 감정 변화도 우리의 몫이 아닙니다. 우리는 우리의 몫을 할 뿐입니다. 우리는 용서를 의지적으로 택할 수 있을 뿐입니다. 그들의 악행에 대한 심판 그리고 용서에 따르는 감정의 변화는 우리의 몫이 아니라 하나님의 몫입니다. 용서를 감정적인 느낌에 종속시키려다

보면 진정한 용서에 이를 수 없습니다.

요셉은 이미 형들을 용서했습니다. 그러나 아직 그의 감정이 충분히 풀리지 못했습니다. 그런데 창세기 45장에 이르러서는 그의 감정이 풀립니다.

> 요셉이 시종하는 자들 앞에서 그 정을 억제하지 못하여 소리 질러…
> (창 45:1)

나아가 창세기 50장을 보면, 해결되지 않은 지난 죄로 인한 죄책감에 시달리던 형들이 아버지 야곱이 죽은 후에 요셉 앞에 엎드려 "당신 아버지의 하나님의 종들인 우리 죄를 이제 용서하소서" 하는 그때 "요셉이 그들이 그에게 하는 말을 들을 때에 울었더라"고 말합니다(창 50:17). 요셉이 의지적으로 선택한 용서 위에, 하나님이 용서의 영 곧 용서의 감정을 부어주신 것입니다.

용서는 피해자의 의지적 선택입니다. 그 용서에 따르는 감정의 변화는 하나님이 은혜로 주시는 것입니다. 이것은 우리가 만들어낼 수 있는 무엇이 아닙니다. 용서의 감정을 인위적으로 만들어내려 애쓰지 마십시오. 우리는 그저 의지적인 자발성으로 용서를 선택할 수 있을 뿐입니다. 용서를 선택한 우리는 엎드려 용서의 감정이 부어지기를 사모할 뿐입니다.

"밀양"의 신애는 교도소로 살인범을 용서하러 갑니다. 그러나 그 길목에서 살인범의 딸이 양아치들에게 조리돌림당하고 있는 것을 보고도 그냥 지나칩니다. 아직 감정까지 풀어진 것이 아니기 때문입니다. 그런데 그 모습에 집중하느라 신호등이 바뀐 줄도 모르고 횡단보도에서 행인을 칠 뻔합니다. 처음에는 미안해하던 신애가 행인의 욕설에 똑같이 대거리하며 욕하는 장면이 그려집니다. 아직 충분히 감정적인 아픔이 풀리지 않았는데 자기 위안의 수단으로 가해자를 찾아가는 모순된 모습을 영화는 잘 그려주고 있습니다. 지금 신애에게 필요한 것은 자신을 기다려주는 것입니다. 무엇보다 자신의 감정을 하나님이 충분히 용서의 마음으로 채우실 때까지 기다려주어야 합니다.

용서가 감정을 넘어선 선택이라는 현실적 한계를 인정하지 못하면 쉽게 자기 정죄에 빠지게 됩니다. 많은 그리스도인을 죄책감에 빠지게 하는 문제가 용서입니다. 용서하기로 결단했지만 용서의 감정이 생기지 않는다고 자신을 정죄해서는 안 됩니다. 용서의 감정이 없다고 정죄하는 것은 하나님이 아니라 참소하는 자인 사탄입니다. 용서에 따른 감정의 변화는 우리가 아닌 하나님의 몫입니다.

"당신은 언제나 당신의 의지를 곧장 초특급 화물로 보낼 수가 있습니다. 그러나 당신의 감정은 언제나 나중에 완행 화물로 도착하곤 합니다"라는 헨리 클레어 모리슨Henry Clare Morrison의 말처럼 용서하기로 선택하는 일은 짧은 시간에 이루어질 수 있습니다. 그러나 용서의 감정은 긴 시간이 걸립니다. 그러므로 감정적인 변화가 더디다고 해서 자신을 정죄해서는 안 됩니다. 우리는 자신의 감정과 상관없이 용서하기로 선택할 뿐입니다. 그러고는 하나님이 충분히 우리의 감정을 만지시고 회복하시는 그날까지 하나님의 손길을 기다려야 합니다. 용서는 감정적인 느낌이 없어도 의지적으로 하는 선택입니다.

진실을 드러냄으로 용서하십시오

용서 십계명 다섯 번째입니다. '실체적 진실을 드러냄으로 용서하라.'

용서는 가해자가 저지른 죄와 허물을 감추거나 이해하는 것이 아닙니다. 용서는 죄를 죄로 드러내는 것에서부터 시작됩니다.

> 나는 요셉이라 … 나는 당신들의 아우 요셉이니 당신들이 애굽에 판 자라(창 45:3, 4)

이 짧은 말에는 형들이 요셉에게 저질렀던 입에 담을 수도 없는 잔인한 진실이 선명하게 드러나고 있습니다. 요셉은 형들의 잘못을 막연한 일반화로 덮어버리지 않았습니다. 요셉은 형들의 죄를 명확하게 드러냈습니다.

온전한 용서와 화해는 진실의 기초 위에서 세워져야 합니다. 한국 현대사의 비극적 사건인 80년 광주의 처참한 죽음의 행렬이 누구로부터 어떻게 저질러졌는지 실체적 진실이 밝히 드러나지 않았기에 용서와 화해는 여전히 요원한 것입니다. 용서는 진실을 외면하고 덮어두는 것이 아닙니다.

용서는 가해자의 잘못을 정당화하지 않습니다. 요셉은 "형들도 나도 그때는 너무 어리고 미숙했었다"거나 "형들이 나를 구덩이에 던지고 팔았던 것은 다 장난이었는데 미디안 상인들이 너무 성급했던 거 아니냐"라며 두둔하지 않았습니다. 요셉은 "형들도 어쩔 수 없었을 거야"라거나, "아버지의 그런 지독한 편애를 보면 누구라도 그럴 수 있었을 거야"라며 이해하려 하지 않았습니다.

이해는 용서가 아닙니다. 사실을 이해한다고 용서가 되는 것도 아닙니다. 이해할 수만 있으면 다 용서할 수 있을 것 같은데 그렇지 않습니다. 용서를 위해 필요한 것은 이해가 아니라 진실입니다. 용서는 이해를 넘어, 죄를 죄로, 잘못을 잘못으로 정확하게 드러내야 합니다. 용서라는 이름으로 가해자의 죄에 대한 진실을 못 본 척 숨기는 것은 더 큰 어둠의 문을 여는 어리석음일 뿐입니다.

그래서 하나님도 우리의 죄를 용서하시기 위해 먼저 죄에 대한 회개를 요구하시는 것입니다. 명확하고 구체적인 죄 고백이 동반된 회개가 십자가의 용서를 자신의 것으로 받아 누리는 출발점입니다. 진실을 외면한 채 오가는 용서에 대한 담론談論은 아무 의미가 없습니다. 악하고 어두운 진실을 외면하는 용서는 용서가 아닙니다. 용서의 출발은 진실을 숨기지 않고 드러내는 것입니다.

가해자의 죄를 드러내는 것에서는, 화해 이후를 염두에 둔 조심스러운 배려가 있어야 합니다. 요셉은 형들의 죄를 드러내기 전에 주위에 있는 시종들을 물러가게 했습니다(창 45:1). 동생을 팔아먹은 파렴치

범이라는 형들의 죄는 정확하게 드러내야 하지만, 불필요하게 많은 사람들에게 죄를 드러냄으로 형들을 수치스럽게 하지 않으려는 의도입니다. 왜냐하면 용서를 넘어 언젠가는 화해로 함께 살아야 할 가족이기에 죄는 드러내지만 사람들 앞에 수치를 당하게는 하지 않았던 것입니다.

용서는 죄를 이해하는 것도 덮어주는 것도 아닙니다. 용서는 죄의 진실을 솔직하게 드러내는 것입니다. 참된 용서에 이르고자 한다면 반드시 죄의 진실을 분명하게 드러내야 합니다.

아픔을 드러냄으로 용서하십시오

용서 십계명 여섯 번째입니다. '자신의 상처와 아픔을 드러냄으로 용서하라.'

용서는 피해자가 모든 책임을 자신에게 돌리거나 자신의 상처와 아픔을 가볍게 여기는 것이 아닙니다. 요셉은 그날의 고통이 견딜 만해서 용서할 수 있었던 것이 아닙니다. 요셉이 얼마나 고통스러워하고 아파했는지는 그의 울부짖는 모습에서 짐작할 수 있습니다.

요셉은 이십여 년 만에 만난 형들이 해결되지 않는 죄책감에 시달리는 모습을 보며 웁니다.

> 요셉이 그들을 떠나가서 울고 다시 돌아와서…(창 42:24)

요셉은 아우 베냐민을 만난 그날에도 웁니다.

> 요셉이 아우를 사랑하는 마음이 복받쳐 급히 울 곳을 찾아
> 안방으로 들어가서 울고(창 43:30)

그리고 화해의 날에도 큰 소리로 웁니다(창 45:2).

> 자기 아우 베냐민의 목을 안고 우니 베냐민도 요셉의 목을 안고 우니
> 라 요셉이 또 형들과 입맞추며 안고 우니…(창 45:14, 15)

요셉의 눈물은 그가 홀로 감당해온 고통의 무게가 얼마나 컸는지를 잘 보여줍니다. 버림받고 배신당한 고통, 외롭고 그리운 아픔의 깊이만큼이나 그의 눈물은 서러웠습니다. 용서는 피해자의 깊은 상처와 아픔을 숨기지 않는 것입니다. 요셉처럼 고통스러운 지난날의 응어리들로 찢긴 가슴에서 흐르는 비탄의 눈물을 쏟아내는 것이 용서입니다. 흐르는 눈물과 함께 온몸으로 힘겨움을 견뎌내는 것이 용서입니다.

새가족 전도 프로그램인 알파코스를 진행할 때, 알파코리아에서 토크 도입 영상으로 "밀양"의 몇 장면을 편집해서 보내주었습니다. 그중에는 신애가 교회에 나가고 교인들과 교제를 나누면서 "덕분에 하나님을 알게 되었다", "이제 행복하다"라고 소그룹에서 고백하는 장면이

있었습니다. 신앙생활의 유익을 알려주기 위해 편집한 영상이지만 도저히 교회를 처음 찾은 게스트들에게 보여줄 수가 없었습니다. 왜냐하면 영화 속 신애는 교인들 앞에서 은혜를 고백하지만 주방에 홀로 서서 반찬통에 담긴 반찬들로 한 끼 식사를 우걱우걱 때우며 눈물을 흘리고 있기 때문입니다. 자신의 감정을 속이려 하지만 정작 위로받아야 할 자신은 속이지 못하는 모습입니다.

신앙은 자기기만自己欺瞞의 마약 같은 것이 아닙니다. 예배의 흥분과 감격 속에서 자신의 고통을 외면하고 감추는 것은 참된 신앙이 아닙니다. 헤아릴 수 없는 아픔의 피해자가 되었을 때 너무 빨리 용서해야 한다는 부담감을 갖지 마십시오. 신앙의 이름으로 용서를 강요하는 것은 매우 잔인하고 비인간적인 폭력입니다. 하나님은 용서를 말씀하시기 이전에 아픔을 먼저 싸매시는 분이십니다. 자기 고통과 아픔을 솔직하게 드러내어야 참된 용서의 길이 열립니다.

누군가에게 억울한 일을 당했습니까? 용서를 떠올리기보다 먼저 상처 나고 찢긴 자신을 안아주십시오. 화가 나면 소리치고, 눈물이 나면 그냥 우십시오. 다만 은밀한 곳에서, 기도의 숲에서, 하나님의 보좌 앞에서, 신뢰할 만한 장소와 사람 앞에서 소리치며 울어야 합니다. 모든 것을 용납하고 품어줄 수 있는 공동체와 함께 울어야 합니다. 그것이 교회가 있는 이유입니다. 교회니까 그러면 안 되는 게 아니라 교회니까 그런 아픔까지 쏟아내며 함께 울 수 있는 것입니다. 고통을 드러내는 것은 잘못이 아닙니다. 아픔을 드러내는 것이 치유와 용서입니다.

반복적 결단으로 용서하십시오

용서 십계명 일곱 번째입니다. '되풀이하는 반복적 결단으로 용서하라.'

용서는 한 번으로 끝나는 사건이 아니라 반복적인 결단을 끊임없이 되풀이해야 하는 과정입니다. 용서했음과 용서하지 못함이 공존하는 아이러니입니다. 어제 배불리 먹었어도 오늘 배가 고픈 것처럼 어제 용서했어도 오늘 용서할 수 없는 모순을 살아내는 것이 용서의 여정입니다. 용서했는데, 가해자를 대면하는 순간 용서하지 못한 것처럼 떨며 힘겨워지기도 합니다. 다 용서했는데 그리고 진정으로 용서하길 원하는데 가해자를 피하고 싶습니다. 용서했는데 여전히 용서하지 못하는 것이 용서입니다.

"저는 정말이지, 이해할 수가 없어요." 데니의 말에는 분노의 기운이 서려 있었습니다.

"저는 이 주 전에 한 수양관에 들어갔습니다. 거기서 성령님이 몇 년 전에 제게 심한 잘못을 저질렀던 마이크를 제가 진정으로 용서하지 않았다는 사실을 직시하게끔 하셨습니다. 그를 용서한다는 것이 제게는 매우 어려운 일이었지만, 하나님은 제게 그를 실제로 용서할 수 있는 은총을 베풀어주셨습니다. 그리고 그 이후 저는 놀라울 정도로 마음이 편안해졌습니다.

그런데 지난 며칠 동안 저의 지난 감정들이 다시 되살아났습니다. 그래서 저는 어쩔 수 없이 그 감정들에 휩싸여 지내야만 했습니다. 그것은 저를 의아하게 하는 일이었습니다. 저는 제가 진정으로 그를 용서하지 못했기 때문에 그런 것으로 짐작했습니다. 지금까지는 제가 그를 진정으로 용서했다고 생각해 왔는데도 말입니다. 아마도 저는 그를 전적으로, 다시 용서하지 않으면 안 될 것 같습니다. 하지만 이렇게 말한 것 때문에 이번에는 제가 그를 쉽게 용서하지 못할까봐 두렵습니다. 저는 정말이지, 이 일에 관해 제가 어떻게 해야 할지 모르겠습니다."

데이빗 씨맨즈David A. Seamands의 「좌절된 꿈의 치유」에 나오는 이 이야기는, 정도의 차이는 있겠지만 누구나 경험하는 어려움입니다. 수많은 사람들 특히 그리스도인들이 용서의 문제 앞에 이와 비슷한 좌절을 경험합니다. 용서했지만 용서할 수 없는 모순이 바로 용서의 여정입니다.

요셉은 식량을 구하기 위해 애굽으로 내려온 형들을 만났습니다. 요셉은 형들을 알아보았지만 형들이 자신을 알아보지 못하자 자신의 정체를 숨겼습니다(창 42:7). 아마 요셉은 형들을 보는 순간 수많은 아픈 기억들이 떠올랐을 것입니다. 이미 용서했지만 직접 대면하게 되자 쓰라린 기억들로 터져버릴 것만 같았을 것입니다. 그는 어제 용서했지만 오늘 또 오늘만큼의 용서를 해야 했습니다.

어느 날 베드로가 예수님께 물었습니다.

> 형제가 내게 죄를 범하면 몇 번이나 용서하여 주리이까 일곱 번까지 하오리이까(마 18:21)

당시 랍비들은 세 번까지 용서하라고 했습니다. 베드로는 세 번과는 차원이 다른 일곱 번의 용서를 말합니다. 그러나 예수님은 전혀 다른 차원을 말씀하십니다.

> 네게 이르노니 일곱 번뿐 아니라 일곱 번을 일흔 번까지라도 할지니라(마 18:22)

이게 무슨 말씀입니까? 일곱 번을 일흔 번까지 사백구십 번이나 용서하라는 말씀입니까? 끊임없이 이어지는 잘못들을 계속해서 용서하라는 말씀입니까? 물론 그렇게 해석할 수도 있습니다. 그런데 이 말씀은 반복적인 잘못을 반복해서 용서하라는 말씀일 뿐만 아니라 한 번의 잘못을 반복해서 용서하라는 말씀이기도 합니다. 하나의 잘못을 일곱 번에 일흔 번까지도 반복해서 용서하라는 말씀입니다. 그날의 그 일에 대하여 그 사람을 어제 용서했지만 오늘 또다시 괴롭습니다. 아물지 않은 상처와 지워지지 않는 기억이 오늘 또 올라옵니다. 그때 또 용서하기로 선택하는 되풀이 과정이 용서입니다. 우리는 일곱 번을 일흔 번까지라도 용서하고 또 용서해야 합니다.

요셉이 이미 용서했지만 오늘 또 용서해야 했듯이 우리는 오늘만큼의 용서를 할 수 있을 뿐입니다. 오늘의 용서는 오늘의 은혜입니다. 내일은 또 내일만큼의 용서가 남아 있습니다. 용서를 단 한 번인 사건으로 바라보면 끊임없이 좌절할 수밖에 없습니다. 용서는 어제, 오늘 그리고 내일 반복적으로 되풀이하는 과정입니다. 일곱 번씩 일흔 번이 되기까지 끊임없이 일어나는 상처의 응어리 앞에 용서하기를 반복하는 것이 용서입니다.

화해가 없어도 용서하십시오

용서 십계명 여덟 번째입니다. '용서와 화해를 혼동하지 말고 화해가 없어도 용서하라.'

요셉은 오래전에 용서했습니다. 용서하였기에 요셉에게 과거의 아픔은 현재를 묶는 상처가 될 수 없었습니다. 그러나 요셉은 이미 형들을 용서했음에도 불구하고 아직 그들과 화해하지 못했습니다. 화해를 위해 그는 이십 년 이상을 기다려야만 했습니다. 아니 온전한 화해는, 화해의 뜨거운 눈물을 흘린 이후에도 또 수십 년이 지나서야 이루어졌습니다.

내게 잘못을 범하고 해를 끼친 사람을 용서하는 것과 가해자인 그들과 화해하는 것은 전혀 다른 영역입니다. 용서와 화해를 혼동해서는 안 됩니다. 용서는 하나님을 향한 피해자의 일방적 선택이지만 화해는 피해자와 가해자가 함께 하나님 앞에 서야 하는 쌍방적 선택입니다. 피해자가 용서했고 화해를 위해 준비되었다 할지라도 가해자는 아직 그렇지 못할 수 있습니다.

어느 날 야곱의 집에 애굽의 총리로부터 초청장이 왔습니다. 애굽 총리가 보낸 초청장에는 지난날 야곱의 아들들이 요셉에게 저질렀던 엄청난 악행의 진상이 낱낱이 담겨 있습니다. 그리고 초청장을 보낸 애굽 총리는 바로 그들이 인신매매로 팔았던 요셉이었습니다. 총리가 된 요셉은 형들을 다 용서했으니 아무 걱정 말고 가족과 함께 애굽으로 내려오라고 초청합니다. 초청장 뒤에는 애굽행 편도 마차 탑승권도 있습니다.

이런 상황이라면 초청장을 받은 요셉의 형들은 어떤 느낌이었을까요? 기뻐하며 즉시 애굽으로 갈 수 있었겠습니까? 형들에게 애굽은 그들의 악행을 기억하게 만드는 곳입니다. 잊고 싶고 숨기고 싶은 죄를 자꾸 되살리는 이름입니다. 그런데 그곳에 요셉이 살아 있고, 그것도 애굽의 총리가 되었다는 소식은 형들에게 공포 그 자체였을 것입니다.

그들은 아직 요셉을 만날 준비가 되어 있지 않습니다. 요셉이 용서와 함께 화해를 청한다 해서 화해가 이루어지는 것이 아닙니다. 요셉의 용서를 통해, 서로를 갈라놓은 장벽 가운데 요셉 자신에 관한 것은 무너졌습니다. 그러나 아직 형들이 쌓아놓은 장벽은 그대로일 수 있습니다. 그래서 용서와 달리 화해를 위해 요셉은 겸손과 관대함으로 기다려야만 했던 것입니다.

  피해자의 용서가 언제나 화해를 보장하는 것도 아닙니다. 우리는 언제나 용서해야 하지만 그렇다고 해서 그 용서가 언제나 화해를 보장해주지는 못합니다. '우리가 사람들을 온전히 용서하기만 하면 그리고 우리가 그들과 화해하기 위해 최선을 다하기만 하면 그들은 언제나 회개와 화해로 우리에게 응답할 것이다. 그렇기 때문에 이후로 그들과 우리 관계는 모두 아무런 문제 없이 술술 풀려갈 것이다'라고 착각하지 않아야 합니다. 삶이 그렇게 단순하지만은 않습니다. 우리가 용서하고 화해하고자 한다고 해서 다 화해가 이루어지는 것이 아닙니다.

  용서는 하나님의 용서하심에 의지하여 지금 바로 할 수 있습니다. 그러나 화해는 요셉처럼 이십 년 이상 기다려야 할 수도 있습니다. 용서는 때때로 일방통행과 같습니다. 그러나 화해는 언제나 쌍방통행이어야만 합니다. 용서란 하나님을 향해 우리의 손을 높이 드는 것과 같습니다. 우리를 향한 하나님의 십자가 사랑에 감동되어 두 손 두 발 다 들게 되는 것이 용서입니다. 그러나 화해는 서로를 향해 손을 내미는 것입니다. 함께 손을 잡고 살아가는 것이 화해입니다. 그러기 위해서는 피해자와 가해자가 서로 손을 내밀어야 하고, 서로 손을 잡고 함께 살아갈 준비가 되어야 합니다.

요셉이 의도된 상황으로 형들을 곤란하게 만든 데에는 이유가 있었습니다. 요셉은 형들의 변화를 확인하고 싶었습니다. 요셉은 이미 형들을 용서했지만 그들에게도 진정한 회개의 돌이킴이 있는지 알고 싶었습니다. 그래서 요셉은 계속해서 형들에게 진실함이 있는지를 확인하고자 했던 것입니다(창 42:15-20). 요셉이 형들의 진실함을 확인하고 화해의 손을 내밀었던 것처럼, 화해를 위해서는 화해하고자 하는 의지를 넘어 회개에 합당한 삶의 변화가 있어야 합니다. 그러므로 우리는 용서와 함께 화해를 기대하지만 화해가 없어도 얼마든지 용서할 수 있습니다.

임재를 위하여 용서하십시오

용서 십계명 아홉 번째입니다. '하나님과 교제가 끊어지지 않는 임재를 위하여 용서하라.'

그리스도는 우리를 위하여 자신을 버리사 향기로운 희생 제물로 하나님께 드리셨습니다(엡 5:2). 예수님은 우리의 용서가 되기 위해 십자가에서 자신의 모든 것을 버리셨습니다. 그런데 우리가 십자가 사랑을 믿고 십자가 사랑을 받았다 하면서도 용서하지 않는다면 십자가 사랑을 스스로 부정하는 것입니다. 우리는 하나님의 성령으로 구원의 날까지 인 치심을 받았습니다. 한번 받은 구원은 결코 흔들리지 않습니다. 우리를 십자가로 인 치신 성령님은 영원히 우리를 떠나지 않

으십니다. 그러나 그분은 얼마든지 우리 때문에 근심하실 수 있습니다
(엡 4:30).

> 너희가 각각 마음으로부터 형제를 용서하지 아니하면 나의 하늘 아버
> 지께서도 너희에게 이와 같이 하시리라 (마 18:35)

예수님이 용서할 줄 모르는 종 비유의 결론으로 하신 말씀입니다. 물론 이 말씀은 우리가 용서하는 만큼 용서하신다거나, 우리가 용서하지 않으면 우리가 받은 용서가 무효화된다는 비례적 등가성을 말하는 것이 아닙니다. 우리의 어떠함과 상관없이 하나님은 십자가로 우리의 모든 죄를 용서하셨고 그 누구도 우리를 정죄할 수 없습니다.

그렇다면 이 말씀은 어떤 의미로 받아야 합니까? 우리가 다른 사람의 죄를 용서하든 그렇지 않든 우리가 받은 용서는 무효화되지 않습니다. 우리는 우리의 행위 특히 용서 행위와 상관없이, 되돌릴 수 없는 용서를 예수님 안에서 이미 받았습니다. 그러나 우리가 그런 용서를 받았음에도 용서하지 않는다면 용서의 하나님과 소원해질 수밖에 없습니다. 한집에 사는데 남남처럼 되는 것입니다. 같이 있지만 피상적인 대화만 오갈 뿐 소통의 나눔은 이루어지지 않게 됩니다. 하나님과 교제가 끊어진 상태, 버려지지 않았지만 버려진 것처럼 살게 되는 것입니다. 하나님의 임재를 잃어버린 참으로 비참한 모습이 되는 것입니다.

디트리히 본회퍼는 "우리가 유혹에 빠질 때 '나는 하나님을 미워한다. 그리고 하나님은 나를 미워하신다'라고 말하지 않는다. 그냥 하나님을 잊고 하나님이 존재하시지 않거나 우리가 그분을 전혀 모르는 것처럼 행동한다"라고 했습니다.

용서하지 않을 때, 우리는 하나님을 미워하는 것이 아니라 하나님을 잊어버리고 그분이 계시지 않는 것처럼 살게 됩니다. 그렇게 곁에 계신 분을 무시하는데 그분이 얼마나 슬프시고 아프시겠습니까? 그래서 성령님이 근심하시는 것입니다. 우리라면 끊임없이 우리를 슬프게 하는 사람과 함께 살고 싶겠습니까? 그만 살고 싶은데 그만 살 수 없는 사랑의 아픔, 그것이 용서하지 않는 우리 때문에 근심하시는 성령님의 아픔입니다. 용서하지 않음은 하나님과 한없이 멀어지는 삶입니다.

하나님 없는 사람처럼 홀로 살고 싶습니까? 용서하지 마십시오. 하나님의 임재와 교통하심을 신학적 개념으로 알 뿐 실재 삶에서 누리고 싶은 마음이 추호도 없습니까? 그렇다면 용서하지 않은 채로 사십시오. 용서하지 않음은 하나님과의 교제가 단절되고, 그분의 임재를 잃어버리게 하는 어리석음입니다. 하나님과의 교제를 회복하고 싶습니까? 그렇다면 기꺼이 용서를 결단하고 용서의 여정을 시작하십시오.

하나님의 주권으로 말미암아 용서하십시오

용서 십계명 열 번째입니다. '하나님의 주권에 대한 온전한 신뢰로 말미암아 용서하라.'

요셉은 그 참혹한 시절을 지나면서 끊임없이 용서를 선택하고, 용서의 여정을 걸어가면서 어찌할 수 없는 감정으로 인해 버거웠을 것입니다. 포기하고 싶은 때도 있었을 것입니다. 그러나 그는 끝까지 하나님을 바라보았습니다. 요셉은 가해자인 형들을 대면해야 하는 참으로 두렵고 고통스러운 순간에 가해자 너머에서 일하시는 하나님을 보았습니다. 요셉은 하나님의 절대주권과 하나님의 100% 옳으심을 보았기에 용서할 수 있었습니다.

> … 하나님이 생명을 구원하시려고 나를 당신들보다 먼저 보내셨나이다(창 45:5)

> 하나님이 큰 구원으로 당신들의 생명을 보존하고 당신들의 후손을 세상에 두시려고 나를 당신들보다 먼저 보내셨나니 그런즉 나를 이리로 보낸 이는 당신들이 아니요 하나님이시라 하나님이 나를 바로에게 아버지로 삼으시고 그 온 집의 주로 삼으시며 애굽 온 땅의 통치자로 삼으셨나이다(창 45:7, 8)

> 두려워하지 마소서 내가 하나님을 대신하리이까 당신들은 나를 해하려 하였으나 하나님은 그것을 선으로 바꾸사 오늘과 같이 많은 백성의 생명을 구원하게 하시려 하셨나니(창 50:19, 20)

요셉은 참혹한 고통 속에서 가해자의 잘못과 자신의 고통으로 눈멀지 않았습니다. 그는 그 고통의 한가운데서 하나님을 보았고, 하나님의 선하심을 온전히 신뢰했습니다. 하나님의 신실하심과 옳으심을 신뢰했습니다. 데이빗 씨맨즈는 요셉이 하나님의 주권을 인정하며 고백했던 창세기 50장 20절을 강조하며, 그리스도인은 '50-20 렌즈'를 끼고 살아야 한다고 권면합니다. 진정한 용서의 사람이고 싶습니까? 그렇다면 하나님의 선하신 주권으로 삶의 모든 것을 조망하는 '50-20 렌즈'를 끼고 어제와 오늘 그리고 내일을 바라보아야 합니다.

용서할 수 없고 용서하기 싫은 그 고통 가운데서 하나님이 보이면 용서가 일어납니다. 용서할 수 없는 그 사람, 그 문제 속에서 십자가가 보이면 용서하기를 선택할 수 있습니다. 용서는 하나님의 선하심과 옳으심에 대한 믿음이요, 십자가를 붙드는 신뢰입니다. 우리의 시선을 십자가의 예수님, 우리 삶의 주인 되신 하나님께로 향하는 것이 용서입니다.

용서의 십계명 하나하나를 곱씹으며 용서의 언덕에 오르게 되기를 주님의 이름으로 축복합니다.

    제 일, 은혜로 말미암아 용서하라.
    제 이, 자유를 위하여 용서하라.
    제 삼, 사과가 없어도 용서하라.

제 사, 느낌이 없어도 용서하라.

제 오, 진실을 드러냄으로 용서하라.

제 육, 아픔을 드러냄으로 용서하라.

제 칠, 반복적 결단으로 용서하라.

제 팔, 화해가 없어도 용서하라..

제 구, 임재를 위하여 용서하라.

제 십, 하나님의 주권으로 말미암아 용서하라.

영화 "밀양"의 영어 제목은 "Secret Sunshine"입니다. 영화는 곳곳에서 비밀스런 빛을 비춥니다. 비밀스런 빛은 아이의 시신이 발견된 곳에서도, 신애와 종찬이 처음 만난 도로에서도, 그리고 엔딩 장면에서도 존재합니다. 비밀스런 빛은 물이 고인 더러운 웅덩이나 농약통이나 물뿌리개나 진흙, 더럽고 깨끗한 곳을 가리지 않고 어디에나 비추고 있습니다. 그 은밀한 빛은 하나님의 사랑입니다. 하나님의 선하신 다스림입니다. 하나님의 은밀한 빛을 바라며 용서를 선택하십시오.

용서하지 않는 마음을 무너뜨리는 약속의 말씀

"하나님의 성령을 근심하게 하지 말라 그 안에서 너희가 구원의 날까지 인치심을 받았느니라 너희는 모든 악독과 노함과 분냄과 떠드는 것과 비방하는 것을 모든 악의와 함께 버리고 서로 친절하게 하며 불쌍히 여기며 서로 용서하기를 하나님이 그리스도 안에서 너희를 용서하심과 같이 하라"(엡 4:30-32).

용서하지 않는 마음을 무너뜨리는 선포의 기도

"주님, 용서는 피해자인 우리 자신을 위한 것임을 깨달았습니다. 용서의 이름으로 진실을 숨기지 않겠습니다. 용서를 결단하고 진리의 빛으로 나아가겠습니다. 진정 용서하고 싶습니다. 아니, 이미 용서했습니다. 그런데 용서가 되지 않습니다. 어찌할 수 없는 이 마음을 붙들고 은혜를 구합니다. 주님, 용서의 영으로 채워주소서! 용서할 수 있는 힘을 주소서! 아멘!"

용서하지 않는 마음을 무너뜨리기 위해 함께 읽을 책

「왜 용서해야 하는가」(요한 크리스토프 아놀드, 포이에마)

part 2

영혼의 쓴 뿌리 살피기

> 불신 / 교만 / 거짓 / 실족 / 음란 / 분노 / 우상 숭배

너희는 하나님의 은혜에 이르지 못하는 자가 없도록 하고

또 쓴 뿌리bitter root가 나서 괴롭게 하여 많은 사람이

이로 말미암아 더럽게 되지 않게 하며

히브리서 12:15

황대권 선생님은 「야생초편지」에서 이미 꽃이 지고 없는 할미꽃을 옮겨심기 위해 뿌리를 뽑았습니다. "그런데 이놈의 뿌리가 얼마나 깊은지 파내는 데 엄청 고생을 했다. 할미꽃이라고 비실비실한 할미를 연상했다가 큰코다치고 만 거지." 결국 뿌리가 너무 깊어 끝까지 파내지 못하고 끄트머리에서 끊기고 말았습니다. 야생초 하나 뽑는 것도 쉬운 일이 아닙니다. 잘못 뽑다가는 뿌리가 끊기기도 하고, 주위의 다른 화초가 상할 수도 있습니다. 그래서 예수님도 가라지를 함부로 뽑지 말라고 하셨습니다(마 13:29).

우리를 하나님의 은혜에 이르지 못하게 하는 영혼의 쓴 뿌리가 있습니다. 쓴 뿌리는 마음이 완악해져서 죄악을 물같이 마시면서도 자신은 평안할 것이라며 착각하다가 하나님의 진노의 불을 자초하게 하는 '독초와 쑥의 뿌리'를 가리킵니다(신 29:18). 쓴 뿌리는 그리스도인의 영혼을 괴롭게 할 뿐만 아니라 공동체의 많은 사람을 더럽게 하고 해를 받게 합니다.

그런데 성경은 이런 쓴 뿌리를 뽑아내야 한다고 말하지 않습니다. 왜냐하면 쓴 뿌리는 뽑아낸다고 뽑아지는 것이 아니기 때문입니다. 예수님 안에서 우리의 죄는 다 씻겨졌고, 우리는 의인이 되었습니다. 그러나 우리는 여전히 육신을 입고, 죄악 가운데 살아야 합니다. 육신에 있는 죄가 우리가 원하는 선이 아닌 악을 행하게 합니다(롬 7:19).

우리의 깊은 죄악의 쓴 뿌리는 아무리 뽑아내려 애써도 결코 뿌리 뽑히지 않습니다. 다만 쓴 뿌리가 죄악의 밭을 이루어 하나님의 은혜에서 떨어져 나가는 데까지 이르지 못하도록 주의하여 살필 뿐입니다. 그리스도인이 평생을 안고 씨름하며 은혜로 다스려가야 하는 것이 영혼의 쓴 뿌리입니다.

'영혼의 쓴 뿌리 살피기'는 우리를 하나님의 은혜에 이르지 못하도록 묶는 영혼의 쓴 뿌리 일곱 가지를 다룹니다. 우리는 하나님의 은혜를 구하며 영혼의 쓴 뿌리를 살피고 다스려야 합니다. 영혼의 쓴 뿌리를 하나님의 은혜로 하나하나씩 살피고 다스리고 참된 자유의 누림이 가득하길 축복합니다.

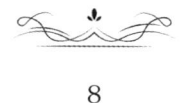

8
불신

난 네가 날 믿길 원한다

마가복음 9:14-29

나는 고개를 들고 외쳤다. "대체 왜 자꾸 이러십니까?"

그때 성령님이 내 마음에 이렇게 말씀하셨다.

"베스, 난 네가 나를 믿길 원한다."

"네?" 나는 섬뜩해진 마음으로 이렇게 대답했다.

"하나님, 당연히 믿습니다. 제가 어찌 하나님의 존재를 부정할 수 있겠습니까? 평생 당신만을 믿어온 걸요?"

그분은 단호하게 말씀하셨다.

"나의 존재를 믿으라는 게 아니다. 내가 누구인지, 내가 어떤 하나님인지 믿으라는 거지."

나는 당혹감을 느꼈다. 그리고 몇 분 동안 말없이 앉아 있었다.

그러다 곧 성령님이 가엾으리만치 작은 나의 믿음에 신실하게 빛을 비추고 계심을 깨달았다. 그분은 이렇게 말씀하고 계셨다.

"내 아들아, 나에 대한 너의 믿음이 너무 작구나. 언제까지 그렇게 소심하게 기도하려느냐? 대체 누구한테 어리석어 보이지 않으려고 그렇게 애쓰고 있니? 나니, 아니면 너 자신이니?"

탁월한 성경교사인 베스 모어Beth Moore의 아침묵상 가운데 있었던 일입니다. 그날 이후 그녀는 이전에 맛보지 못했던 큰 즐거움을 맛보며 신앙생활을 하고 있다고 고백합니다. 우리에게는 정말 믿음이 있습니까?

한 아버지가 예수님께 나왔습니다. 그의 아들은 어려서부터 귀신 들렸습니다. 아버지는 의사나 무당, 지혜로운 자나 능력 있는 자를 가릴 것 없이 찾아다니며 아들을 치료하기 위해 애를 썼습니다. 하지만 아들의 병은 더 심해져만 갔습니다. 좌절 속에 절망하고 있던 그에게 어느 날, 한 줄기 빛이 비춰었습니다. 치유자 예수님에 대한 소문을 듣게 된 것입니다. 예수님과 그분의 제자들이 치유의 기적을 베푼다는 소문을 듣고 예수님을 찾아갔습니다. 그런데 예수님은 계시지 않았고, 제자들은 아들을 고치지 못했습니다. 이날 더없이 황폐해졌을 아버지의 마음을 상상해보십시오.

사정을 들으신 예수님은 아이를 데려오라 하십니다. 그때 아이 아버지가 예수님께 드리는 간청은 우리를 가슴 뭉클하게 합니다. 병든 아들을 둔 아버지의 절절함이 전해옵니다.

> "무엇을 하실 수 있거든 우리를 불쌍히 여기사 도와주옵소서!"
> "할 수 있거든이 무슨 말이냐? 믿는 자에게는 능히 하지 못할 일이 없느니라."
> "곧 그 아이의 아버지가 소리를 질러 이르되 내가 믿나이다. 나의 믿음 없는 것을 도와주소서!"

아이 아버지의 내면에는 믿음 있음과 믿음 없음이 아이러니하게 함께합니다. 우리도 믿음이 있지만 믿음 없는 자신을 대면할 때가 있지 않습니까? 신앙인으로 살아오는 길목에서 우리도 믿음 있음과 믿음 없음이 뒤엉켜 있음을 느낄 때가 많지 않았습니까? 바로 그 순간 믿음 없음을 고백하며 믿음 있음으로 나아가는 영혼은 불신의 쓴 뿌리에 거치지 않고 믿음의 승리를 얻게 될 것입니다. **불신이란 믿음 없음의 자기실존을 외면한 채 믿음 있음의 가면으로 자신을 위장하는 것입니다. 그것은 하나님의 부요한 은혜를 잃어버리게 합니다.**

믿음 없음에서 믿음 있음이 되려면?

애굽의 노예살이에서 구원받은 이스라엘 백성, 홍해를 건넌 놀라운 승리의 백성이 가나안의 축복을 누리지 못하게 된 것은 전적으로 그들의 불신에서 비롯된 불순종 때문이었습니다. 그들은 애굽에서 구원받았지만 광야에서 믿음을 잃어버렸고, 결국 광야는 그들의 무덤이 되고 말았습니다(히 3:16-19).

어떻게 하면 인생의 광야를 불신이 아닌 믿음으로 걸을 수 있습니까? 어떻게 해야 광야가 불신으로 넘어지고 쓰러지는 무덤이 아니라 가나안의 영광을 위한 연단과 훈련이라는 은혜가 될 수 있습니까? 광야에서 넘어지고 쓰러지게 만드는 불신의 쓴 뿌리를 살피고 넘어서는 믿음을 취하려면 어떻게 해야 합니까? 믿음 없음에서 믿음 있음이 되려면 어떻게 해야 합니까?

생각과 경험의 한계를 넘어서십시오

믿음 없음에서 믿음 있음이 되려면 첫째, 우리의 생각이나 경험의 한계를 넘어서야 합니다.

우리가 자기 생각과 경험의 한계에 갇혀 있을 때 불신은 쓴 뿌리로 자리 잡게 됩니다. 자기 생각과 경험만을 주장하고 자기 한계라는 껍질을 깨지 못하면 믿음의 영광에 이를 수 없습니다.

> 내가 선생님의 제자들에게 내쫓아 달라 하였으나 그들이 능히 하지 못하더이다 … 무엇을 하실 수 있거든 우리를 불쌍히 여기사 도와주옵소서(막 9:17, 22)

아이의 아버지는 이미 좌절을 경험했습니다. 그의 경험적 지식은 제자들도 아들을 고칠 수 없다는 것이었습니다. 좌절의 경험은 그를 예수님을 향한 불신의 태도로 이끌었습니다. 그래서 "무엇을 하실 수 있거든…"이라고 말한 것입니다. 아이의 아버지는 자기 경험을 따라 예수님을 판단하고 있었습니다. 이처럼 자기 생각과 경험의 한계 아래 머무는 것이 불신입니다.

예수님의 부활 소식을 듣고 경험 없이는 믿지 않겠다던 도마의 모습은 불신의 전형을 보여줍니다.

> 다른 제자들이 그에게 이르되 우리가 주를 보았노라 하니 도마가 이르되 내가 그의 손의 못자국을 보며 내 손가락을 그 못자국에 넣으며 내 손을 그 옆구리에 넣어보지 않고는 믿지 아니하겠노라 하니라(요 20:25)

'믿음'의 본질은 자기 한계를 넘어서는 것입니다. 자기 생각과 경험의 한계 아래에만 있다면 믿음은 필요하지 않습니다. 그때는 이해가 되면 움직이고, 경험을 따라 행할 뿐입니다. 그냥 이해한 대로 경험한 대로 하면 됩니다. 그러나 믿음은 자기 한계를 넘어서는 것입니다. 자기 이해와 경험의 한계를 넘어서, 말씀하는 분의 인격을 믿고 따르는 것이 믿음입니다. 이해가 되니까 따르고, 경험한 바라서 따르는 것이 아니라 그분의 인격을 믿기 때문에 따르는 것이 참된 믿음입니다. 자기 한계를 인정하고 그 너머의 것을 받아들이는 것이 믿음입니다.

지금은 개교를 했지만 드림 센터 옆으로 빛가온 초등학교 공사가 한창 진행 중일 때의 일입니다. 목양실 창문 너머로 보이던 관악산과 고속도로 그리고 공원의 나무들이 학교 건물에 가려서 보이지 않게 되었습니다. 그날 저는 4층 목양실 창가에서 투덜거리며 읊조렸습니다.
"하나님, 멀리 보이던 관악산도 고속도로를 달리는 차들도 보이지 않네요. 답답합니다."
순간 주님은 제 마음에 말씀을 주셨습니다. "아들아! 매일 천 명이 넘는 아이들이 드림 센터를 바라보며 육 년을 보내게 될 거란다."
저는 화들짝 놀랐습니다. 저는 5층 높이로 올라가고 있는 초등학교 건물을 보며 답답하다 느꼈지만, 하나님은 학교 문이 열리고 그곳에서 공부하며 뛰어다닐 천 명이 넘는 아이들을 보고 계셨습니다. 그 순간 얼마나 부끄럽고 죄송했는지 모릅니다.

자신의 생각과 경험이 가지는 한계를 받아들이고 그 한계를 넘어설 때 불신의 쓴 뿌리는 힘을 잃게 됩니다. 자기 생각과 경험에 갇혀 있던 광야의 이스라엘 백성은 끝내 하나님을 믿지 않았습니다. 자기 한계를 넘어서지 못하는 불신은 이스라엘 백성처럼 우리도 광야에서 쓰러지게 합니다.

> 여호와께서 모세에게 이르시되 이 백성이 어느 때까지 나를 멸시하겠
> 느냐 내가 그들 중에 많은 이적을 행하였으나 어느 때까지 나를 믿지
> 않겠느냐(민 14:11)

수많은 기적을 경험했지만 광야의 이스라엘은 하나님을 믿지 않았습니다. 왜냐하면 그들의 생각이 애굽적 사고에 묶여 있었기 때문입니다. 이해되는 것만 받아들이려는 사고는 믿음에 이르지 못하게 합니다. 스스로 애굽적 사고에 갇혀 있음을 알지 못한 채, 열 정탐꾼의 보고가 더 실증적이라고 생각했던 그들은 하나님을 향한 믿음을 잃어버렸습니다. 온 이스라엘 백성은 여호수아와 갈렙의 믿음의 권면이 아니라 자기 생각과 경험을 따라 열 명의 불신앙적 보고를 받아들였습니다. 결국 자기 생각과 경험의 한계를 넘어서지 못한 불신은 아름다운 땅 가나안을 보고도 그 땅을 누리지 못하게 했습니다.

믿음은 자기 한계를 넘어서는 것입니다. 믿음은 보는 것으로 행하지 아니하는 것입니다(고후 5:7). 믿음이 있는 사람이고 싶습니까? 그렇다면 우리가 이해하고 경험하는 것이 전부가 아님을 겸손하게 인정할 줄 알아야 합니다. 우리는 이해되지 않지만 하나님은 하실 수 있습니다. 우리는 경험하지 못했지만 하나님의 역사가 그곳에 있습니다. 우리의 생각과 경험의 한계를 받아들이는 것이 믿음 있음의 시작입니다. 믿는다는 것은 자기 한계를 넘어서는 것입니다. 자신의 생각과 경험의 한계를 인정하고 그것을 넘어서십시오. 불신의 쓴 뿌리가 풀어지기 시

작할 것입니다.

실망과 실패의 염려를 넘어서십시오

민음 없음에서 믿음 있음이 되려면 둘째, 내면에 있는 실망과 실패의 염려를 넘어서야 합니다.

불신이 쓴 뿌리가 되는 또 하나는 실망과 실패의 염려입니다. 믿음으로 걷고 믿음으로 살았지만 실망하고 실패했던 내면의 좌절이 염려와 근심으로 자리 잡아 믿음의 걸음을 떼지 못하게 합니다. 그러므로 믿음 있음이 되려면 내면의 실망과 실패의 염려와 근심 앞에 정직해야 합니다. 하나님을 믿지만 응답 없는 실패를 맛보게 될지도 모른다는 염려가 믿음을 갉아먹습니다. 믿음은 내면의 염려를 정직하게 고백하고 넘어서는 것입니다.

귀신 들린 아이의 아버지는 고백합니다.

> 그러나 무엇을 하실 수 있거든 우리를 불쌍히 여기사 도와주옵소서
> (막 9:22)

아버지의 말에서 깊은 실망과 실패의 염려가 느껴집니다. 그는 기대하고 소망하며 제자들을 찾았지만 좌절을 이미 맛보았습니다. 실망과 실패의 아픔이 또다시 같은 아픔을 겪고 싶지 않게 합니다. 그래서 하실 수 있으면 도와주시고, 그럴 수 없다면 시작조차 하지 않으셔도 괜

찮다고 말하는 것입니다. 또 실망하고 또 실패하고 싶지 않았습니다.

우리도 이럴 때가 있지 않습니까? 믿었는데 실망하고 실패했을 때 다시 믿음으로 나아가는 것이 너무나 힘들지 않았습니까?

지금은 대학생인 둘째가 중학교 3학년일 때 특목고 입시에 실패했던 일이 있었습니다. 초등학교 5학년 때부터 특목고를 가고자 최선을 다했습니다. 부모가 보기에도 힘에 지나도록 열심히 했습니다. 그런데 기대한 결과를 얻지 못했습니다. 그 무렵 저와 아내에게는 둘째에게 정말 특목고가 최선일까 하는 의구심이 있었고, 하나님의 선한 인도하심에 맡기고 있었습니다. 그래서 입시 실패를 대수롭지 않게 여기고, 아이에게도 일반고에 가서 잘하면 된다는 말로 가볍게 지나쳤습니다.

그러나 아이는 깊은 좌절과 실망 속에 방황하기 시작했습니다. 일반적인 학교 생활은 하지만 예전만큼 최선을 다하지 않았습니다. 그냥 어느 정도 수준에서 만족하며 공부하고 그 이상의 에너지를 쏟지는 않았습니다. 2년 가까이 그렇게 방황의 시간을 보냈던 것 같습니다.

그러던 중 아이와 특목고 입시 실패에 대해 이야기를 나눌 기회가 있었습니다. 아이는 말했습니다. "그렇게 열심히 했고, 그렇게 기도했는데… 안 됐을 때, 더 이상 아무것도 하고 싶지 않았어요. 하나님에 대한 실망 속에 절망했고 더 이상 열심히 하고 싶지 않았어요. 기도도 거의 하지 않고, 공부도 적당한 정도만 했어요. 그런데 하나님을 새롭게 다시 만나게 되었어요. 다시 일어설 수 있었어요."

아이의 이야기를 듣고 생각했습니다. '아이가 나보다 믿음이 좋구나? 하나님을 전폭적으로 믿었기 때문에 저렇게 실망도 하고 좌절도 하는구나! 그리고 하나님은 다시 만나주시는구나!'

어느 날 예수님은 "기도하다 낙심하지 말라" 하시며 비유를 말씀하십니다. 불의한 재판장에게 원한을 풀어 달라고 부르짖는 한 과부의 이야기입니다. 비유의 시작과 끝은 낙심과 믿음으로 이어집니다.

> 예수께서 그들에게 항상 기도하고 낙심하지 말아야 할 것을 비유로 말씀하여 … 그러나 인자가 올 때에 세상에서 믿음을 보겠느냐 하시니라(눅 18:1, 8)

그렇습니다. 기도와 낙심 그리고 믿음은 하나로 연결되어 있습니다. 믿음이 있기에 기도했고, 믿고 기도했기에 실망하고 낙심하는 것입니다. 그런데 그때 믿음은 실망을 넘어 다시 부르짖게 합니다. 믿음은 실망과 실패의 염려를 넘어서는 것입니다.

시편 77편은 인상 깊은 시입니다. 시인은 고백합니다.

> 내가 하나님을 기억하고 불안하여 근심하니 내 심령이 상하도다 … 하나님이 그가 베푸실 은혜를 잊으셨는가, 노하심으로 그가

베푸실 긍휼을 그치셨는가 하였나이다(시 77:3, 9)

하나님을 기억하는데 불안하고 근심이 됩니다. 하나님을 기억하는데 심령이 상합니다. 왜입니까? 하나님이 은혜를 잊으신 것 같고, 하나님의 노하심은 긍휼을 그치신 것 같기 때문입니다. 하나님을 믿는데 실망과 실패가 거듭될 때 믿음은 근심과 염려로 가득하게 됩니다. 내 몫의 은혜가 다 사라진 양 염려하고 근심하게 됩니다. 장자의 축복을 잃고 울부짖는 에서처럼 초라한 자신을 보게 됩니다(창 27:38). 그러면서 서서히 실망과 실패의 염려 속에 믿음을 잃어갑니다.

그러나 그렇지 않습니다. 우리는 실망에 울고 실패에 좌절하지만 하나님은 그렇지 않으십니다. 하나님은 하나님의 일을 하고 계십니다. 실망과 실패의 염려가 밀려오는 그날도 하나님은 여전히 우리를 위해 일하십니다. 실망과 실패의 염려가 가득한 날, 하나님 앞에 엎드려 상한 마음을 움켜쥐고 부르짖어야 합니다. 믿음은 실망과 실패의 염려를 정직한 고백과 함께 넘어서는 것입니다.

간절한 부르짖음으로 도움을 구하십시오

믿음 없음에서 믿음 있음이 되려면 셋째, 간절한 부르짖음으로 도움을 구해야 합니다.

자기 생각과 경험의 한계 그리고 내면의 실망과 실패의 염려를 넘어서고자 하는 아이 아버지에게 주님은 말씀하십니다.

> 할 수 있거든이 무슨 말이냐 믿는 자에게는 능히 하지 못할 일이 없느니라 (막 9:23)

그리고 그 아버지는 예수님을 향해 소리 질러 간청합니다.

> 내가 믿나이다 나의 믿음 없는 것을 도와주소서 (막 9:24)

아버지는 깨달았습니다. 지금 자신의 문제는 귀신 들린 아들이 아니었습니다. 문제는 믿음이 없는 자기 자신이었습니다. 믿음이 없기에 어둠의 굴레에 갇혀 있었던 것입니다. 지금 필요한 것은 믿음입니다. 그리고 그 믿음은 능히 하지 못할 일이 없습니다. 믿음이 아이를 일으킬 것입니다.

우리의 문제 또한 돈의 문제도, 진학의 문제도, 취업의 문제도, 결혼의 문제도 아닙니다. 우리의 문제에 해답이 없는 이유는 믿음 없음이 문제이기 때문입니다. 그러므로 우리는 믿음의 주를 향한 간절한 부르짖음으로 도움을 구해야 합니다. 간절한 부르짖음이 믿음입니다.

우리에게는 스스로 불신의 쓴 뿌리에 살피고 믿음을 일으킬 힘이 없습니다. 오직 믿음의 주가 되신 예수님을 바라볼 때 한계와 염려를 넘어선 믿음이 우리를 일으킬 것입니다.

> 믿음의 주요 또 온전하게 하시는 이인 예수를 바라보자 그는 그 앞에 있는 기쁨을 위하여 십자가를 참으사 부끄러움을 개의치 아니하시더니 하나님 보좌 우편에 앉으셨느니라(히 12:2)

히브리서 11장, 믿음장의 결론은 바로 믿음의 주요 온전하게 하시는 이인 예수를 바라보라는 말씀입니다. 찰스 스펄전C. H. Spurgeon의 말처럼 믿음은 변함없는 나의 신념을 믿는 것이 아니라, 내 안에 있는 모든 것이 진동하고 흔들릴 때에도 전혀 변함없으신 하나님을 믿는 것입니다.

불신의 쓴 뿌리를 살피고 믿음의 반석 위에 서고 싶습니까? 믿음의 주가 되시는 예수님만을 바라보고 도움을 구해야 합니다. 간절한 부르짖음으로 은혜를 구해야 합니다. 믿음은 고난 앞에 기도하고, 즐거움 앞에 찬송하는 이의 몫입니다.

> 너희 중에 고난당하는 자가 있느냐 그는 기도할 것이요 즐거워하는 자가 있느냐 그는 찬송할지니라(약 5:13)

아이를 고치신 후에 제자들과 둘러앉으신 예수님은 "우리는 어찌하여 능히 그 귀신을 쫓아내지 못하였나이까?"라고 묻는 제자들에게 믿음이 아닌 기도를 말씀하십니다.

> 기도 외에는 다른 것으로는 이런 종류가 나갈 수 없느니라(막 9:29)

믿음이 기도와 이어져 있음을 보여주는 말씀입니다. 믿음이 있다면 부르짖어 기도해야 합니다.

귀신이 어려서부터 아이를 죽이려고 불과 물에 자주 던졌던 것처럼, 더러운 영들이 우리 자녀들을 세상의 어둠에 자주 던져넣고 있지 않습니까? 이와 같은 때에 믿음이 있다면, 세상을 탓하고 하늘만 바라보며 시간을 허비할 것이 아니라 귀신 들린 아이의 아버지처럼 소리 질러 부르짖어야 합니다. 부르짖어 도움을 구하는 것이 믿음입니다. "무엇을 하실 수 있거든 우리를 불쌍히 여기사 도와주옵소서! 내가 믿나이다. 나의 믿음 없는 것을 도와주소서!"

사무엘하 12장에서 다윗은 나단 선지자의 책망 앞에 처절하게 회개하며 기도합니다. 그때 다윗이 우리아의 아내에게서 낳은 아이를 여호와께서 치시매 심히 앓는 일이 벌어집니다. 하나님은 이미 나단을 통해 말씀하셨습니다. "당신이 낳은 아이가 반드시 죽으리이다"(삼상 12:15).

나단은 자기 집으로 돌아갔고, 아이는 심하게 앓기 시작합니다. 이때 여러분이 다윗이라면 어떻게 하시겠습니까? 어떤 사람은 '그래도 어떻게 그러실 수가 있느냐?'며 하나님께 억울함을 호소할 것입니다. 다른 사람은 '어쩔 수 없는 일이지 뭐, 하나님의 뜻이라는 데 어떻게 하겠어?' 하며 자포자기하고 절망할 것입니다. 또 어떤 사람은 깊은 자책감 속에서 '나 같은 사람은 살 가치도 없어, 아이가 죽어야 한다면 나도 같이 죽어야지' 하며 죽기를 원할 것입니다.

믿음의 사람 다윗은 하나님 앞에서 아이를 위해 금식하며 밤새도록 간구합니다. 하나님의 선하심을 붙들고 도움을 구하고 또 구합니다. 아직 아이가 살아 있을 때 힘을 다하여 하나님께 부르짖었습니다. 하나님의 하나님 되심을 믿기에 끝까지 부르짖고 또 부르짖습니다.

그렇지만 다윗의 간절한 기도에도 불구하고 아이는 죽고 말았습니다. 자신의 생명을 걸고 부르짖는 다윗의 모습에 신하들은 차마 아이의 사망 소식을 알릴 수 없었습니다. 그러던 중 다윗이 아이의 죽음을 알게 되었습니다.

우리가 아이를 잃은 아버지라면 어떻게 했겠습니까? 어떤 사람은 분노했을 것입니다. '내가 이만큼 기도했는데 어떻게 하나님은 이리도 잔인하실 수 있단 말인가?' 어떤 사람은 자책하거나 책임을 전가하며 원망했을 것입니다. '모든 게 다 나 때문이야, 하나님은 왜 내가 범죄할 때 막아주지 않으셨을까? 밧세바는 왜 나를 거절하지 않았을까?' 또 어떤 사람은 내면 깊은 곳에서 이 일이 깊은 상처가 되었을 것입니다. '이젠 더 이상 하나님을 믿지 않겠어, 난 자식을 잡아먹은 아버지야, 난 은혜를 누릴 자격이 없어.'

그러나 다윗은 그렇게 하지 않았습니다. 오히려 다윗은 목욕을 하고 음식을 먹고 다시 일상으로 돌아갔습니다. 밧세바를 아내로 받아들여 위로했습니다. 그리고 하나님은 그에게 사랑의 선물로 솔로몬을 허락하셨습니다.

다윗이 그의 아내 밧세바를 위로하고 그에게 들어가 그와 동침하였더니 그가 아들을 낳으매 그의 이름을 솔로몬이라 하니라 여호와께서 그를 사랑하사 선지자 나단을 보내 그의 이름을 여디디야라 하시니 이는 여호와께서 사랑하셨기 때문이더라(삼하 12:24, 25)

그렇습니다. 믿음은 하나님의 하나님 되심을 믿고 온 힘을 다하여 부르짖는 것입니다. 동시에 믿음은 하나님의 하나님 되심을 믿고 현실을 받아들이고 일상을 사랑으로 살아가는 것입니다.

믿음 없음에서 믿음 있음이 되어 불신을 넘어선 참된 믿음의 사람이고 싶습니까? 그렇다면 자기 생각과 경험의 한계부터 넘어서십시오. 내면의 실망과 실패에 대한 염려를 정직한 고백으로 넘어서십시오. 그리고 믿음의 주를 향한 간절한 부르짖음으로 도움을 구하십시오. 부르짖고 또 부르짖으십시오.

"내가 믿나이다. 나의 믿음 없는 것을 도와주소서!"

불신을 살피는 약속의 말씀

"나의 의인은 믿음으로 말미암아 살리라 또한 뒤로 물러가면 내 마음이 그를 기뻐하지 아니하리라 하셨느니라 우리는 뒤로 물러가 멸망할 자가 아니요 오직 영혼을 구원함에 이르는 믿음을 가진 자니라 믿음은 바라는 것들의 실상이요 보이지 않는 것들의 증거니"(히 10:38-11:1).

불신을 살피는 선포의 기도

"하나님, 우리의 생각과 경험보다 크신 하나님을 신뢰합니다. 우리의 실망과 실패 속에서 여전히 신실하신 하나님을 믿습니다. 우리의 한계와 염려에 갇힌 불신의 쓴 뿌리를 단호하게 거절합니다. 믿음의 주님만을 바라봅니다. 우리의 믿음 없음을 도와주시옵소서! 아멘!"

불신을 살피기 위해 함께 읽을 책

「믿는다는 것」(강영안, 복있는사람)

9
교만

이것은 무엇일까요?

누가복음 18:9-14

이것은 무엇일까요? 이것은 모든 죄악의 뿌리입니다. 이것은 마귀의 속성을 가장 잘 설명하는 표현입니다. 이것은 스스로를 마귀 편이 되게 하고, 마귀가 받았던 정죄를 받게 합니다. 이것은 우리를 마귀의 올무에 빠지게 합니다. 이것은 하나님을 직접 대적하게 합니다. 이것이 가장 무서운 이유는, 이것에 빠진 것을 남들은 다 아는데 자신만은 모르기 때문입니다. 자신이 얼마나 그런지 자신만 보지 못하는 것입니다. 중세 최고의 신학자 토마스 아퀴나스Thomas Aquinas는 이것을 모든 죄악의 어머니라고 했습니다. 이것은 제가 중학교 1학년 때 중등부 설교대회에서 처음 설교했던 주제이기도 합니다. 이것은 무엇일까요?

예, 그렇습니다. 교만입니다.

교만이 얼마나 심각한 죄인지 깨닫고 있습니까? 교만이 영혼의 가장 강력한 쓴 뿌리라는 것을 깨닫고 있습니까? 자신이 얼마나 쉽게 교만의 함정에 빠질 수 있는지 알고 있습니까?

사도 바울은 교회의 지도자를 세우는 일을 권면하면서 이런 조언을 합니다.

> 신앙을 가진 지 얼마 되지 않은 사람이 교회의 지도자가 되어서는 안 됩니다. 그가 그 직분으로 말미암아 자만해져서 마귀의 발에 걸려 넘어질 수 있기 때문입니다. 또한 교회의 지도자가 되려는 사람은 세상 사람들로부터도 좋은 평판을 받아야 합니다. 그래야 마귀의 함정에 빠지지 않을 것입니다(딤전 3:6-7, 메시지성경)

하나님으로부터 위임받은 교회의 직분으로 말미암아 자만하지 않고 마귀의 발에 걸려 넘어지지 않는 것이 은혜입니다. 교만하면 마귀의 발에 걸려 넘어질 뿐 아니라 마귀의 함정에 빠지게 됩니다.

'나는 교만한 사람인가?'라는 물음에 대한 답은 '내 마음속에 누가 앉아 있는가?'에 대한 답에서 알 수 있습니다. 우리의 마음에 누가 앉아 있습니까? 우리 자신이 주인의 자리에 앉아 있다면 우리는 끊임없이 교만할 수밖에 없습니다. **교만은 마음속 주인의 자리에 자기 자신이 앉아 방자하게 행하는 것입니다.** 그러나 마음속 주인의 자리에 우리가 아니라 주님이 앉아 계신다면 우리는 교만을 꺾고 겸손의 은혜 가운데 거하게 될 것입니다.

교만한 사람? vs. 겸손한 사람?

누가복음 18장에서 예수님은 교만에 대해 비유로 교훈하십니다. 두 사람이 성전에서 기도합니다. 감사하는 바리새인과 회개하는 세리입니다. 예수님은 이 두 사람을 대비시키시면서 교만이 무엇이고 겸손이 무엇인지를 알려주십니다. 예수님은 듣는 이들이, 교만한 바리새인과 겸손한 세리의 모습에서 자신의 모습을 보고 교만한 자리에서 겸손한 자리로 돌아설 것을 촉구하십니다.

스스로 보기에 여러분은 바리새인을 닮았습니까, 아니면 세리를 닮았습니까? 비유 속의 바리새인과 세리를 통해 자신이 얼마나 교만한 사람인지 스스로 진단할 수 있기를 바랍니다. 자가진단을 통해 교만을 깨닫고 돌이켜 회개하며 더욱 겸손함으로 엎드리게 되기를 축복합니다.

하나님을 무시하는가, 하나님을 경외하는가?

마음속 주인의 자리에 자신이 앉아 있는 교만한 사람은 첫째, 하나님을 무시합니다. 하나님을 경외하지 않습니다.

하나님을 믿는다고 하면서도 일상의 순간순간 하나님을 의식하기보다 자기 마음대로 사는 것이 교만입니다. 비유는 '자기를 의롭다고 믿고 다른 사람을 멸시하는 자들에게' 주는 말씀으로 시작해서, '자기를 의롭다고 믿는 사람'은 의롭다 하심을 받지 못한다는 말씀으로 끝납니다.

왜 그렇습니까? 자기가 의롭다고 믿는 믿음의 근거는 자기 자신의 판단이기 때문입니다. 그것은 하나님의 의롭다 하시는 판단을 받아들이는 믿음이 아닙니다. 자기 스스로를 자기 판단으로 의롭다고 믿는 헛된 믿음일 뿐입니다. 자기가 의롭다고 믿는 사람의 마음속에는 하나님이 아닌 자기 자신이 앉아 있었던 것입니다. 마음에 하나님을 두지 않고 자기가 앉아 있다는 것은 자기를 하나님이라 내세우는 교만입니다. 자기 판단을 믿고 하나님이 없는 것처럼 사는 사람은 자기를 하나님이라고 내세우는 사람, 곧 교만한 사람입니다(살후 2:4).

예수님의 비유 속에서 바리새인은 기도하기 위해 성전에 올라갔습니다. 그는 "하나님이여"라고 부르며 기도합니다. 특히 그의 기도는 하나님을 향한 감사 기도였습니다. 그는 분명 하나님을 믿고 경외하는 것처럼 보입니다. 더군다나 일주일에 두 번씩 금식하고 소득의 십일조를 드리는 것을 보면 신실한 믿음을 가진 것처럼 보입니다. 그런데 그는 하나님의 판단을 구하지 않았습니다. 그의 기도는 하나님의 말씀을 듣는 기도가 아니었습니다. 교만은 귀를 닫게 합니다. 교만한 사람은 들으려 하지 않습니다. 교만한 사람은 하나님 앞에서조차 자기 판단을 주장할 뿐입니다. 아마도 이 사람이 가장 좋아하는 경구는 '하늘은 스스로 돕는 자를 돕는다'일 것입니다. 그의 기도는 은혜를 구함이 아니라 하늘은 마땅히 자신을 도와야 함을 주장하는 독백일 뿐입니다.

교만해져서 하나님의 말씀에 귀를 닫는 것이 하나님을 무시하는 것입니다. 하나님의 말씀을 들으려 하기보다 하나님께 자기를 주장함이 하나님을 무시하는 것입니다. 어느 순간부터인가 말씀이 들리지 않는다면 하나님을 무시하는 교만한 마음이 싹트고 있지 않은지 스스로를 돌아보아야 합니다. 마음속 주인의 자리에 우리 자신이 앉아 있으면 말씀이 들리지 않고, 말씀을 판단하고 평가하게 됩니다.

교만해지면 말씀이 들리지 않습니다. 말씀이 들리지 않는 것은 하나님을 무시하기 때문입니다. 말씀을 듣는 시간에 졸면서 은혜 받는 사람은 없습니다. 말씀을 듣다가 조는 것은 피곤한 모습일 때도 있지만 많은 경우 교만한 마음의 표현이기도 합니다. 들을 게 없다고 생각하기에, 아니면 들을 필요가 없다고 마음을 닫았기에 졸게 되는 것입니다. 그렇지 않다면 껌이라도 씹으면서 깨어 있어야 합니다. 일어나 통로에 서서라도 들어야 합니다. 듣는 귀가 복되다 했습니다. 말씀을 듣지 못하게 하는 것은 교만한 마귀의 최고 전술입니다.

온라인 설교 방송이 대세가 된 지금과 같은 때에 특히 주의해야 합니다. 다양한 영상을 통해 말씀을 쇼핑하듯 듣는 것은 약이 되기보다 독이 되기 쉽습니다. 말씀을 말씀으로 듣고 믿음으로 응답하지 못하고, 비교하며 판단하는 순간부터 하나님을 무시하게 되기 쉽습니다. 말씀을 하나님의 음성으로 듣지 못하게 되면 우리의 마음은 서서히 교만으로 채워지게 됩니다.

주일아침 예배의 자리에 앉으면 가장 먼저 어떤 기도를 하십니까? 닫는 기도와 여는 기도를 하면 좋습니다. 닫는 기도란 "사탄의 소리, 사람의 소리, 자기욕망의 소리는 내게서 떠나가고 들리지 않을지어다"라는 기도입니다. 여는 기도란 "하늘을 향하여 내 몸과 마음과 영이 열려 하나님의 음성을 듣게 될지어다"라는 선포 기도입니다. 예배의 자리마다 땅의 소리가 닫히고 하늘의 소리가 열리는 은혜가 있기를 축복합니다. 삶의 순간순간 하나님의 말씀을 듣고 응답하는 것이 하나님을 경외함입니다.

마음속 주인의 자리에 하나님이 앉아 계신 사람은 그분의 음성을 들음으로 하나님을 경외합니다. 여러분의 마음속 주인의 자리에는 누가 앉아 있습니까?

자신을 과시하는가, 자신을 직시하는가?

마음속 주인의 자리에 자신이 앉아 있는 교만한 사람은 둘째, 자기 자신을 과시합니다. 자신을 직시하지 못합니다.

교만한 사람은 스스로 의롭다고 여기며 자신의 실체를 정직하게 직시하려 하지 않습니다. 바리새인은 특별한 사람인 것처럼 따로 서서 기도합니다.

> 하나님이여 나는 다른 사람들 곧 토색, 불의, 간음을 하는 자들과 같지 아니하고 이 세리와도 같지 아니함을 감사하나이다 나는 이레에 두 번씩 금식하고 또 소득의 십일조를 드리나이다(눅 18:11, 12)

바리새인의 이런 기도는 분수를 넘어선 자기 자랑에 여념이 없는 교만한 태도입니다(고후 10:13). 분수 이상의 자랑을 하는 교만한 사람은 어리석은 사람입니다. 하나님 앞에서나 사람들 앞에서 자신을 어떻게든 과시하려는 사람의 이면을 들여다보면 인정 중독에 매여 있는 것을 알 수 있습니다. 교만한 사람 하면 누가 떠오르십니까? 그들 대부분은 인정 중독에 매여 있습니다. 자기 존재에 대한 건강한 자아상이 없기에 그는 하나님이나 사람들이 자신을 알아주기 바라며 자신을 과시하는 것입니다. 분수 이상의 자랑으로 자신을 과시하는 것은 교만함을 스스로 드러내는 어리석은 행위일 뿐입니다.

반면에 비유 속 세리는 자신을 과시하는 것이 아니라 정직하게 직시합니다. 자신에게는 하나님의 은혜가 절실함을 직시하고 하나님 앞에 엎드립니다. 그는 멀리 서서 감히 눈을 들어 하늘을 쳐다보지도 못하며 기도합니다. 가슴을 치며 기도합니다.

하나님이여 불쌍히 여기소서 나는 죄인이로소이다 (눅 18:13)

교만한 사람의 눈에는 자기 모습이 보이지 않습니다. 교만한 사람은 자신을 있는 그대로 보지 못합니다. 심지어는 죄를 지어도 죄인임을 받아들이려고 하지 않습니다. 교만한 사람은 죄에 넘어진 자기 모습을 의도적으로 보지 않으려 합니다.

어떤 자매가 결혼할 때 남편 될 사람과 한 가지 약속을 했다고 합니다. 잠자기 전에 항상 기도하고 자는 것입니다. 결혼 후에 비교적 성실하게 그 약속을 지켰고, 아내를 따라서 늘 자기 전에 함께 기도를 했다고 합니다. 그러던 어느 날 밤, 남편이 술에 잔뜩 취해서 들어왔습니다. 그리고 아내가 기도하자고 하자 "오늘은 당신 혼자 기도해"라고 하더랍니다. 그래도 아내가 "당신, 약속했잖아요? 같이 기도해요" 하며 억지로 남편의 손을 붙잡고 기도하기 시작했답니다. "하나님! 오늘 밤은 남편이 이렇게 술에 만취되어 돌아왔습니다. 남편을 용서해주시옵소서!" 그랬더니 남편이 갑자기 "여보, 하나님한테 나 술 취했다고 하지 말고 아프다고 그래" 하더랍니다.

우스갯소리 같은 이야기지만, 교만이 자신의 실수와 과오를 직시하지 못하게 하는 모습을 보여주는 것이기도 합니다. 교만은 자기 자신을 정직하게 받아들이지 못하게 합니다.

소아시아 일곱 교회 가운데 하나인 라오디게아 교회를 보면 예수님이 아시는 교회의 실체와 그들 스스로 알고 있는 실체가 너무나 다른 것을 볼 수 있습니다.

> 네가 말하기를 나는 부자라 부요하여 부족한 것이 없다 하나 네 곤고한 것과 가련한 것과 가난한 것과 눈 먼 것과 벌거벗은 것을 알지 못하는도다(계 3:17)

예수님은 그들을 곤고하고 가난하다고 하시는데, 그들은 자신이 부자라 부요하고 부족한 것이 없다고 합니다. 라오디게아 교회가 알면서 속이는 것이 아닙니다. 그들은 정말 자신이 어떤 모습인지를 보지 못하고 있는 것입니다.

이렇게 교만한 사람의 자기과시는 인정 중독과 이어져 있을 뿐만 아니라 거짓과도 이어져 있습니다. 마귀의 본질이 교만이라면 그 교만은 늘 거짓의 탈을 쓰고 나타납니다. 에덴에서 첫 사람 아담과 하와를 유혹하던 마귀는 그들에게 스스로 하나님이 되라고 유혹합니다. 마귀는 하나님 없이도 얼마든지 잘 살 수 있다고 속삭입니다. 하나님을 무시하는 교만은 늘 거짓의 속임으로 찾아옵니다. 자기 존재를 제대로 인식하지 못한 거짓이 교만을 만들어내는 것입니다. 그래서 타락한 인간을 향해 하나님은 "너는 흙이니 흙으로 돌아갈 것이니라"고 확인해주셨던 것입니다(창 3:19).

분수 이상의 자기과시는 인정 중독과 거짓된 속임에 놀아나는 것에 불과합니다. 겸손함으로 자기자랑을 그치고 정직하게 자신을 직시하며 은혜를 구하는 것이 교만의 쓴 뿌리를 살피는 길입니다.

마음속 주인의 자리에 하나님이 앉아 계신 사람은 자기 자신을 정직하게 직시합니다. 여러분의 마음속 주인의 자리에는 누가 앉아 있습니까?

다른 사람을 멸시하는가, 다른 사람을 존중하는가?

마음속 주인의 자리에 자신이 앉아 있는 교만한 사람은 셋째, 다른 사람을 멸시합니다. 다른 사람을 존중하지 않는 것입니다.

교만한 사람은 끊임없는 주변 사람을 깎아내리고, 그들의 말을 귀담아 들을 줄도 모릅니다. 바리새인의 기도를 다시 보십시오.

> 하나님이여 나는 다른 사람들 곧 토색, 불의, 간음을 하는 자들과 같지 아니하고 이 세리와도 같지 아니함을 감사하나이다 (눅 18:11)

바리새인의 기도에는 세리를 향한 깊은 멸시가 담겨 있습니다. 형식은 하나님을 향한 감사기도이지만 내용은 다른 사람들 특히 세리를 향한 멸시에 불과합니다.

오래전 SBS 토크쇼 "힐링 캠프"에 출연했던 한동대 이지선 교수가 생각납니다. 그녀는 교통사고로 인한 화상으로 온몸에 상처를 입고 있었습니다. 특히 화상의 흔적이 얼굴에까지 남아 있었습니다. 당시 방송 진행자였던 여배우 성유리 씨와 나란히 앉아 있던 이지선 교수는 시청자들에게 이런 말을 했습니다. 화상으로 일그러진 자신의 얼굴이 클로즈업된 화면을 보며 "하나님, 이지선 자매 같은 일을 당하지 않게 해주셔서 감사합니다"라고 하지만, 잠시 후 카메라가 성유리 씨를 클로즈업하는 순간 감사는 사라지고 불평이 올라오는 "그런 상대적인 감사를 하지 말라"고 부탁한 것입니다.

정말 그렇습니다. 다른 사람과 비교하여 드리는 상대적인 감사는 부족한 감사일 뿐만 아니라 비교 대상이 된 사람을 향한 멸시입니다. 교통사고로 누워 있는 지체를 심방하고 돌아오면서 교통사고를 당해 병원 신세를 지지 않는 것에 감사한다면, 그 순간 사고로 누워 있는 지체는 멸시받는 존재가 되고 맙니다. 교만은 나보다 못하다고 여길 만한 사람을 찾아 멸시하게 합니다. 자신은 감사를 고백한다고 하지만, 하나님은 그것을 감사가 아니라 다른 사람을 향한 멸시 곧 교만이라 하십니다.

하나님을 두려워하지 않는 교만이 다른 사람을 멸시하는 모습으로 드러나는 것을 흔히 볼 수 있습니다. 교만한 사람은 쉽게 다른 사람을 멸시합니다. 구체적으로 어떻게 다른 사람을 멸시할 수 있습니까? 그의 말을 듣지 않는 것입니다.

> 그러므로 내가 이르기를 지혜가 힘보다 나으나 가난한 자의 지혜가 멸시를 받고 그의 말들을 사람들이 듣지 아니한다 하였노라(전 9:16)

사람들은 가난하다는 이유로 그의 지혜를 멸시하고 그의 말을 듣지 않았습니다. 하나님의 말씀을 듣지 않는 것이 하나님을 무시하는 태도인 것처럼, 다른 사람의 말을 들으려 하지 않는 태도는 그를 멸시하고 무시하는 모습입니다. 그래서 교만한 사람이 있는 곳에는 늘 다툼이 있습니다(잠 13:10)

2010년 "뉴욕타임즈"가 올해의 단어로 선정한 단어는 맨스플레인 mansplain입니다. 이것은 남자man와 설명하다explain가 결합된 단어로, 대체로 남자가 여자에게 잘난 체하며 아랫사람 대하듯 설명하려는 태도를 가리킵니다. 흔히 남자가 여자에게, 설명을 듣는 사람이 설명을 하는 사람보다 많이 알 수도 있다는 사실을 염두에 두지 않고 설명하는 것을 말합니다.

리베카 솔닛Rebecca Solnit은 「남자들은 자꾸 나를 가르치려 든다」에서 이 단어를 사용하면서 일부 남성의 '과잉 확신과 무지함'의 결합으로 일어나는 현상에 속한다고 보았습니다. 남자가 여자보다 더 많이 안다는 교만이 자꾸 여자를 가르치려 하는 태도로 나타난다는 것입니다. 설명하고 가르치려는 태도는 자칫 잘못하면 상대방을 멸시하는 것이 될 수 있습니다.

교회 안에서 '설교'라는 말은 모두에게 익숙하고 대개 긍정적인 표현으로 쓰입니다. 그러나 교회 밖에서 이 말은 주로 매우 부정적인 표현으로 쓰입니다. 듣기 싫은 소리를 하는 사람에게 "설교하지 말라"고 말합니다. 잘난 체하며 가르치려 하는 사람에게 "설교하지 말라"고 합니다. 설교를 대하는 교회 안팎의 이런 차이는 무엇을 보여줍니까?

최선을 다해 설명하고 가르치고 도와주었는데 상대방은 상처를 받거나 힘들어하기도 합니다. 이것은 상대방의 이야기를 충분히 듣지 않았기 때문입니다. 어떤 경우에 정답을 듣고 싶어서 교회와 목사를 찾을 때도 있지만 대부분은 이미 정답을 알고 있습니다. 다만 자신의 말을 들어주고, 마음 깊은 곳을 알아주기 바라는데 교회의 상담은 대개 그렇지 못합니다.

남자가 여자를 무시하고 자꾸 가르치려는 것처럼 목회자들도 자꾸 성도들을 가르치려 듭니다. 이런 태도를 패스플레인^{pasplain}이라고 부를 수도 있지 않을까 싶습니다. 목사^{pastor}와 설명하다^{explain}를 합성해 놓은 말입니다. 아직도 버리지 못한 목회자들의 직업병입니다.

그런데 목회자들만 그렇습니까? 어른이라고 청년들의 말을 듣기보다는 자꾸 가르치려고만 하지는 않습니까? 부모라고 자녀들의 말을 듣기보다 자꾸 가르치려고만 하지는 않습니까? 신앙생활과 교회생활을 조금 먼저 했다고 자꾸 가르치려 하지는 않습니까? 그렇게 자꾸 가르치려는 것이 다른 사람을 멸시하는 행동이 될 수 있음을 늘 깨어 분별해야 합니다. 묻기 전에 가르치려 하지 마십시오. 듣기 전에 먼저 말하려고 하지 마십시오.

마음속 주인의 자리에 하나님이 앉아 계시는 사람은 다른 사람의 말을 들으려 하지 자꾸 가르치려 하지 않습니다. 다른 사람을 멸시하지 않고 들음으로 존중하려 합니다. 여러분의 마음속 주인의 자리에는 누가 앉아 있습니까?

C. S. 루이스^{C. S. Lewis}는 「스크루테이프의 편지」에서 세상에서 가장 달콤한 유혹에 대해 이야기합니다. 마귀가 보내는 서른한 통의 편지 가운데 일부입니다.

> 우리가 할 수 있는 일은 이제 하나뿐이다. 너의 환자는 겸손해졌다. 자신이 겸손해졌다는 사실에 그의 주의가 끌리도록 유도하거라. … 그의 마음이 가난해지는 순간을 잘 포착하여, 마음속에 '세상에! 내가 이렇게 겸손할 수가!' 라며 스스로 만족해하는 생각을 몰래 넣어 주어라. 그 순간 즉시 교만 – 자신의 겸손에 대한 교만 – 이 나타날 것이다. 만일 그가 위험을 자각하고 새로운 형태의 교만을 막으려고 애쓸 때에는, 자신이 교만을 이기려고 애쓰고 있다는 사실에 대해 우쭐하도록 만들어라.

사탄은 우리가 스스로 겸손하다고 생각하는 교만에 빠지도록 미혹합니다. 그만큼 교만의 쓴 뿌리는 깊이 내려져 있어 살피기가 쉽지 않습니다. 그러면 어떻게 해야 합니까? 말씀에 해답이 있습니다.

> 그러므로 하나님의 능하신 손 아래에서 겸손하라 때가 되면 너희를 높이시리라(벧전 5:6)

교만을 이기는 방법은 하나님의 능하신 손 아래 머무는 것입니다. 교만하여 하나님의 대적이 되지 않으려면 스스로 하나님을 가까이해야 합니다. 교만을 이기는 길은 오직 하나님 가까이에 자신을 두는 것입니다. 스스로 교만하지 않고 겸손하려 애쓰지 마십시오. 그저 교만한 자신을 그대로 인정하고 하나님의 능하신 손 아래 머무십시오. 세리와 같이 주님 앞에 엎드려 가슴을 치며 부르짖으십시오. 감히 눈을 들어 하늘을 쳐다보지도 못하는 세리처럼 주님의 능하신 손 아래 머무십시오. 하나님의 능하신 손 아래 머무는 것이 겸손입니다.

교만을 살피는 약속의 말씀

"네 하나님 여호와께서 이 사십 년 동안에 네게 광야 길을 걷게 하신 것을 기억하라 이는 너를 낮추시며 너를 시험하사 네 마음이 어떠한지 그 명령을 지키는지 지키지 않는지 알려 하심이라 너를 낮추시며 너를 주리게 하시며 또 너도 알지 못하며 네 조상들도 알지 못하던 만나를 네게 먹이신 것은 사람이 떡으로만 사는 것이 아니요 여호와의 입에서 나오는 모든 말씀으로 사는 줄을 네가 알게 하려 하심이니라"(신 8:2, 3).

교만을 살피는 선포의 기도

"하나님, 제가 교만한 사람입니다. 하나님의 말씀을 온전히 들음으로 하나님만을 경외하겠습니다. 인정 중독과 거짓에 속아 자신을 과시하지 않겠습니다. 더 이상은 다른 사람을 멸시하지 않고 나보다 낮게 여기겠습니다. 하나님이여! 하나님의 능하신 손 아래 머물러 그 사랑으로 겸손하게 하소서! 아멘!"

교만을 살피기 위해 함께 읽을 책

「앤드류 머리 겸손」(앤드류 머레이, 생명의말씀사)

10
거짓

진실은 침몰하지 않는다

고린도후서 4:2

인근 부족들과 완전히 고립된 채, 석기 시대의 풍습을 유지하고 살면서 적을 사냥하여 해골을 베고 자는 식인종인 뉴기니의 사위 부족이 있습니다. 다행히 부족과 친구가 된 선교사님 내외는 그들을 도우며, 부족의 언어와 문화를 배우게 되었습니다. 그런데 참으로 희한하게도 다른 많은 원시 부족들과 달리 사위 부족을 지배하는 문화는 힘이 아닌 거짓이었습니다. 누가 더 감쪽같이 거짓말을 하느냐가 출세하는 길이었습니다. 거짓말을 가장 잘한 사람이 부족의 추장이 되고, 거짓말을 못하는 사람은 멸시와 천대를 받았습니다.

신뢰, 정직, 믿음 같은 말들과는 거리가 먼 사위 부족에게 선교사님이 예수님과 그분에 대한 믿음을 전했지만 반응은 냉랭할 뿐이었습니다. 그런데 예수님의 생애를 이야기하던 중 하나님의 아들까지 속인(?) 가룟 유다에 대한 대목에 이르자 그들은 열광하기 시작했습니다. 그들은 선교사님에게 예수님 이야기는 그만하고 가룟 유다의 놀라운 거짓말의 능력과 비밀을 가르쳐 달라고 졸랐습니다. 선교사님은 좌절했습니다. 진실과 믿음을 모르는 부족에게 진리의 복음, 믿음의 구원을 전하는 일은 불가능하다고 생각하여 그곳을 떠나기 위해 짐을 꾸렸습니다.

사위 부족에게 복음을 전한 체험을 기록한 돈 리처드슨Don Richardson 선교사의 「화해의 아이」에 실린 이야기입니다.

강연안 교수님은 「십계명 강의」에서 350여 년 전 한국을 찾아와 서양 세계에 한국을 최초로 알린 하멜Hendrik Hamel이 기록한 「하멜 표류기」의 한 대목을 인용합니다.

> 도덕적 기본에 대해서 조선 사람들은 내 것과 네 것에 대해서 그렇게 엄격하지 않을 뿐더러 거짓말을 하며 속이므로 신뢰할 수 없는 사람들이라고 말해야 할 것이다. 조선 사람들은 누군가를 속였으면 그것에 대해서 자랑스럽게 생각하고 그것이 부끄러운 일이라 생각하지 않는다. 그렇기 때문에 말이나 소를 사고서도 산 사람이 속아서 산

것이 명백하다면 넉 달 뒤에도 되돌릴 수 있다. 그러나 땅이나 다른 부동산을 팔았을 경우, 양도증서를 건네받기 전에만 되돌릴 수 있다. 그러면서도 조선 사람들은 쉽게 속는다. 어떤 것을 가지고도 우리는 조선 사람들을 속일 수 있다.

21세기 한국 사회는 뉴기니의 사위 부족이나 17세기 조선 사회와 얼마나 다릅니까? 여전히 한국 사회는 거짓으로 속이는 것을 그리 심각하게 여기지 않고 있지 않습니까? '진짜', '참', '원조', '단독', '팩트' 같은 수식어가 붙을수록 더 믿음이 가지 않는 게 현실 아닙니까? 특히 일인 미디어 시대를 맞아 유튜브가 가짜 뉴스의 천국이 되었다는 말이 들릴 만큼, 우리는 가짜 뉴스에 눈 멀어 가짜 사회에 사는 가짜들이 되어 있지 않습니까?

거짓은 그리스도인의 풍성한 삶을 가로막는 모든 쓴 뿌리를 한데 묶어놓은 접착제와 같습니다. 거짓의 아비 사탄은 창세기의 첫 사람을 간교한 말로 유혹하는 데서부터, 요한계시록의 영원한 불못에 던져질 거짓 선지자에 이르기까지 인류 역사에 흐르는 거짓과 속임의 배후에서 늘 일하고 있습니다. 거짓은 거짓에 속고 거짓으로 속임으로 거짓의 아비인 사탄에게 묶이는 것입니다. 그러므로 참으로 자유한 삶을 위해서는 반드시 거짓과 속임의 역사를 끊어내야 합니다.

거짓 없는 진실함을 나타내려면?

고린도후서 4장 2절은 바울의 자기추천서입니다. 바울이 하나님 앞에서 각 사람의 양심에 대하여 자신을 추천하는 이유는 자신이 진리를 밝히 나타내고 있기 때문입니다. 바울이 오직 진리를 나타냈다는 것은, 진리의 복음 곧 예수의 생명을 거짓 없는 진실한 태도로 전했다는 의미입니다.

하나님의 일꾼이 나타내야 할 메시지로서 진리는 생명이신 예수 그리스도이며, 하나님의 일꾼이 삶의 태도로서 나타내야 할 진리는 진실함 곧 거짓 없음입니다. 그래서 바울은 거짓말쟁이며 게으름뱅이인 그레데인들을 목회하는 디도에게 그들을 엄히 꾸짖어 믿음을 온전하게 하라고 권고합니다(딛 1:12-13). 거짓 없음 곧 진실하게 행하는 것은 진리의 말씀을 맡은 일꾼의 핵심 자질입니다.

하나님과 교회를 위한 일꾼으로 자기추천서를 쓸 수 있을 만큼 당당하고 싶습니까? 그렇다면 모든 일에 거짓 없는 진실함으로 진리를 나타내야 합니다.

온갖 거짓과 가짜 뉴스가 가득한 세상에서 거짓에 속지 않고 거짓 없는 진실함을 나타내려면 어떻게 해야 합니까? 침몰해가는 진실의 배를 다시 끌어올려 진실을 밝히 나타내려면 어떻게 해야 합니까? 거짓의 어둠을 진리의 빛으로 환하게 밝히려면 어떻게 해야 합니까?

속은 미련함에서 돌이키십시오

거짓 없는 진실함을 나타내려면 첫째, 숨은 부끄러운 일 곧 속은 미련함에서 돌이켜야 합니다.

바울은 자기추천서에서 "숨은 부끄러움의 일을 버렸다"라고 말합니다. 숨은 부끄러움의 일이란 "드러내지 못할 창피스러운 일"(공동번역)입니다. 어둡고 습한 곳에 피는 곰팡이처럼 거짓은 은밀하고 부끄러움으로 가득해서 어둠을 향하게 합니다. 거짓은 숨기고 감추려는 데서부터 시작됩니다.

숨은 부끄러운 일을 버리기 위해서는, 속는 미련함이 얼마나 큰 죄인지를 깨닫고 돌이켜야 합니다. 우리는 흔히 속인 사람이나 속은 사람이나 다 잘못이지만 그래도 속인 사람이 더 큰 죄인이라고 생각합니다. 속이려고 작정하면 누구도 감당할 수 없다며 속인 사람을 정죄하고, 속은 사람은 측은하게 여깁니다. 속은 사람은 속인 사람의 악함 뒤에 숨어서 자신의 죄를 변명하려 합니다. 그러나 하나님은 속은 사람의 죄를 속인 사람의 죄만큼이나 크게 여기십니다.

간교한 사탄은 거짓된 말로 아담과 하와를 속였습니다. 스스로 하나님처럼 되고 싶었던 아담과 하와는 거짓에 속아 죄를 지었습니다(창 3:1-24). 두려움으로 인해 사래를 아내가 아니라 누이동생이라고 속인 아브람은 비겁했습니다. 육체적인 욕정을 따라 이주민인 사래를 취하려 했던 바로는 그녀가 아브람의 아내인 것이 드러나며 하나님께 혼쭐이 났습니다(창 12:10-20). 팥죽 한 그릇으로 형을 속이고, 염소털로 아버지를 속인 야곱의 야망은 끝이 없었습니다. 그러나 속은 에서의 망령됨이나 속은 이삭의 어리석음 또한 결코 가볍지 않습니다(창 27:1-45).

속인 사탄은 하나님의 저주 속에 심판받았습니다. 속인 아브람은 수치를 당해야 했고, 속인 야곱은 자기가 행한 것처럼 삼촌과 자식들에게 속임을 당하는 아픔을 겪어야 했습니다. 속아서 죄를 지은 아담과 하와도 하나님의 저주를 받아 죽을 수밖에 없게 되었습니다. 속은 바로 또한 하나님의 재앙이 그의 집에 임해 고통당해야 했습니다. 동생에게 속은 에서는 비탄에 젖어 목놓아 울어야 했고, 속은 이삭은 두 아들을 모두 잃고 외로운 노년을 보내야 했습니다.

누군가를 속인 죄는 분명히 큰 죄입니다. 그러나 속은 죄 또한 큰 죄입니다. 때로 속인 죄보다 속은 죄가 무서울 수 있습니다. 이는 속은 것이 죄인 줄 모른 채 회개하지 않기 때문입니다. 속은 사람은 속인 사람 뒤에 숨어 핑계할 뿐 자신의 잘못을 자백할 줄 모릅니다. 속인 죄만큼이나 속은 죄도 크다는 것을 인정하고 엎드려야 합니다. 아담과 하와는 하나님처럼 되고자 하는 교만에 속았고, 바로는 육체의 욕정에 속았습니다. 에서는 망령됨에 속았고, 이삭은 어두움에 속았습니다. 속은 것도 죄입니다. 아니 속은 것이 더 큰 죄입니다.

속은 사람의 고통과 억울함이 있습니까? 속은 사람의 고통과 억울함을 말하기 전에, 먼저 자신의 잘못을 철저하게 시인해야 합니다. 사람들이 가짜 뉴스에 쉽게 끌리는 이유는 듣고 싶은 것만 듣기 때문입니다. 속은 우리에게는 듣고 싶은 것만 듣고자 하는 악함이 있었던 것입니다. 속인 사람을 탓하기 전에, 속은 우리 안에 있는 악함을 먼저 보고 끊어내야 다시는 속지 않을 수 있습니다.

성경은 사람을 속이는 세 가지 실재를 보여주며, 우리에게 '속지 말라'고 말합니다.

첫째, 거짓의 아비요 속이는 자인 사탄에게 속지 않아야 합니다.

> 이는 우리로 사탄에게 속지 않게 하려 함이라 우리는 그 계책을 알지 못하는 바가 아니로라(고후 2:11)

둘째, 죄를 짓도록 미혹하는 악한 사람에게 속지 않아야 합니다.

> 죽은 자가 다시 살아나지 못한다면 내일 죽을 터이니 먹고 마시자 하리라 속지 말라 악한 동무들은 선한 행실을 더럽히나니 깨어 의를 행하고 죄를 짓지 말라(고전 15:32-34)

셋째, 욕심에 끌려 자기 자신에게 속지 않아야 합니다.

> 오직 각 사람이 시험을 받는 것은 자기 욕심에 끌려 미혹됨이니 욕심이 잉태한즉 죄를 낳고 죄가 장성한즉 사망을 낳느니라 내 사랑하는 형제들아 속지 말라(약 1:14-16)

그렇습니다. 우리는 속지 말아야 합니다. 우리를 속이는 거짓 메시지를 진리의 말씀으로 분별하고 단호하게 거절해야 합니다. 사람들이 쉽게 속는 대표적인 거짓 메시지 열두 가지를 소개합니다.

- 그냥 이대로가 낫겠어. 돌이키기엔 너무 많이 와버렸는걸.
- 이제 다 끝장이야. 내가 할 수 있는 건 아무것도 없어.
- 그래, 그게 나쁜 건 알아. 하지만 이 세상을 살아가려면 어쩔 수 없는 거야.
- 난 정말 쓸모없는 놈이야. 실패자일 뿐이라고.
- 나 혼자서 이 문제를 해결할 수 있어. 이래 뵈도 난 전문가야.
- 이건 나에게 아무런 해도 끼치지 않을 거야. 이 정도는 충분히 다룰 수 있어.
- 난 고생할 만큼 했어. 이 정도는 누릴 자격이 있다고.
- 우리 관계가 잘못된 건 아니야. 사람들이 우리를 이해하지 못할 뿐이지.
- 모두들 이런 생각을 하는걸. 나라고 다를 게 있나? 나도 사람인데.
- 하나님이 신실하시다는 건 알아. 하지만 적어도 그분이 날 위해 일

하시는 것 같지는 않아.
- 하나님만으로는 부족해. 다른 뭔가가 더 필요하단 말이야.
- 난 원래 그래.

(베스 모어, 「주의 말씀, 내 기도가 되어」)

이러한 거짓 메시지들 가운데 스스로 받아들인 메시지가 있습니까? 어떤 메시지입니까? 지금 당장, 속은 부끄러운 자리에서 돌이켜야 합니다. 사탄과 악한 사람과 자기 자신에게 속지 않도록 거짓 메시지들을 단호하게 거절해야 합니다. 우리는 거짓의 쓴 뿌리를 잘 분별하고 살펴야 합니다.

속인 사악함에서 돌이키십시오

거짓 없는 진실함을 나타내려면 둘째, 속임으로 행한 사악함에서 돌이켜야 합니다.

바울은 자기추천서에서 '속임으로 행하지 않았다'고 말합니다. 여기서 '속임'이란 간교한 속임수로 첫 사람 아담과 하와를 미혹하던 옛 뱀 곧 사탄의 핵심 속성과 연결되어 있습니다(창 3:1). 하나님의 사람은 속임으로 거짓을 행하는 것을 단호히 거절해야 합니다.

속임으로 행하는 거짓말에는 여러 가지가 있는데, 크게 세 종류로 정리할 수 있습니다.

첫 번째로, 악의가 있는 사악한 거짓말이 있습니다.

산발랏이 느헤미야를 모함하기 위해 의도적으로 거짓 소문을 퍼트렸던 것처럼(느 6:5-9), 원한과 시기와 분노와 적개심에 찬 잔인한 거짓말이 있습니다. 아브람이 두려워서 아내를 아내라고 말하지 않고 누이동생이라고 속였던 것이나 아론이 자신의 책임을 피하기 위해 금을 불에 던졌더니 송아지가 나왔다고 했던 겁쟁이 거짓말(창 12:12-13, 출 32:24)이 있습니다. 야곱을 속이고 라헬 대신 레아를 들여보내 자기 이익과 욕심을 채우려 했던 라반의 계산된 거짓말(창 29:22, 23)이 있습니다. 바란 광야 가데스 바네아에서 열등감과 불안정에 사로잡혀 가나안 사람들의 강함을 과장되게 말함으로써 자신을 과시하거나 비하한 열 정탐꾼의 과장된 거짓말(민 14:31-33)이 있습니다. 이 모든 거짓말은 재판장에서의 위증처럼 다른 사람에게 막대한 피해를 주는 사악한 거짓말이며, 반드시 끊어내야 하는 거짓말입니다.

두 번째로, 누구나 아는 편리한 거짓말이 있습니다.

개그 프로그램처럼 재미를 위해 사람을 놀리는 거짓말, 만우절에 웃자고 하는 거짓말, 접대용으로 분위기와 기분을 맞추려는 거짓말, 소설이나 드라마처럼 거짓말인 줄 알고 보기 때문에 함께 즐길 수 있는 거짓말이 그것입니다. 이런 거짓말들은 악의가 있는 거짓말과는 분명히 다르지만 습관이 되지 않도록 절제하는 게 좋습니다.

세 번째로, 다른 사람을 위한 선의의 거짓말이 있습니다.

선의의 거짓말이란 라틴어로 '멘다시움 오피시오숨'^{mendacium} ^{officiosum}이라고 합니다. 어떤 무엇을 섬기기 위해서 곧 이웃을 섬기기 위해서 하는 거짓말이라는 뜻입니다. 영어로는 악의가 없는 거짓말이라고 해서 '하얀 거짓말'$^{white\ lie}$이라고 합니다. 남자아이가 태어나면 다 죽이라는 바로의 명령을 따르지 않고 아이를 살려주었던 히브리 산파들의 거짓말(출 1:15-21), 여리고 성을 정탐하도록 여호수아가 보낸 두 사람을 자기 집 지붕 삼대에 숨겨주었던 라합의 거짓말(수 2:1-6), 압살롬의 부하들을 피해 도망치던 요나단과 아히마아스를 우물에 숨겨주었던 바후림에 살던 어떤 여인의 거짓말(삼하 17:17-20)이 있습니다. 이런 거짓말은 다른 사람의 생명을 살리기 위해서였고, 하나님을 향한 두려움과 믿음의 결과로 평가받았습니다. 거짓말이 단순한 사실 충실성을 넘어 하나님에 대한 충성과 사람에 대한 사랑을 나타낼 수 있는 지극히 예외적인 경우입니다.

거짓 없는 진실함을 나타내고자 하는 그리스도인은 악의에 찬 사악한 거짓말은 어떤 모양이라도 단호하게 거절해야 합니다. 편리한 거짓말도 습관이 되지 않도록 피해야 합니다. 다른 사람의 생명을 살리기 위한 선의의 거짓말은 예외적으로 허용될 수 있지만, 혹시 잘못 판단하지는 않았는지, 판단에 오류가 있을 가능성을 염두에 두고 조심해서 살펴야 합니다. 신천지처럼 전도를 위해 거짓말을 정당화하고 권장하는 모략전도라는 집단적 오류를 범할 수 있기에 특별히 주의해야 합니다.

'제 꾀에 넘어간다'는 말이 있습니다. 자꾸 속이다 보면 자신도 모르는 사이에 스스로 속아 넘어가게 된다는 말입니다. 속이는 것과 속는 것은 짝을 이루어, 거짓의 아비인 사탄에게 묶이게 합니다. 속지 않으려면 속임으로 거짓을 행하는 습관을 끊어내야 합니다. 일상의 작은 속임을 방치하다 보면 어느 순간 거짓의 문이 활짝 열려 있는 것을 보게 될 것입니다.

야곱은 아버지를 속이고 축복을 받으라는 어머니 리브가의 제안에 축복은커녕 저주나 받게 될까 두려웠습니다. 그러나 야곱은 결국 아버지를 속였습니다. 무언가 미심쩍은 느낌이 들었던 이삭은 정말 에서인지를 몇 차례나 확인합니다. 그리고는 다시 한 번 직설적으로 묻습니다. "네가 참 내 아들 에서냐?" 그리고 야곱은 대범하게 거짓을 말합니다. "그러하니이다"(창 27:24)

야곱은 아버지 이삭을 속이고 축복을 취했습니다. 속임을 통해서라도 복을 얻고자 했던 야곱의 갈망은 일견 이해가 되기도 합니다. 이삭과 리브가의 편애가 모든 불행의 시작점이었던 것도 부인할 수 없습니다. 그러나 야곱이 아버지를 속임으로써 스스로를 거짓의 아비인 사탄에게 묶는 결과를 자초했다는 것 또한 부인할 수 없는 사실입니다. 결국 속이는 자였던 야곱은 처절하게 속는 인생을 살아야 했습니다.

외삼촌 라반에게 속아야 했고, 자식들에게 속아야 했습니다.

　에서의 분노를 피해 외삼촌 집으로 간 야곱은 그곳에서 라헬과 사랑에 빠졌습니다. 라헬을 너무나 사랑했기에 야곱은 칠 년을 며칠같이 여기며 라반을 섬겼습니다. 그리고 혼례를 치른 다음날 아침에야 사랑하는 라헬이 아니라 레아와 첫날밤을 보냈음을 알게 되었습니다. 그 순간 야곱이 느꼈을 황당함과 당혹함 그리고 분노가 상상이 되십니까?

> 야곱이 아침에 보니 레아라 라반에게 이르되 외삼촌이 어찌하여 내게 이같이 행하셨나이까 내가 라헬을 위하여 외삼촌을 섬기지 아니하였나이까 외삼촌이 나를 속이심은 어찌됨이니이까(창 29:25)

　속이는 자가 속임을 당하고 비참하게 울부짖는 모습에서 무엇이 느껴지십니까?

　염소 새끼의 가죽으로 아버지를 속였던 야곱은 아들들에게 속아 숫염소 피에 젖은 요셉의 채색옷을 끌어안고 울부짖어야 했습니다.

> 아버지가 그것을 알아보고 이르되 내 아들의 옷이라 악한 짐승이 그를 잡아먹었도다 요셉이 분명히 찢겼도다 하고 자기 옷을 찢고 굵은 베로 허리를 묶고 오래도록 그의 아들을 위하여 애통하니(창 37:33, 34)

　속이는 자가 속아 넘어가는 거짓의 사슬이 보이십니까? 속지 않으려면 속이지 말아야 합니다.

속이는 사람은 결국 속게 됩니다. 불과 몇 분 후면 탄로 날 일을 거짓으로 덮으려 해서는 안 됩니다. 일상적인 작은 속임의 습관이 우리를 거짓의 아비 사탄의 올무에 걸려들게 합니다. 거짓의 쓴 뿌리에 묶이지 않기 위해서는 속임으로 거짓을 행하는 일상 습관에서 돌아서야 합니다.

혼잡한 말씀에서 돌이키십시오

거짓 없는 진실함을 나타내려면 셋째, 말씀을 혼잡하게 하지 말고 혼잡한 말씀에서 돌이켜야 합니다.

바울은 자기추천서에서 '하나님의 말씀을 혼잡하게 하지 아니했다'고 말합니다. 여기서 '혼잡하다'는 말은 포도주에 물을 타서 농도를 흐리게 하는 행위 혹은 싸구려 물건을 팔아서 이익을 취하는 행위를 암시합니다. 그래서 영어성경(NIV)은 '행상하다', '소매하다', '장사하다'는 뜻인 단어 'peddle'로 번역합니다. 같은 단어가 사용된 고린도후서 2장 17절을 여러 번역본으로 살펴보면 '혼잡하다'는 의미가 더욱 분명해집니다.

> 우리는 수많은 사람들처럼 하나님의 말씀을 혼잡하게 하지 아니하고 곧 순전함으로 하나님께 받은 것 같이 하나님 앞에서와 그리스도 안에서 말하노라(고후 2:17, 개역개정)

우리는 다른 많은 사람들처럼 하느님의 말씀을 파는 잡상인들이 아니라 하느님의 파견을 받고 하느님 앞에서 일하는 사람으로서 순수한 마음을 가지고 그리스도의 이름으로 말씀을 전하고 있습니다(고후 2:17, 공동번역)

우리는, 저 많은 사람들처럼 하나님의 말씀을 팔아서 먹고 살아가는 장사꾼이 아닙니다. 우리는, 하나님께서 보내신 일꾼답게, 진실한 마음으로 일하는 사람들입니다. 우리는 하나님이 보시는 앞에서, 그리스도 안에서 말하는 것입니다(고후 2:17, 새번역)

우리는 많은 사람들과 달리, 돈을 벌기 위해 하나님의 말씀을 팔고 다니는 사람이 아닙니다. 우리는 하나님의 보냄을 받은 사람답게 하나님 앞에서 그리고 그리스도 안에서 진실하게 말합니다(고후 2:17, 쉬운성경)

바울 시대에는 하나님의 말씀을 전하며 살아간다고 하면서도 사실상 말씀을 수단으로 밥벌이하는 자들이 있었습니다. 오늘날도 이런 목회자들을 어렵지 않게 찾을 수 있지 않습니까? 말씀을 전하는 설교나 성도를 돌보는 목회를 더러운 이익을 위해 억지로 하는 사람들은 그때도 있었고 지금도 있습니다(벧전 5:2). 그들도 하나님의 말씀을 전하고, 하나님의 뜻을 따라 목양한다고 말합니다. 하지만 자기 이익을 위해 말씀을 변질시키는 그들은 삯꾼이요 거짓 선지자일 뿐입니다. 바울은 그런 거짓 선지자들과 달리 하나님의 말씀을 혼잡하게 하지 않았습니다. 우리는 어떻습니까? 거짓 없는 진실함으로 살고자 한다면 하나님의 말씀을 장사치의 이익거리로 만들어서는 안 됩니다.

존 비비어 John Bevere는 「GOOD OR GOD? 무엇이 선인가」에서, 1980년대 미국에서 유명한 텔레비전 설교자였던 어떤 목사가 간통죄와 사기죄로 감옥에 있을 때 그를 면회한 이야기를 전해줍니다.

그는 감옥에서 예수님을 만나 회개하였는데, 나의 책 한 권이 그에게 깊은 감동을 주었고 내게 찾아와달라고 요청한 것이다. 그는 한참 동안 나를 안고 눈물을 흘렸다. 그리고 자신의 이야기를 털어놓았다. "존, 저를 이 교도소에 오게 한 것은 하나님의 심판이 아니었습니다. 그건 하나님의 자비였어요. 제가 만일 예전처럼 계속 살았다면 영원히 지옥에 가고 말았을 테니까요." 그의 솔직함과 겸손함에 깊이 감동을 받았다. 나는 괴로운 질문을 던졌다. "당신은 언제 예수님에 대한 사랑을 잃어버렸나요? 어느 시점에서였죠?" 나는 특히 사역자로서 우리가 예수님을 향한 사랑을 잃어버리는 징조를 알고 싶었다. "그런 적 없어요." 그가 단호하게 대답했다. 나는 그의 대답에 깜짝 놀랐고 약간 간담이 서늘했다. 어떻게 그렇게 말할 수 있단 말인가? 나는 다시 물었다. "무슨 뜻입니까? 당신은 간통죄를 범했어요. 사기죄도 저질렀고요. 그래서 감옥에 오지 않았습니까? 어떻게 예수님에 대한 사랑을 잃지 않았다고 말할 수 있죠?" 이번에도 그는 내 눈을 똑바로 쳐다보면서 망설임 없이 "존, 나는 그 일을 겪는 동안 늘 예수님을 사랑했습니다"라고 말했다. 나는 아무 말도 하지 않았다. 내 얼굴에 큰 혼란이 일어났을 것이다. 그러자 그가 말했다. "존, 저는 예수님을 사랑했어요. 하지만 그분을 두려워하지 않았습니다."

이것이 바로 본회퍼가 말했던 '값싼 은혜' 곧 말씀을 혼잡하게 한 결과입니다. 하나님의 사랑만을 말하고 그분에 대한 경외를 말하지 않는다면 말씀을 혼잡하게 하는 것입니다. 신앙의 이름으로 이기적인 탐심을 합리화하고 옹호하는 것은 말씀을 혼잡하게 하는 것입니다. 회의하는 질문을 삭제하고 맹목적인 믿음만 강조하는 것은 말씀을 혼잡하게 하는 것입니다. 하나님의 뜻을 따라 기도하는 것이 아니라, 믿고 기도하면 무엇이든 이룰 수 있다는 긍정의 힘을 조장하는 신앙은 말씀을 혼잡하게 하는 것입니다. 믿음과 행함, 신분과 수준, 영과 육의 전인적인 구원을 조망하지 못하는 것은 말씀을 혼잡하게 하는 것입니다. 자기 야망을 하나님의 영광으로 치환하는 것은 말씀을 혼잡하게 하는 것입니다. 예배당을 성전이라 부르고, 목사를 제사장이라 하는 것은 말씀을 혼잡하게 하는 것입니다.

교회 안에서 말씀을 혼잡하게 하는 거짓말들에는 약간의 진실과 약간의 거짓이 섞여 있습니다. 말씀을 전하는 목회자들뿐만 아니라 듣는 이들 또한 말씀을 혼잡하게 하지 않도록 진실함으로 분별해야 합니다.

백화점에서 쇼핑을 하듯이 마음에 드는 말씀을 찾아다니고 있지 않습니까? 자신의 원함을 긍정하는 말씀만 따르고 있지 않습니까? 그것은 말씀을 혼잡하게 하는 것이며 거짓에 속는 것입니다. 진실한 그리스도인은 진리의 말씀으로 거짓을 분별할 줄 알아야 합니다.

아이들이 어릴 때 장모님은 만날 때마다 아이들을 위해 기도해주셨습니다. "가이오 장로 같은 믿음의 인물 되게 해주세요. 복음을 위해 크게 쓰임받게 해주세요"라고 기도하셨습니다. 어머님은 바울과 온 교회를 돌보아주는 가이오(롬 16:23, 개역 성경은 식주^{食主}라고 표현한다), 나그네들을 환대하는 그의 모습을 보고 감동해서 사도 요한이 특별하게 축복했던 가이오(요삼 1:1-8) 같은 신실한 일꾼이 되기를 바라셨습니다. 그러나 다른 한편으로는 경제적으로 여유 있고 성공한 사람 그러면서도 신실한 장로가 되어서 교회와 목회자를 잘 섬기기 바라는 할머니의 육적인 소원이 담겨 있었습니다.

그런데 요한삼서를 읽어보면 가이오의 가장 아름다운 모습은 물질적인 환대뿐만 아니라 진리 안에서 행하는 모습임을 알려줍니다.

> 형제들이 와서 네게 있는 진리를 증언하되 네가 진리 안에서 행한다 하니 내가 심히 기뻐하노라 내가 내 자녀들이 진리 안에서 행한다 함

을 듣는 것보다 더 기쁜 일이 없도다(요삼 1:3-4)

진리 안에서 행하는 그의 모습은 외면한 채 부자가 되어 물질로 섬기는 모습만 닮기를 구하는 것은 말씀을 혼잡하게 하는 값싼 은혜를 구하는 것과 별반 다를 바가 없습니다. 우리 마음의 원함과 상관없이 말씀 그대로를 받을 줄 알아야 거짓에 속지 않을 수 있습니다.

창세기 3장 1-3절을 보면 뱀이 하나님의 명령에 의문을 제기하자 하와는 바로 '하나님의 말씀'으로 답하지 않고 '자기 생각'부터 밝힙니다. 하와는 '만지지도 말라' 하셨다며 하나님이 하지 않으신 말을 합니다. 또 반드시 죽으리라는 말씀을 '죽을까 하노라'로 탈색시켰습니다. 동산의 각종 나무 열매는 임의로 먹을 수 있고 선악을 알게 하는 나무의 열매는 먹지 말라 하셨는데, 자유와 금지 명령의 초점을 흐릿하고 모호하게 왜곡시킨 것입니다.

진리의 말씀으로 옳게 분별하지 못하면 거짓의 미혹에 끌려 죄에 넘어질 수밖에 없습니다. 하나님의 말씀을 충분하게 알지 못하면 말씀을 혼잡하게 하는 유혹에 속아 넘어질 수밖에 없습니다.

제임스 패커James Packer의 말처럼 오늘날 성경을 믿는 사람은 많지만 성경을 읽는 사람은 극소수입니다. 말씀을 읽지 않을 때 우리는 말씀을 혼잡하게 하는 종교 장사꾼에게 속아 넘어갈 수밖에 없습니다. 말씀을 가장한 거짓에 속지 않으려면 진리의 말씀을 읽고 또 읽어야 합니다.

그럴듯해 보이는 수많은 말들이 성경적 진리에 반하는 거짓에 근거하고 있습니다. 속지 않기 위해서는 듣는 것을 관리해야 합니다. 어떤 거짓말을 반복해서 들을수록 친숙해지기 때문에 더 믿게 될 수 있다고 합니다. 어떤 진술에 대해 친숙한 정도가 신뢰를 높이는 '오류적 진실 효과'illusory truth effect가 사람들의 인식 속에 작동하기 때문입니다. 그러므로 속지 않기 위해서는 습관적으로 거짓말을 하는 사람이나 가짜 뉴스를 반복적으로 유통하는 매체를 적극적으로 차단해야 합니다. 말씀을 혼잡하게 함으로 우리를 속이는 자가 누구인지 분별하여 속지 않아야 합니다.

2016년 12월 31일 KBS 연기대상 베스트 커플상을 받은 차인표 씨의 수상 소감입니다. "오십 년을 살면서 느낀 세 가지가 있습니다. 첫째, 어둠은 빛을 이길 수 없습니다. 둘째, 거짓은 결코 참을 이길 수 없습니다. 셋째, 남편은 결코 부인을 이길 수 없습니다."

십여 일 후에 그는 한 인터뷰에서 자신이 그런 수상 소감을 하게 된 배경을 밝혔습니다.

> 내가 만약에 상을 받는다면 '생방송으로 하고 싶은 얘기를 할 수 있게 주어진 1, 2분 동안 좀 희망적인 메시지를 전하고 싶다. 내가 제일 중요하게 생각하는 것들을 말하면 되겠다' 그런 마음이 들었어요. 그러다가 딱 떠오른 게 세월호를 추모한 노래죠. '진실은 침몰하

지 않는다'라는 가사가 생각났어요. 어떻게 보면 인간이 살면서 보편적인 진리잖아요. 어둠은 빛을 이길 수 없다. 아무리 어두워도 빛이 비치는 순간 숨겨졌던 것이 만천하에 알려지듯이 저도 이 가사를 떠올리면서 희망을 되찾곤 했던 그런 기억이 나서 갑자기 하게 된 것입니다.

그렇습니다. 가짜들이 가득한 이 시대에 하나님은 거짓 없는 진실함을 나타내는 사람을 찾으십니다. '어둠은 빛을 이길 수 없다. 거짓은 참을 이길 수 없다. 진실은 침몰하지 않는다. 우리는 포기하지 않는다'는 노랫말처럼, 속은 미련함과 속인 사악함에서 돌이키는 사람을 하나님은 찾으십니다. 어떤 상황에서도 하나님의 말씀을 혼잡하게 하지 않고 순전한 말씀을 붙드는 사람을 찾으십니다. 거짓의 시대에도 진실함으로 살아 하나님 앞에 당당하게 자기추천서를 올려드릴 수 있기를 축복합니다.

거짓을 살피는 약속의 말씀

"너는 그들에게 말하기를 너희는 너희 하나님 여호와의 목소리를 순종하지 아니하며 교훈을 받지 아니하는 민족이라 진실이 없어져 너희 입에서 끊어졌다 할지니라"(렘 7:28).

거짓을 살피는 선포의 기도

"진실하신 하나님, 다시는 거짓에 속지 않겠습니다. 속인 사람의 악함을 핑계 삼아 속은 우리의 죄를 보지 못한 것을 용서하옵소서! 속지 않기 위해 속임의 거짓을 끊어내기로 작정합니다. 듣고 싶은 것만 듣고 말하고 싶은 것만 말하는 것이 아니라 오직 진리의 말씀을 듣고 온전한 말씀을 따라 행하겠습니다. 진리의 빛으로 모든 것을 드러내며 진리로 이기게 하소서! 아멘."

거짓을 살피기 위해 함께 읽을 책

「교회 안의 거짓말」(김형국, 포이에마)

11
실족

제가 시험들었다고요?

마태복음 11:2-6

책은 제게 인생의 멘토를 만나는 소중한 방법 가운데 하나입니다. 책에서 좋은 정보를 얻고 지식을 배우는 것을 넘어 저자의 생각과 그의 삶을 만납니다. 인상적인 감동을 주는 저자를 만나면 그의 생각의 흐름을 알고 싶어 오래된 글에서부터 최근 글까지를 찾아 시간의 흐름을 따라 읽어봅니다. 그러면 더 큰 지혜와 도전을 받을 때가 참 많습니다.

그렇게 책으로 만난 멘토 가운데 한 분이 데이빗 씨맨즈입니다. 인도 선교사의 아들로 태어난 그는 탁월한 심리상담가로서 대학교에서 심리상담을 가르쳤습니다. 동시에 지역교회의 목사로서 성경을 설교하고 가르치며 목양했습니다. 그는 사람에 대한 깊은 이해 속에 내적 치유에 집중하지만, 성경의 하나님이 어떻게 역사하시는지에 대한 초점을 잃지 않았습니다. 씨맨즈 박사를 통해 저는 '정서적으로 건강한 교회', '정서적으로 건강한 성도'에 대한 소원을 갖게 되었습니다. 그는 제게 성경을 묵상할 때 등장인물의 내면을 보는 눈을 열어주었고, 목회 현장에서 만난 성도들의 정서적인 어려움을 살피도록 이끌어주었습니다.

그의 대표적인 책은 「상한 감정의 치유」입니다. '내적 치유', '자존감', '완벽주의', '우울증' 같은 말들이 생소하던 1981년에 미국에서 출판되어 1986년에 한글로 번역된 책입니다. 이 책은 분노와 죄의식, 우울증과 열등감, 언제나 부족함을 느끼는 감정에 억눌려 지내는 완벽주의로 인한 내적 격동과 상한 감정으로부터의 자유에 대해 말합니다. 이 책의 중요한 초점은, 우리가 과거에 받은 상처는 우리의 잘못으로 인한 것이 아니라는 점입니다. 피해자임에도 불구하고 죄책감에 묶이고 상한 감정으로 살아서는 안 됩니다. 특히 많은 그리스도인들이 착한 아이 콤플렉스 같은 거짓 메시지에 묶여 억눌린 현실에 대해 그는 도전적인 메시지를 전합니다.

그런데 그가 1995년 또 다른 관점의 책을 출간합니다. 그것은 비난과 책임전가의 자리에서 믿음의 자리로 옮겨가야 함을 가르쳐주는 「탓」입니다. 과거의 상처가 자기 탓이 아니기에 죄책감을 비롯한 상한 감정으로부터 자유해야 한다고 가르쳤더니, 이젠 모든 것을 남의 탓으로만 돌리게 되었다는 것입니다. 그래서 그는 책임전가와 비난을 멈추고, 과거의 사건을 믿음으로 재구성하는 믿음의 렌즈를 갖고 오늘을 살아가야 한다고 가르칩니다.

되돌릴 수 없는 일들로 스스로를 괴롭히지 마십시오. 수많은 일들은 우리 자신의 잘못이기보다 우리를 덮고 있는 다양한 부정적 원인의 결과일 뿐입니다. 죄책감과 책임전가를 거두고, 모든 일을 하나님의 시선으로 재구성하는 믿음으로 오늘을 살면 내일은 분명 어제와 다를 것입니다.

세례 요한은 당시 로마에서 파송된 총독과 함께 이스라엘을 다스리던 분봉왕 헤롯의 악행을 책망했습니다. 동생 빌립의 아내 헤로디아와 결혼한 헤롯을 향해 '동생의 아내를 취한 것이 옳지 않다'며 꾸짖었습니다. 이 일로 인해 헤롯은 세례 요한을 결박하여 감옥에 가두고 죽이려 했습니다. 그러나 세례 요한을 선지자로 여기는 사람들이 두려워 살려두고 있었습니다(막 6:17-20).

그러던 어느 날 세례 요한은 예수님이 하시는 일을 전해 듣고 자기 제자들을 보내 묻습니다. "오실 그이가 당신이오니이까 우리가 다른 이를 기다리오리이까"(마 11:3).

그러자 예수님은 세례 요한의 제자들에게 그들이 보고 들은 것을 그대로 알리라고 말씀하십니다. "맹인이 보며 못 걷는 사람이 걸으며 나병 환자가 깨끗함을 받으며 못 듣는 자가 들으며 죽은 자가 살아나며

가난한 자에게 복음이 전파된다 하라"(마 11:5)

그리고 예수님은 그분으로 인해 실족하지 않는 사람이 복된 사람이라 하십니다.

> 누구든지 나로 말미암아 실족하지 아니하는 자는 복이 있도다(마 11:6)

'실족'은 '마음의 시험', '실수', '범죄' 등으로 쓰이는 말입니다. **실족이란 다른 사람으로 인해 마음이 다치거나 상처받아 죄를 범하게 되는 상태를 말합니다.** "요즘 난 마음이 힘들고 어려워"라고 할 때 이런 마음이 상처받은 마음입니다. 실족이란 이렇게 상한 마음이 온전한 마음으로 회복되지 못하고 깨어져버린 마음 Broken Heart을 말합니다. 이것은 '시험에 들었다'라는 말로도 표현되며, 실족함으로 깨어진 마음은 자연스럽게 또 다른 죄와 어둠의 쓴 뿌리로 이어집니다.

실족의 덫에 걸려들지 않으려면?

존 비비어는 「존비비어의 관계」에서 실족을 '사탄의 미끼'The Bait of Satan라고 말합니다. 사탄이 자주 사용하는 가장 교활하고 음흉한 미끼와 올무가 실족입니다. 실족하는 것은 사탄의 미끼를 물어 덫에 걸려든 것입니다. 미끼는 덫에 걸리게 하는 통로일 뿐입니다. 실족이라는 미끼를 물지 않으면 덫에 걸리지 않습니다. 그러나 실족이라는 미끼를 물면 사탄의 덫에 걸려 피폐한 삶이 됩니다. 실족의 쓴 뿌리는 우리 자신뿐만 아니라 공동체를 파괴하는 도화선이 될 수 있습니다. 그래서 실족하지 않는 사람이 복 있는 사람인 것입니다.

상한 마음으로 인해 실족하게 하는 사탄의 미끼를 물어서는 안 됩니다. 실족의 덫에 걸려들어서도 안 됩니다. 누구나 마음을 다칠 수 있고 상처받을 수 있습니다. 그러나 마음의 상처를 은혜로 감싸면 실족에 이르지 않을 수 있습니다. 하나님의 은혜가 있는 사람은 마음의 아픔으로 인해 실족하지 않고 상처 입은 치유자가 되어 상한 마음을 치유하는 은혜의 통로가 될 수 있습니다.

어떻게 하면 마음이 상하고 다쳤어도 깨어지지 않을 수 있습니까? 사탄이 펼쳐놓은 미끼를 물지 않으려면 어떻게 해야 합니까? 인생길 곳곳에 사탄이 쳐놓은 실족의 덫에 걸려들지 않고 끝까지 승리하려면 어떻게 해야 합니까?

연약한 자신을 받아들이십시오

마음이 상하고 다쳤어도 실족의 덫에 걸려들지 않으려면 첫째, 연약한 자신을 받아들여야 합니다.

사람은 누구나 실족할 수 있습니다. 우리 모두 마음이 상하거나 다칠 수 있고 실족할 수 있는 연약한 사람입니다. 어린 딸의 손을 잡고 길을 가던 아빠가 딸에게 말합니다. "미끄러지지 않게 조심해라." 그러나 말이 떨어지기 무섭게 오히려 아빠가 빗물에 미끄러집니다. 이렇게 미끄러질 수 있는 아빠가 바로 우리입니다. 우리는 누구나 실족할 수 있고 미끄러질 수 있습니다. 그러므로 연약한 자신을 인정하고 받아들이는 것에서부터 실족하지 않는 삶은 시작됩니다.

우리는 누가 어디서 무엇 때문에 실족하는지 모르는 경우가 허다합니다. 마음이 다치고 상했다고 할 때 피해자는 있는데 가해자는 없는 경우가 흔합니다. 상처를 주고 마음을 다치게 한 사람은 고의성이 없었기 때문에 그 사실을 잘 모릅니다. 그런데 그렇게 모르는 사이에 상처받은 마음을 회복하지 못하고 실족할 때가 있습니다. 이것은 목회를 하면서 가장 힘든 부분이기도 합니다. 제가 알지 못하는 일들로 저 때문에 상처받고 실족하는 분들을 보는 것입니다. 저로 인해서 상처받고 실족하는 분들을 보는 게 너무 아파서 목회자의 자리를 벗어나고자 했던 때도 있었습니다.

많은 경우 실족하게 하는 상대는 가까운 사람입니다. 우리는 멀리 있는 사람으로 인해 상처받지 않습니다. 고슴도치 가족처럼 사랑하기에 가까이 있었을 뿐인데 가시가 서로를 찔러 아프게 하고 다치게 합니다. 누군가는 그런 아픔이 너무 싫어서 다시 가까운 관계로 들어서기를 머뭇거립니다. 그래서 사랑은 상처받기 쉬운 자리에 자신을 두는 것이라고 했나 봅니다. 더 많이 사랑하는 쪽이 더 많이 상처받습니다. 그러나 사랑이 상처를 넘어서게 합니다.

어떤 실족은 하나님 때문에도 일어납니다. 주님 때문에 상처받고 실족할 수 있습니다. 세례 요한이 받은 상처와 실족의 문제는 바로 예수님 때문입니다. 예수님이 실족하지 않는 사람이 복 있는 사람이라고 하실 때 그 실족하게 하는 사람은 바로 예수님 자신이었습니다. '누구든지 나로 말미암아' 곧 예수님 때문에 실족하지 않는 사람은 복된 사람입니다.

삼십 년 만에 대학친구를 만났습니다. 백 명이 넘는 신학과 학생 중에서 다섯 명밖에 안 되는 여학생 가운데 한 명입니다. 아픈 시간을 보낸 친구였습니다. 남편 목사님이 암으로 소천하고, 지금은 평범한 직장인과 재혼해서 잘 살고 있었습니다. 그런데 오랫동안 아들이 신앙을 떠나 방황하다가 최근에야 회복되었다고 합니다. 혹독한 사춘기를 지나며 방황하던 아들은 끊임없이 물었습니다. "하나님이 계시면 어떻게 우리 아버지 같은 분을 그렇게 젊을 때 죽게 내버려두실 수 있는 거야?"

친구의 이야기를 들으며 필립 얀시$^{Philip Yancey}$의 책 「내가 고통당할 때 하나님 어디 계십니까?」, 「하나님, 당신께 실망했습니다」가 떠올랐습니다. 신앙의 여정에서 우리는 종종 이해할 수 없는 고난과 어려움을 겪으며 하나님께 실망하고 마음이 상할 때가 있습니다. 우리는 모두 상처받기 쉬운 연약한 그릇이며, 실족하기 쉽고 부족한 먼지 같은 존재일 뿐입니다.

예수님도 실족할 뻔하셨던 때가 있었습니다. 너무나 멋진 신앙고백과 함께 칭찬과 기대를 한몸에 받았던 베드로가 예수님의 걸림이 되었기 때문입니다. 그날 예수님은 넘어질 뻔하셨습니다.

> 예수께서 돌이키시며 베드로에게 이르시되 사탄아 내 뒤로 물러가라 너는 나를 넘어지게 하는 자로다 네가 하나님의 일을 생각하지 않고 도리어 사람의 일을 생각하는도다(마 16:23)

'너는 나를 넘어지게 하는 자'라고 할 때 이것은 베드로를 가리키는 것입니까, 아니면 사탄을 가리키는 것입니까? 분명 십자가의 길을 막아선 베드로의 말이 예수님을 넘어지게 하는 말입니다. 그러나 베드로의 말 배후에는 사탄이 역사하고 있었습니다.

예수님까지도 넘어지시게 하려 했던 사탄이 어찌 우리를 넘어지게 하려 하지 않겠습니까? 누군가에게 상처받고 마음이 다치는 그 순간 사탄이 실족이라는 미끼와 함께 덫을 놓고 있다는 사실을 기억해야 합니다. 상처받고 다친 마음으로 인해 실족이라는 미끼를 물기만을 기다리며 사탄은 덫을 놓고 있습니다. 상처받았어도 실족이라는 미끼를 물어서는 안 됩니다. 상처받고 다친 것도 안타깝고 통탄할 일인데 실족까지 해서는 안 됩니다. 사탄은 적당히 봐주는 존재가 아닙니다. 우리가 상처받고 다친 마음으로 인해 실족의 미끼를 물고 실족의 덫에 걸려드는 순간 사탄은 가차 없이 물어뜯을 것입니다.

어리석은 생각을 검증하십시오

마음이 상하고 다쳤어도 실족의 덫에 걸려들지 않으려면 둘째, 자신의 어리석은 생각을 말씀으로 검증해야 합니다.

사람들이 넘어지고 실족하게 되는 가장 중요한 지점은 생각입니다. 베드로가 예수님을 넘어지게 하는 사탄의 도구가 되었던 것도 생각 때문입니다. 베드로가 하나님의 일이 아닌 사람의 일을 생각하고 있을 때 사탄의 도구가 되어 예수님을 넘어지시게 할 뻔했습니다(마 16:23). 사탄이 우리의 상처 나고 다친 마음을 실족으로 이끌어가는 것도 우리의 어리석은 생각에서부터입니다.

그러므로 우리의 생각을 말씀으로 검증해야 합니다. 우리의 생각은 언제든지 왜곡될 수 있기에 늘 검증하고 살펴야 합니다. 끊임없이 자기 생각을 말씀으로 검증해야, 그릇된 생각에 이끌려 사탄의 미끼를 물지 않을 수 있습니다.

세례 요한은 감옥에 갇힌 상태입니다. 그는 예수님을 "세상 죄를 지고 가는 하나님의 어린양"이라고 외쳤고, "성령으로 세례 주시는 분"이라고 증거했습니다. "그는 흥하여야 하고 나는 쇠하여야 하리라"며 자신의 제자들을 예수님께로 보내기까지 했습니다(요 1:29-37). 그랬던 사람이 예수님으로 인해 실족의 위기 앞에 서서 "예수님, 오실 그이 곧 그리스도가 당신 맞습니까? 우리가 다른 분을 기다려야 합니까?"라고 묻고 있습니다. 왜 이렇게 되었습니까?

세례 요한은 하나님이 일하시는 최선봉에 서서 수많은 사람들에게 세례를 주며 설교했습니다. 결혼도 하지 않은 채 메뚜기와 석청을 먹으며 광야에서 살았고, 금식도 자주 했습니다. 그는 오실 그분, 그리스도의 길을 예비하기 위해 인생의 모든 것을 드렸습니다(마 3:1-12).

그랬던 그가 상당한 시간 감옥에 갇혀 있었습니다. 면회 오는 사람도 거의 없었을 것입니다. 그가 준비한 사람들이 다 예수님께로 갔기 때문입니다. 그러던 어느 날 그를 만나러 온 제자를 통해 예수님이 자신과는 전혀 다른 삶을 살고 있다는 이야기를 전해 듣습니다. 예수님이 세리와 죄인들과 먹고 마시며, 안식일을 지키지도 않고, 금식도 하지 않고 있다는 말을 들었습니다.

그때 세례 요한은 스스로에게 되물었을 것입니다. '나는 그분 위로 비둘기같이 성령이 임하시는 것을 봤어. 하지만 그리스도의 행위가 과연 이런 것일까?' 누구나 닫힌 공간에 오래 있을수록 생각이 좁아지며, 실족하게 하는 유혹은 더 커져만 갑니다. '나는 전 생애를 바쳐서 그분을 위한 길을 예비했는데 그분은 나를 찾지도 않으시고, 한번 오지도 않으시는구나! 어떻게 이럴 수가 있을까? 그분이 메시야라면 왜 나를 감옥에서 꺼내주지 않으시는 것일까? 나는 잘못한 게 없는데….'

생각이 여기까지 이르자 예수님이 그리스도라는 확신은 흐려지고, 섭섭하고 서운한 마음만 남았을 것입니다. 우리가 실족에 이르는 주된 감정 가운데 하나가 '섭섭함'입니다. 서운하고 섭섭한 마음이 조금 지나면 의심과 분노로 이어집니다. "오실 그이가 당신입니까"라는 세례 요한의 물음에 섭섭함과 더불어 아련한 분노가 드리워져 있는 것이 느껴지지 않습니까?

　세례 요한의 섭섭한 마음은 어디서부터 온 것입니까? 그것은 하나님 말씀에 대한 오해와 착각으로부터 말미암은 것입니다. 세례 요한이 생각했던 그리스도의 모습은 고난받는 종이 아니라 다윗과 같은 정치적 해방자였습니다. 세상이 그려주고 스스로 착각했던 왜곡된 생각에서 시작된 상한 마음이 섭섭함을 타고 들어와 그를 실족하게 하는 것입니다. 우리도 생각을 말씀으로 점검하고 지키지 않으면 쉽게 사탄의 미끼를 물어 실족할 수 있습니다.

　누가복음은 가룟 유다에게 사탄이 들어가 돈을 받고 예수님을 팔아넘기도록 했다고 말합니다(눅 22:3-6). 그런데 병행 본문인 요한복음을 보면 사탄이 가룟 유다에게 들어가기 전에 예수를 팔려는 생각을 먼저 넣었다고 말합니다(요 13:2, 27). 가룟 유다에게 사탄이 들어갔다는 말씀이 정확하게 어떤 현상을 말하는 것인지 여전히 신학자들은 논쟁중입니다. 그러나 한 가지 분명한 것은 사탄의 역사가 우리의 생각을 통해 이뤄진다는 것입니다.

　예수님이 베다니 나사로의 집에 계실 때 마리아가 지극히 비싼 향유 한 근을 가져다가 그분의 발에 붓고 그 발을 닦은 일이 있었습니다. 그 때 가룟 유다는 "이 향유를 어찌하여 삼백 데나리온에 팔아 가난한 자들에게 주지 아니하였느냐?"며 마리아를 책망했습니다. 그런데 가룟 유다가 이렇게 말한 것은 가난한 자들을 생각해서가 아니었습니다. 그는 제자들의 돈궤를 맡고 있었고, 거기 넣은 것을 훔쳐가는 도둑이었습니다(요 12:1-6).

  가룟 유다의 생각은 돈에 묶여 있었습니다. 그는 공동체의 재정을 맡아 사용하면서 슬쩍슬쩍 빼돌렸습니다. 그는 예수님을 따르는 제자가 아니라 아직 들키지 않은 도둑이었습니다. 결국 그가 예수님을 팔아넘기게 된 것도 돈과 깊이 연결되어 있습니다. 그는 예수님을 대제사장과 장로들에게 은 삼십에 팔아넘겼습니다. 그가 스스로 뉘우쳤을 때도 가장 먼저 은 삼십을 도로 갖다주려 했습니다. 그리고 스스로 목매어 죽을 때도 은을 성소에 던져넣고 자살했습니다(마 27:2-5).

  이렇게 돈에 묶여 있던 사람, 물질의 노예였던 가룟 유다의 생각에 사탄이 미끼를 놓았습니다. 사탄이 예수를 팔려는 생각을 넣었다는 것은, 가룟 유다의 돈에 대한 탐욕을 자극하는 덫을 놓았다는 뜻입니다. 결국 가룟 유다는 자신의 탐욕을 따라 사탄의 미끼를 물었고, 예수님을 팔려는 생각을 구체적으로 실행하게 된 것입니다. 가룟 유다는 생각을 지키지 못함으로써 사탄의 덫에 걸린 어리석은 사람입니다. 우리 또한 생각을 지키지 못하면 사탄의 미끼를 물고 덫에 걸리는 비참한 인생이 될 수 있습니다. 가룟 유다처럼 실족하지 않으려면 생각을 말씀으로 검증해야 합니다.

  일 년 전에 한 교회에 청빙을 받고 위임된 대학후배 목사를 만났습니다. 이런저런 이야기를 나누며 서로의 목회를 격려했습니다. 후배목사는 부임한 지 육 개월도 안 되어서 그를 비난하며 교회를 떠난, 장로님 아들인 안수집사 한 분 때문에 힘들어하고 있었습니다. 그분은 교회를 아주 떠난 것도 아니고, 교회 주위에서 계속 부정적인 말을 퍼트리고 있다는 것이었습니다. 도대체 이유가 무엇이냐고 물어보니, 여러 이유가 있지만 핵심은 예배 시간 설교 말미에 적용 찬양을 하는 것 때문이랍니다. 목사가 말씀만 제대로 전해야지 성도들의 감정을 자극하려고 설교 말미에 찬양을 한다며 비난한다는 것입니다.

헛웃음이 나왔습니다. 그게 이유라면 저는 벌써 사임해야 했을 것입니다. 물론 설교 말미에 적용 찬양을 하는 것이 낯설거나 불편할 수 있습니다. 그렇더라도 그것은 지극히 개인적인 취향과 선택의 문제일 뿐입니다. 옳고그름의 문제도 아니고, 예배나 교회의 본질에 대한 문제도 아닙니다. 그런데 그 안수집사님은 설교 말미에 적용 찬양을 하는 문제가 교회의 본질이라도 되는 것으로 생각한 것입니다. 설교를 온전한 말씀으로 끝내지 않고 찬양과 연결시키는 것은 교회의 본질을 잃어버린 목회자의 모습이라 생각하며 계속 비난하고 있다는 것입니다.

이야기를 듣는 내내 참으로 안타까웠습니다. 예배나 교회의 본질을 어떻게 배웠기에 저런 어리석은 생각을 할까 싶었습니다. 교회가 본질을 잃지 않고 붙들어야 한다는 생각으로 교회를 흔들고 어렵게 하는 모습이 서글프기까지 했습니다. 시간이 조금만 지나면 그렇게 생각하고 행동했던 모습이 얼마나 미숙하고 모자란 것인지를 알게 될 텐데,

그때 이 어리석음을 어떻게 하려나 싶었습니다.

지금 옳다고 생각하는 확신이 시간이 지나면 너무나 부끄러운 생각으로 확인될 수 있습니다. 사람의 생각은 얼마든지 왜곡될 수 있습니다. 자기 생각의 한계를 알고 끊임없이 말씀으로 검증받기에 힘쓰지 않으면 자기 생각만을 절대화하며 고집하는 우를 범할 수 있습니다. 어리석은 생각이 왜곡된 신념을 만들어내고 실족의 쓴 뿌리를 따라 사탄의 덫에 걸려들게 할 수 있습니다. 그러므로 실족하지 않기 위해 늘 자기 생각을 말씀으로 검증받아야 합니다.

부끄러운 수치를 드러내십시오

마음이 상하고 다쳤어도 실족의 덫에 걸려들지 않으려면 셋째, 자신의 부끄러운 수치를 드러내고 도움을 받아야 합니다.

한번 생각이 마귀에게 묶이게 되면 자기 생각이 잘못된 것을 깨달아도 스스로 목매어 죽은 가룟 유다처럼 돌이키기가 쉽지 않습니다. 자신의 생각이 잘못된 것을 깨달았는데도 자존심과 체면 때문에 잘못된 생각을 그대로 고집하는 미련한 사람이 되어서는 안 됩니다. 자신의 수치를 있는 그대로 드러낼 때 실족하지 않고 회복할 수 있는 길이 열립니다. 상하고 다친 마음의 연약함과 생각의 어리석음을 그대로 드러내고 도움을 구하면 회복될 수 있습니다. 부끄러운 수치를 드러내고 도움을 받으면 실족의 덫에 걸리지 않고 회복의 은혜에 이를 수 있습니다.

우리에게는 스스로를 건져낼 빛이 없습니다. 수렁에 빠졌을 때 스스로 빠져나오려고 몸부림칠수록 더 깊이 빠져들어가는 것처럼, 마음이 상하고 다쳐서 생각이 좁아졌을 때 스스로를 지켜낼 수 있는 사람은 없습니다. 그때는 누군가로부터 도움을 받아야 합니다. 우리 안에는 스스로를 밝히는 빛이 없습니다. 우리 밖에서 빛을 비추어야 실족하지 않을 수 있습니다(요 11:9, 10). 실족이라는 미끼 너머에 있는 사탄의 덫이 보이면 피할 수 있습니다. 그런데 우리 눈에는 사탄의 덫이 잘 보이질 않습니다. 연약한 우리에게는 밖에서 오는 도움이 필요합니다.

그날 세례 요한은 예수님께 물었습니다. "오실 그이가 당신이오니이까? 우리가 다른 이를 기다리오리이까?" 예수님을 '하나님의 어린양', '성령으로 세례 주시는 분'이라고 증거하던 사람이 이제 와서 "당신이 정말 그리스도 그분입니까?"라고 묻는 것이 얼마나 쑥스럽고 초라해 보였겠습니까? 그러나 세례 요한은 개의치 않고 물었습니다.

좁아진 생각의 한계를 극복하는 길은 적극적으로 물어보는 것입니다. 자기 생각을 강화시키는 자기 같은 사람을 찾아 동의를 구하는 것이 아니라 자기 생각의 한계를 보여줄 수 있는 사람을 찾아 물어야 합니다. 무엇보다 하나님께 묻는 것이 중요합니다. 이런 것들까지 물어도 되나 싶어도 물어야 합니다. 질문하는 자신이 어린아이처럼 초라해 보여도 상관없이 물어야 삽니다. 물어야 지혜의 빛으로 밝히 듣고 볼 수 있습니다.

세례 요한의 물음에 예수님은 실족하지 말라는 권면과 함께 자신이 그리스도임을 확증해주셨습니다. 예수님은 요한의 제자가 떠난 후에 그를 자기 생각에 갇혀 실족할 뻔했던 미련한 사람이라고 말씀하지 않으셨습니다. 오히려 "여자가 낳은 자 중에 세례 요한보다 큰 이가 일어남이 없도다"라고 극찬하셨습니다(마 11:11). 비록 상처받은 마음에 생각이 좁아졌어도 주님께 자신의 연약함을 드러내며 수치를 감추려 하지 않았던 요한을 주님은 높여주셨습니다. 세례 요한은 여자가 낳은 사람 중에 가장 큰 사람입니다.

한우리교회에서 함께하는 네 분의 장로님들에게 저는 늘 감사하고 있습니다. 짧게는 이십 년, 길게는 삼십 년이 되도록 함께 교회를 섬기고 있습니다. 교회 일이지만 사람이 하는 일인데 목사에게 실망하고 마음 상할 일이 얼마나 많았겠습니까? 말 못할 응어리들이 쌓이고 굳어져서 교회의 암 덩어리가 될 일이 왜 없었겠습니까? 그런데도 참 감사한 것은, 장로님들이 그럴 때마다 찾아와 물어준다는 것입니다. 사소한 일에 마음 상했다고 말하는 것이 부끄러울 수 있는데도 숨기지 않고 드러내줍니다. 그래서 저 또한 장로님들에게 마음 상한 일이 있으면 한 주를 넘기지 않고 이야기합니다. 그렇게 서로 수치를 드러내고, 서로 도움을 받으면서 여기까지 올 수 있었습니다. 소중한 장로님들과 함께할 수 있어 너무나 행복하고 감사합니다.

목회자에게 상처를 받았습니까? 상처가 깊어지기 전에 수치를 드러내고 도움을 구하십시오. 회복의 은혜가 있습니다. 부모에게 상처를 받았습니까? 실족하기 전에 상한 마음을 드러내고 도움을 받으십시오. 회복의 길이 열립니다. 교인이나 가까운 친구에게 상처를 받았습니까? 실족하기 전에 부끄럽지만 상한 마음을 가감 없이 고백하십시오. 사탄의 미끼를 물지 않게 될 것입니다. 상처받은 마음을 드러내고 표현하는 것은 빛으로 나오는 회복의 길입니다.

특히 하나님께 실망하고 하나님께 상처받았습니까? 실족하기 전에 하나님 앞에 솔직함으로 나아가십시오. 상하고 깨진 그 마음을 하나님은 충분히 안아주시고 싸매어주실 것입니다.

> 누가 약하면 내가 약하지 아니하며 누가 실족하게 되면 내가 애타지
> 아니하더냐(고후 11:29)

하나님의 사람 바울의 진솔한 고백입니다. 실족하는 영혼을 보며 애타는 마음이 목회자의 마음이고 부모의 마음입니다. 아니 이 애타는 마음은 하늘 아버지의 마음입니다. 어떤 일로 얼마만큼 마음이 상하고 다쳤든지 하나님의 은혜는 우리를 온전히 회복할 수 있습니다. 실족이라는 사탄의 미끼를 물어 사탄의 덫에 걸리고 올무에 묶이지 않기를 축복합니다. 상하고 다친 마음을 숨기지 말고 있는 그대로 주님께 나아오십시오. 주님은 우리를 능히 회복하실 것입니다.

어느 날 운전을 하다가 차를 길가에 세우게 되었습니다. 한참 동안이나 가슴이 먹먹해서였습니다. "그 사랑만으로"라는 어노인팅 찬양이 이어지는 중에 예배를 인도하던 박기범 형제가 기도로 하나님께 나아갈 것을 초청했습니다. "우리 하나님께서는 용서하시는 것보다 기다리시는 게 더 힘든 일입니다."

그렇습니다. 하나님은 십자가에서 우리를 이미 용서하셨습니다. 아버지는 우리가 돌이켜 아버지 집을 찾아오기를 기다리고 또 기다리고 계십니다.

우리의 상하고 다친 마음이 과연 회복될 수 있을지 의문입니까? 마음의 상하고 다친 자리에서 사탄이 던져놓은 미끼를 물어 실족의 덫에 걸렸습니까? 실족의 덫에 걸려 다시는 회복될 수 없다는 좌절감이 우리를 옥죄고 있습니까? 그런 우리를 주님은 초청하십니다.

"우리 아버지께서는 실족한 우리를 회복하시는 것보다 우리를 기다리시는 게 더 힘든 일입니다."

마음이 상한 우리의 연약함과 어리석음 그리고 수치를 그대로 가지고 주님께 나아가야 합니다.

"주여! 우린 연약합니다. 우리는 오늘을 힘겨워합니다. 주의 뜻을 이루며 살기엔 우리는 너무 부족합니다. 우리는 연약합니다. 주여! 우리는 넘어집니다. 오늘도 실수를 합니다. 주의 긍휼을 구하는 죄인입니다. 주님만 바라봅니다. 한없는 주님의 은혜가 온 세상에 넘칩니다. 가릴 수 없는 주님의 영광이 온 땅 위에 충만합니다. 주님만이 길이오니 우리는 그 길을 따라갑니다. 그날에 우리를 이루실 주는 완전하십니다."

실족을 살피는 약속의 말씀

"여호와께서 사람의 걸음을 정하시고 그의 길을 기뻐하시나니 그는 넘어지나 아주 엎드러지지 아니함은 여호와께서 그의 손으로 붙드심이로다"(시 37:23, 24).

실족을 살피는 선포의 기도

"주님! 마음이 상하고 다쳤을 때 결단코 사탄의 미끼를 물지 않겠습니다. 좁은 나의 생각을 고집하거나 주장하지 않고 끊임없이 묻고 또 묻겠습니다. 연약함과 어리석음 그리고 수치를 스스로 가리려 하지 않고 공동체와 주님 앞에 있는 모습 그대로 드러내겠습니다. 주님이 다시 일으켜주실 줄 믿습니다. 아멘!"

실족을 살피기 위해 함께 읽을 책

「존 비비어의 관계」(존 비비어, NCD)

12
음란

나는 두렵습니다

창세기 39:7-18

그러나 나는 뱀이 그의 간교한 꾀로 하와를 속인 것처럼 여러분의 마음이 그리스도께 대한 순전함과 정결함을 버리고 부패하게 될까 두렵습니다(고후 11:3, 우리말성경)

베스 모어의 「넘어짐의 은혜」는 죄 특히 성적인 죄에 넘어진 성도를 일으키시는 하나님의 회복의 손길을 탁월하게 풀어내고 있습니다. 이 책은 바울의 두려운 고백을 살피는 데서 시작합니다.

"나는 두렵습니다"라는 사도 바울의 고백은 조금 겁이 난다는 정도가 아닙니다. 바울의 이 말은 염려가 많다는 것이라기보다 훨씬 큰 공포를 포함하고 있습니다. 바울은 경험이 부족하고 열정만 넘치는 고린도 교회가 뱀 곧 사탄의 간계에 넘어질까 두려워했습니다. 물론 바울이 사탄을 무서워한 것은 아닙니다. 다만 그리스도에 대한 순전함과 정결함을 가졌던 사람들의 마음이 부패하게 되는 것이 두려웠던 것입니다.

우리에게 바울과 같은 두려움이 있습니까? 사탄의 강력한 유혹으로 말미암아 그리스도에게 헌신한 우리의 마음이 치명적인 공격을 받고 부패하게 될 수 있다는 두려움이 있습니까? 혹은 '성령을 체험하고 그 다스림을 받는' 영적인 사람은 육적인 사람을 덮치는 것과 같은 죄의 유혹에 결단코 빠지지 않을 것이라며 여유를 부리고 있습니까? 신실하고 경건한 사람도 죄의 유혹을 받을 수 있지만 넘어지지는 않는다고 여기고 있지는 않습니까?

바울 사도의 또 다른 권면을 들어보십시오.

> 형제들아 사람이 만일 무슨 범죄한 일이 드러나거든 신령한 너희는 온유한 심령으로 그러한 자를 바로잡고 너 자신을 살펴보아 너도 시험을 받을까 두려워하라(갈 6:1)

> 그런즉 선 줄로 생각하는 자는 넘어질까 조심하라(고전 10:12)

영적인 사람들도 갑자기 죄에 넘어질 수 있다는 것을 암시하는 말씀입니다. 경건하고 신령한 사람들도 견고하고 올바른 길에서 떠나 죄의 굴레로 넘어지는 일이 가능할 뿐 아니라, 많은 이들이 실제로 그렇게 넘어지고 있습니다. 다만 넘어져 피투성이와 상처투성이가 된 모습을 그리스도의 몸인 교회가 알게 되면 충격을 받을 것이라 생각해서 입 밖으로 표현하지 못할 뿐입니다.

수많은 넘어짐의 자리가 우리의 자리가 되지 않기를 소원합니다. 바울은 넘어짐을 두려워했기에 늘 깨어 자기 몸을 쳐서 복종시켰습니다(고전 9:27). 우리는 사탄의 치명적인 유혹에 넘어지지 않도록 한순간도 경계 태세를 늦추지 않아야 합니다.

우리 시대 신실한 성도들을 넘어지게 하는 대표적인 유혹은 음란입니다. 영적인 사람들을 지속적인 어둠에 묶어둘 수 있는 강력한 영혼의 쓴 뿌리가 음란입니다. **음란이란 하나님이 남편과 아내에게 둘만의 기쁨과 만족을 위해 주신 절대적인 선물인 성적 친밀감을 결혼관계 밖에서 즐김으로써 정서적이고 육체적인 묶임 가운데 놓이는 것입니다.** 성적 유혹에 넘어지는 이 음란은 일회적인 탈선으로 끝나지 않고 지속적인 속박을 만들어냅니다. 또한 음란의 죄에 넘어졌다가 회복된다 할지라도 스스로를 죄책감에 가두게 되는 일이 흔합니다.

하나님이 부부 사이에 허락하신 성적 친밀감은, 연합하여 한 몸을 이루게 하는 축복입니다(창 2:24). 배우자가 아닌 사람과 성적 관계를 통해 한 몸^{one fresh}이 되는 것은 불법적인 묶임을 만드는 것입니다. 음란과 간음으로 형성된 성적 친밀감은 그들 사이에 육체적인 묶임을 넘어선 마음의 묶임^{soul-tie}을 만들어 온갖 불경건한 영향력을 공유하게 합니다(고전 6:16). 배우자가 아닌 사람과 한 몸이 되는 것은 하나님의 뜻에서 벗어날 뿐만 아니라, 자기 영혼을 망하게 하는 사탄에게 치명적인 공격의 빌미를 제공하는 것입니다(잠 6:32, 33).

나아가 성적 유혹에 넘어짐은 자신뿐만 아니라 가족과 공동체에 파괴적인 결과를 가져옵니다. 다윗이 음란에 넘어졌을 때, 그와 그의 가정 그리고 민족 공동체 전체에 얼마나 비참한 결과를 가져왔습니까? 다윗이 넘어지는 순간 그는 물론 공동체 가운데 사탄의 문이 열렸습니다. 그래서 나단 선지자는 다윗의 넘어짐으로 말미암아 "여호와의 원수가 크게 비방할 거리를 얻게" 되었다며 아픈 가슴으로 다윗을 꾸짖었던 것입니다(삼하12:14).

오늘날 세상은 성^{sex}의 자유를 말하고 자유롭게 즐기라고 말합니다. 특히 다양한 미디어 환경은 성을 상품화하고, 인간을 자기 만족의 수단으로 전락시키는 일을 가속화하고 있습니다. 현대 사회에서 성은 쾌락을 위한 수단으로 여겨질 뿐입니다. 다양하고 제한 없이 성을 즐기는 것이 자유와 권리라고 주장하는 시대입니다. 인권이라는 이름으로 입에 담을 수 없는 성적 타락을 정당화하기도 합니다. 음란을 부추기는 사탄의 유혹은 남녀노소 모든 세대를 무차별적으로 공격하고 있습니다. 이런 어둠의 현실을 우리는 어떻게 헤쳐가야 합니까?

음란의 유혹에 넘어지지 않으려면?

오늘날만큼이나 음란한 세상을 살면서도 거룩함으로 자신과 공동체를 지켜낸 사람이 있습니다. 그 사람은 야곱의 아들 요셉입니다. 그날 요셉은 겉으로는 힘겹고 어려워 보였지만 잘되고 있었습니다. 인신매매로 팔려 낯선 땅에서 노예로 살아야 하는 혹독한 시련을 겪었지만 그는 시련 속에 인내를 배웠고 잘 이겨내고 있었습니다. 하나님과 함께하는 은혜를 입었고, 복을 누렸습니다. 혹독한 시련 속에서도 그는 형통한 삶을 이어가고 있었습니다.

그때 형통한 사람 요셉을 다른 시선으로 바라보는 한 여인이 있었습니다. 바로 요셉의 주인인 보디발의 아내였습니다. 그녀는 외모가 출중한 청년 요셉을 바라보며 음란한 마음을 품었습니다. 보디발의 아내는 집요하게 요셉을 유혹했습니다. 작은 눈짓으로 시작된 유혹은 은밀한 환경을 찾아 요셉의 옷자락을 붙들기에 이르렀습니다. 그러나 요셉은 음란의 유혹에 넘어지지 않았습니다. 유혹을 거절한 대가는 혹독했지만 그는 유혹에 넘어지지 않고 넘어섰습니다. 그 결과 성폭행범의 누명을 쓰고 감옥에 갇히게 되었지만, 그는 유혹에 넘어지지 않고 만민을 구원하는 은혜의 통로가 되었습니다. 요셉은 치명적인 유혹에 넘어지지 않았습니다.

어떻게 요셉은 음란의 유혹 앞에서 넘어지지 않고 넘어설 수 있었습니까? 여기저기서 넘어져 신음하는 소리가 들려오는 음란한 세상을 살면서 어떻게 하면 넘어지지 않을 수 있습니까?

마음의 부패를 경계하십시오

음란의 유혹에 넘어지지 않으려면 첫째, 마음이 부패하지 않도록 철저하게 경계해야 합니다.

사탄이 간교한 꾀로 유혹하는 핵심 포인트는 우리의 마음입니다. 그리스도를 향한 우리의 마음이 진실함과 깨끗함을 버리고 부패하게 되는 것이 사탄의 목표입니다(고후 11:3). 그러므로 성적으로 유혹하는 사탄의 공격에 넘어지지 않으려면, 먼저 마음의 부패를 경계해야 합니다.

한 사람이 어떤 위인인지는 그 마음의 생각을 보면 알 수 있다 했습니다(잠 23:7). 겉모습 너머 마음에 숨은 생각이 그 사람의 진정한 됨됨이입니다. 성적인 자유를 탐닉하라고 충동하는 이 세상의 패턴을 따라가지 않는 진정한 신앙은 마음을 새롭게 하는 것입니다(롬 12:2). 마음의 부패를 경계해야 넘어지지 않을 수 있습니다.

보디발 아내의 치명적인 유혹과 함께 요셉의 마음을 흔들었던 생각은 어떤 것들입니까? 젊은 청년 요셉을 음란으로 유혹하던 부패한 마음은 어떤 생각들입니까? 유혹의 순간에 우리의 마음에 속삭이는 사탄의 메시지는 무엇입니까?

● '남들 다 즐기는 일인데 뭐 어때?'

보디발의 아내는 요셉에게 눈짓하며 동침하기를 청했습니다(창 39:7). 인류 최초로 눈화장을 한 사회가 애굽 사회라고 합니다. 다양한 고고학적 발견들은 애굽의 자유분방한 성 풍조를 보여줍니다. 보디발의 아내는 눈짓과 함께 말로 요셉을 유혹했을 것입니다.

"남들 다 즐기는 일인데, 뭐 어때? 나는 너 말고 다른 남자랑도 관계를 가져봤어. 내 친구들도 다 자유롭게 즐기면서 살아. 능력껏 즐기며 사는 게 뭐가 문제지?"

요셉의 마음을 흔들었던 첫 번째 사탄의 메시지는 '남들 다 즐기는 일인데 뭐 어떠냐?'는 말입니다. 유혹을 거절하고 돌아서는 순간 요셉의 마음 깊은 곳에서는 여러 의문이 일어났을 것입니다. '왜 나만 이렇게 살아야 하나?' '이럴 필요가 있나?'

오늘도 세상은 문화라는 이름으로 속삭입니다. '우린 주저 없이 드러내 놓고 즐길 권리가 있어.' '너만 즐기냐? 나도 즐길 거야!' 세상은 우리에게 남들처럼 즐기며 살라고 유혹합니다.

● '난 너무 외로웠어!'

요셉은 용모가 빼어나고 아름다웠습니다(창 39:6). 여자들의 눈길을 사로잡을 만큼 매력적인 청년이었습니다. 혈기 왕성한 젊음을 가진 멋진 청년과 불 같은 정욕을 품은 유부녀가 만났습니다. 육체적으로 가장 왕성한 성적 욕구가 일어나는 시기에 있는 뜨거운 남녀가 만났습니다.

더구나 청년 요셉은 원치 않는 타향살이에 지독한 향수병으로 외로웠을 것입니다. 어머니 라헬의 빈자리로 인한 상처를 가진 외로운 청년 요셉에게, 보디발의 아내는 육체의 욕정뿐 아니라 어머니에 대한 향수를 자극하기에 충분했을 것입니다.

사회적으로 능력 있고 성공한 남편을 두었지만 정서적으로 곪아 있던 그녀의 은밀한 욕망은 끊임없이 요셉을 유혹하고 있었습니다. 권태로운 삶에서 일탈을 꿈꾸던 여인의 외로움이 젊은 청년의 그리움과 만났을 때 어떤 일인들 일어나지 않겠습니까?

유혹의 현장에서 요셉에게 속삭였던 사탄의 두 번째 메시지는 '난 너무 외로웠다'는 말입니다. 요셉도 외롭고, 보디발의 아내도 외로웠습니다. 외로운 사람끼리 서로 위로하며 지내자는데 뭐가 그리 큰 잘못일까 싶었을 것입니다.

오늘도 음란에 넘어진 많은 사람들이 외로움과 권태를 변명 삼아 일탈적인 범죄를 합리화하고 있지는 않습니까? 음란한 세상은 끊임없이 핑계거리를 떠올리게 하며 우리를 유혹합니다.

● '너무나 끈질긴 유혹을 견디기 힘들었어!'

누구나 한 번은 유혹을 어렵지 않게 뿌리칠 수 있습니다. 그러나 지속적이고 반복적인 유혹을 뿌리치기란 쉽지 않습니다. 보디발의 아내는 날마다 유혹했습니다. 거절도 한두 번이지 날마다 동침하기를 청하는 주인마님의 요구를 뿌리치기란 결코 쉬운 일이 아니었을 것입니다(창 39:10).

유혹하는 사탄이 속삭였던 세 번째 메시지는 '수없이 거절했지만 너무나 끈질긴 유혹을 견디기 힘들었다'는 말입니다. 요셉은 '내가 원한 것이 아니라 마지못해 끌려간 것일 뿐이다'라고 둘러대기에 충분한 상황을 만났습니다.

오늘도 우리는 언제 어디서나 끈질기게 따라오는 음란의 유혹을 접하고 있습니다.

● '우연한 실수였을 뿐이야!'

보디발 아내의 유혹을 반복해서 거절하던 요셉이 어느 날 은밀한 환경에 원치 않게 걸려들고 말았습니다. 요셉이 일을 하러 집에 들어갔을 때 우연히 사람들이 아무도 없었습니다(창 39:11). 보디발의 아내가 요셉을 유혹하기 위해 최적의 환경을 만들어 놓았을 것입니다. 요셉과의 밀애를 위해 비밀스런 계획을 세운 것임에 틀림없습니다.

요셉을 유혹하며 속삭였던 사탄의 네 번째 메시지는 '우연한 실수였을 뿐이다'라는 말입니다. 요셉은 어떤 의도도 없이 비밀스런 만남의 자리에 있게 되었습니다. 요셉은 정말 우연히 은밀한 상황에 놓였을 뿐입니다. 그건 우연한 실수 한 번일 뿐이라는 말과 함께 요셉은 비밀스런 만남을 잠시 잠깐 즐길 수 있었습니다. 그러나 요셉은 그 어떤 것도 변명거리로 삼지 않았습니다.

그런데 음란에 넘어진 우리는 오늘 수많은 변명거리를 늘어놓고 있지 않습니까? "의도치 않은 우연한 일이었어", "어쩌다 보니 그렇게 됐어", "마음까지 그 사람에게 준 것은 아니야", "그건 그냥 우연한 실수 한 번일 뿐이야" 하고 말입니다. 그러나 그것은 우연한 실수가 아니라 완악한 범죄입니다.

● '살기 위해 어쩔 수 없었어!'

보디발 아내의 유혹을 거절한 요셉이 어떻게 되었습니까? 성폭행범으로 몰려 감옥에 갇히게 되고 말았습니다(창 39:20). 요셉이 음란한 유혹을 거절한 상대는 친위대장^{경호실장}의 아내였습니다. 애굽에서 큰 권력과 부를 함께 가진 유력한 사람이었습니다. 노예였던 요셉에게는 출세의 통로로 은밀히 활용하기에 충분한 매력적인 여인이었습니다. 더구나 그녀는 자신을 거절한 사람을 완벽하게 파멸시킬 수 있을 만큼 큰 힘을 가지고 있었습니다. 그러나 요셉은 충분히 예측 가능한 출세와 고난의 갈림길에서도 유혹에 넘어지지 않았습니다.

유혹당하는 내내 요셉을 요동하게 했던 사탄의 다섯 번째 메시지는 '살기 위해 어쩔 수 없었다'는 말입니다. 누구에게도 도움을 받을 수 없는 처지에 있던 요셉에게 든든한 배경을 얻을 수 있다는 생각은 큰 유혹이었을 것입니다. 침실의 유혹을 받아들이면 출세까지 이룰 수 있다는 것은 치명적인 유혹입니다. 그러나 요셉은 '살기 위해 어쩔 수 없었다'며 타협하지 않았습니다. 그는 유혹에 넘어지지 않고 고난의 대가를 기꺼이 받아들였습니다.

유혹을 거절한 대가가 영광과 칭찬이라면 넘어지는 사람이 훨씬 적을 것입니다. 그러나 유혹을 거절한 대가는 혹독한 어려움이 되기도 합니다. 유혹에 넘어지지 않은 대가가 어떤 것이든 상관없이 끝까지 유혹을 거절할 수 있기를 주님의 이름으로 축복합니다.

우리가 진정 영적인 사람이라면 마음의 부패를 경계해야 합니다. 수많은 변명거리와 합리화로부터 마음을 지켜야 합니다. 하나님의 기준을 포기하게 하는 그럴듯한 이유들을 받아들여서는 안 됩니다. 음란의 유혹 앞에 스쳐가는 수많은 부패한 생각들을 단호하게 거절해야 합니다.

'남들 다 즐기는 일인데 뭐', '난 너무 외로웠어', '너무나 끈질긴 유혹을 견디기 힘들었어', '우연한 실수였을 뿐이야', '살기 위해 어쩔 수 없었어.' 이러한 생각들로부터 깨어 마음을 경계해야 합니다. 마음의 진실함과 깨끗함을 잃어버리지 말아야 합니다. 어떤 미사여구로 포장해도 음란은 음란일 뿐 변명의 여지가 없는 죄악입니다. 세상 모든 사람이 다 하는 일이라도 하나님이 기뻐하지 않으시는 그것은 분명한 범죄입니다.

유혹에 넘어지는 일은 마음에 틈이 벌어지면서 시작됩니다. 어떤 순간에도 마음이 음란한 세상의 가치에 물들어 부패하지 않도록 경계해야 합니다. 마음이 부패하면 유혹에 넘어지게 됩니다.

양심과 믿음을 경계하십시오

음란의 유혹에 넘어지지 않으려면 둘째, 착한 양심과 믿음을 잃어버리지 않도록 경계해야 합니다.

> 회사가 입주해 있는 건물에는 경비원 두 분이 격일제로 근무한다. 한 분은 비기독교인이고, 다른 한 분은 대형교회 장로라고 한다(평생 은행에서 일한 후 퇴직하고 경비 일을 시작했다고 한다).
> 　오늘 아침부로 비기독교인 경비 아저씨가 그만두었다. 어제 저녁 늦게 퇴근하는데, 이분이 내일 새벽까지만 근무하고 그만둔다며 나를 붙들고 그간 잘 대해줘서 고맙다는 말과 함께 거의 삼십 분 이상 이야기를 건넸다. 그동안 같이 일하는 분 때문에 얼마나 마음고생이 심했는지를 격정적으로 토로하는 것이었다. 들어보니 그럴 만도 했다. … 그분은 마음속에 담아두었던 응어리진 말들을 수십 분에 걸쳐 쏟아낸 다음 이런 말을 하는 것이었다. "교회 장로면 뭐 해요? 믿음이 좋은 게 중요한 것이 아니라 마음씨가 좋아야죠…."

출판사를 경영하는 친구가 SNS를 통해 들려준 이야기가 오랜 동안 마음에 남았습니다. '우리 교회 성도들은 일상을 살아가는 세상에서 얼마나 마음씨가 좋은 사람일까?', '일상의 현장에서 믿음을 좋은 마음씨로 얼마나 드러내며 살고 있을까?' 하는 생각이 많아집니다.

이 경비분이 말하는 '마음씨'가 곧 성경이 말하는 '양심'良心입니다.

양심은 하나님의 진리의 빛이 들어오는 창문입니다. 양심은 하나님이 사람들의 마음속에 옳고그름을 하나님 앞에서 판단하도록 새겨주신 도덕적, 영적 의식입니다. 그래서 바울은 공회 앞과 총독 앞에서 자신을 변명하며 양심을 따라 하나님을 섬겼고, 하나님과 사람에 대하여 항상 양심에 거리낌이 없기를 힘썼다고 고백합니다(행 23:1, 24:16). 하나님이 우리 마음에 두신 양심이 더러워지면 진리를 떠나게 되고, 믿음이 파선破船하게 됩니다. 좋은 믿음은 좋은 마음씨 곧 선하고 착한 양심으로 이어져야 합니다.

> 이 교훈의 목적은 청결한 마음과 선한 양심과 거짓이 없는 믿음에서 나오는 사랑이거늘(딤전 1:5)

> 깨끗한 양심에 믿음의 비밀을 가진 자라야 할지니(딤전 3:9)

> 깨끗한 자들에게는 모든 것이 깨끗하나 더럽고 믿지 아니하는 자들에게는 아무것도 깨끗한 것이 없고 오직 그들의 마음과 양심이 더러운지라(딛 1:15)

> 믿음과 착한 양심을 가지라 어떤 이들은 이 양심을 버렸고 그 믿음에 관하여는 파선하였느니라(딤전 1:19)

믿음을 굳게 지키고 옳다고 판단되는 일을 하십시오. 그렇게 하지 않은 사람들은 믿음을 잃어버리고 말았습니다(딤전 1:19, 쉬운성경).

그리스도에 대한 믿음을 굳게 지키시오. 옳다고 생각하는 일은 반드시 행하여 언제나 양심을 맑게 간직하시오. 어떤 사람들은 나쁜 줄 뻔히 알면서도 양심에 가책도 받지 않고 악한 일을 저지릅니다. 이런 자들이 갑자기 그리스도에 대한 믿음을 잃어버리고 하나님을 모른다고 한다 해서 이상할 것은 없습니다(딤전 1:19, 현대어성경).

믿음의 크기는 예배당 안에서 예배하는 시간이 아니라 세상을 사는 일상의 시간에서 알 수 있습니다. 일상을 선하고 깨끗하고 착한 양심으로 사는 것이 믿음입니다. 이해할 수 없는 어려움을 시련으로 받아 어려움 속에 인내를 빚어가는 것이 믿음입니다. 달콤한 유혹의 순간, 세상적 가치가 아닌 성경적 가치로 '노'라고 대답하는 것이 믿음입니다. 양심을 버리고 믿음이 파선한 사람은 결국 사탄에게 내어줌이 될 것입니다(딤전 1:20). 그러므로 사탄의 올무에 걸려 만신창이가 되지 않으려거든, 착한 양심을 잃어버리고 믿음이 파선되지 않도록 깨어 경계해야 합니다.

유혹의 현장에서 요셉은 자신을 유혹하는 보디발의 아내에게 양심과 믿음을 따라 외쳤습니다.

> 내 주인이 집안의 모든 소유를 간섭하지 아니하고 다 내 손에 위탁하였으니 이 집에는 나보다 큰 이가 없으며 주인이 아무것도 내게 금하지 아니하였어도 금한 것은 당신뿐이니 당신은 그의 아내임이라 그런즉 내가 어찌 이 큰 악을 행하여 하나님께 죄를 지으리이까(창 39:8, 9)

아무도 보는 사람이 없는 비밀스런 유혹의 현장에서 요셉은 땅의 주인 보디발과 하늘의 주인 하나님을 의식했습니다. 착한 양심과 믿음을 가졌던 요셉은 유혹에 넘어지지 않았습니다.

요셉은 유혹의 순간 자신을 믿고 집안의 모든 소유를 맡겨준 주인 보디발을 생각했습니다. 가나안에서 애굽으로 팔려온 어린 소년을 노예로 받아주었던 보디발은 요셉에게서 여호와의 함께하심을 보았습니다. 보디발은 여호와 하나님이 함께하심으로 무슨 일이든 형통한 요셉을 보면서 집안의 모든 소유를 위탁했습니다. 그런 보디발이 유일하게 요셉에게 맡기지 않은 것은 자기가 먹는 음식과 아내였습니다(창 39:1-6). 요셉은 자기를 믿어준 주인 보디발의 믿음을 저버릴 수 없었습니다. 아무도 보지 않아도 내면의 양심을 거스르는 짓을 할 수 없었습니다.

그날 요셉이 보디발 아내의 유혹을 받아들여 음란에 넘어졌다면, 그것은 자신을 믿어주고 은혜를 베풀어준 주인에 대한 배은망덕背恩忘德입니다. 유혹의 순간, 요셉은 주인과 종 사이였지만 서로에 대한 약속에 충성했습니다.

유혹에 넘어지지 않는 것은, 우리를 믿어주고 사랑해준 사람들을 향한 사랑과 충성이기도 합니다. 특히 음란의 유혹을 거절하는 것은 배우자의 믿음을 저버리지 않는 사랑입니다. 착하고 깨끗한 양심을 가지고 부부간에 결혼의 서약을 지키는 것이 신실한 믿음입니다(히 13:4).

나아가 요셉은 유혹의 현장에서 하나님을 기억했습니다. 그는 자신을 향한 하나님의 시선을 잊지 않았습니다. 그를 죽음의 구덩이에서 건져내셨던 하나님, 참혹한 노예살이 속에도 늘 함께하셔서 형통하게 하셨던 하나님을 의식했습니다. 요셉은 자신에게 도움이 필요한 순간뿐만 아니라 유혹의 현장에서도 하나님을 바라보았습니다. 요셉은 하나님 앞에 죄를 지을 수 없다며 단호하게 음란을 거절했습니다. 하나님의 함께하심을 믿었기에 요셉은 유혹에 넘어지지 않을 수 있었습니다.

그날 유혹의 순간 요셉과 보디발의 아내 사이에 오갔을 법한 대화를 재구성해서 전해지는 이야기가 있습니다.

요셉이 단호하게 유혹을 거절하자 보디발의 아내는 처음에 무슨 말인지 알아듣지 못해 당황스런 표정을 짓습니다. 잠시 후에 그녀는 무슨 말인지 알아들었다는 듯이 빙그레 미소를 짓고, 이내 화려한 자수로 장식된 커튼을 찢어 한쪽 구석에 세워져 있는 이집트 신의 신상 머리에서부터 아래로 덮어씌워 그 눈을 가렸습니다. 그리고 그녀가 말했습니다. "자, 요셉. 다 됐어요. 이제 신은 우리를 보지 못해요." 그러자 요셉은 다시 말했습니다. "그렇지만 나의 하나님은 여전히 우리를 보고 계십니다. 그분의 눈은 결코 가릴 수가 없어요. 그분에게는 빛과 어둠이 다르지 않거든요."

누구보다 우리를 사랑하시고 기대하시는 하나님의 시선을 느끼십니까? 하나님의 사랑받는 아들이요 기뻐하는 자녀인 우리를 향한 십자가 사랑을 얼마나 느끼십니까? 따뜻한 사랑으로 격려하시며 우리를 응원하시는 하나님의 시선을 의식하는 사람이 어찌 세상의 유혹 앞에 스스로를 더러움에 내던질 수 있겠습니까? 음란의 어두움에 자신을 내던지는 것은 하나님의 법을 어기는 불신의 행위일 뿐 아니라 하나님의 사랑을 저버리는 배신의 행위입니다. 음란의 현장에서 하나님의 임마누엘을 온전히 믿으면 유혹에 넘어지지 않고 음란을 넘어설 수 있습니다.

유혹에 넘어지지 않으려면 착한 양심과 거짓 없는 믿음을 지켜야 합니다. 착한 양심을 버리고 믿음이 파선하면 유혹에 넘어져 사탄에게 내어줌이 되고 말 것입니다.

말로 거절하고 몸으로 피하십시오

음란의 유혹에 넘어지지 않으려면 셋째, 말로 거절하고 몸으로 피하는 적극적인 행동으로 경계해야 합니다.

성도들이 종종 착각하는 것이 있습니다. 신앙생활에서는 마음을 우선적으로 강조하니까 마음만 있으면 된다고 오해하는 것입니다. 그러나 그렇지 않습니다. 마음은 구체적인 행동으로 연결되어야 합니다. 마음이 담긴 행동이 진실입니다. 그래서 예수님은 물질이 있는 곳에 마음이 있다고 하신 것입니다(마 6:21). 우리는 마음만이 아닌 온몸으로 하나님께 영광을 돌려야 합니다(고전 6:20).

요셉은 적극적인 행동으로 보디발 아내의 유혹을 거절했습니다. 요셉은 유혹을 온몸으로 거절했습니다. 음란의 유혹에 넘어지지 않기 위한 요셉의 구체적인 행동은 어떤 것들입니까?

● 눈길 돌리기

> 그들은 음탕이 가득한 눈을 가지고 범죄하기를 쉬지 않습니다. 그들은 연약한 영혼들을 유혹하며 탐욕에 연단된 마음을 소유한 저주받은 자식들입니다(벧후 2:14, 우리말성경)

성적 유혹은 대부분 시각적인 자극에서 시작됩니다. 특히 남성들은 시각으로 자극되는 성적 유혹에 치명적인 약점을 가지고 있습니다. 그러므로 음란의 유혹에 넘어지지 않으려면 눈길을 돌려야 합니다. 선정적인 이미지나 영상 그리고 매혹적인 이성을 볼 때 눈길 돌리기를 훈련해야 합니다. 눈은 마음의 창입니다. 음란으로 부패한 마음은 끊임없이 시각적인 자극거리를 찾게 됩니다. 음란에 넘어지지 않으려면 음란한 마음을 품은 눈길부터 돌려야 합니다. 음란이 가득한 눈으로 유혹거리를 찾지 말아야 합니다. 음란을 자극하는 것들로부터 의지적으로 눈길을 돌려야 합니다.

보디발의 아내는 요셉에게 눈짓으로 유혹했습니다(창 39:7). 주인의 유혹하는 눈짓에 넘어가지 않으려면 눈길을 돌려야 합니다. 요셉은 눈짓하는 여인으로부터 눈길을 돌렸습니다. 우리는 성적으로 유혹하는 모든 것에서 눈길을 돌려야 합니다.

● 분명하게 말하기

> 너희는 그저 '예' 할 것은 '예' 하고, '아니오' 할 것은 '아니오'만 하라. 그 이상의 말은 악한 것에서 비롯된 것이다(마 5:37, 우리말성경)

음란에 넘어지는 많은 경우, 모호한 처신이 문제가 되는 것을 봅니다. 단호하고 분명하게 유혹을 거절하는 표현이 불필요한 착각과 갈등에서 서로를 안전하게 보호해줍니다. '예'와 '아니오'가 분명해야 유혹에 넘어지지 않을 수 있습니다.

요셉은 보디발 아내의 유혹에 대해 거절의 몸짓뿐만 아니라 분명한 말로 거절했습니다(창 39:8, 9). 요셉이 거절했다는 말은 강조형 문법으로 쓰여 강한 거절을 의미합니다. 요셉은 적당히 분위기를 보면서 회색지대에 머물지 않았습니다. 요셉은 성적 유혹을 분명한 말로 거절했습니다. 요셉은 애매한 침묵으로 모호한 상황을 만들지 않았습니다. 죄를 죄라고 분명하게 말하고, 아닌 것을 아니라고 분명하게 말해야 합니다. 말하지 않으면 상대방은 모릅니다. 단호한 거절은 반드시 분명한 말로 표현되어야만 합니다.

● 함께 있지 않기

> 내가 너희에게 쓴 편지에 음행하는 자들을 사귀지 말라 하였거니와 … 이제 내가 너희에게 쓴 것은 만일 어떤 형제라 일컫는 자가 음행하거나 탐욕을 부리거나 우상 숭배를 하거나 모욕하거나 술 취하거나 속여 빼앗거든 사귀지도 말고 그런 자와는 함께 먹지도 말라 함이라
> (고전 5:9, 11)

공동체 밖에 있는 사람은 어쩔 수 없겠지만, 형제라 부르는 이들이 음행하고 있다면 그런 사람과는 사귀지도 말고 함께 먹지도 말아야 합니다. 사람을 잘못 사귀면 선한 양심이 더럽혀지기 때문입니다. 적은 누룩이 온 덩어리에 퍼지는 것처럼 음란한 사람과 함께 있으면 쉽게 음란에 물들게 됩니다(고전 5:6). 거룩한 사람과 함께 어울리면 거룩함을 배우게 되고, 음란한 사람과 어울리면 쉽게 분별을 잃고 음란에 넘어지게 됩니다.

요셉은 날마다 유혹하는 보디발 아내의 말을 듣지 않았을 뿐 아니

라 그녀와 함께 있지도 않았습니다(창 39:10). 요셉은 자기만 깨끗하면 된다고 생각하지 않았습니다. 자기만 아니면 그뿐이지 무슨 상관이냐며 무시하지도 않았습니다. 자신은 얼마든지 유혹을 이길 수 있다며 자신만만하지도 않았습니다. 요셉은 스스로 유혹의 가능성과 오해를 철저하게 차단하고자 했습니다. 요셉은 미리 조심하고자 했습니다.

불필요한 오해를 가져올 수 있는 사람과 함께 있어서는 안 됩니다. 신앙 상담이나 성경공부 등을 핑계로 이성과 개인적으로 만나는 일은 매우 위험합니다. 음란에 넘어질 수 있는 조그마한 가능성조차 미리 차단해야 합니다. 유혹의 상황에 함께 있어서는 안 됩니다.

● 은밀한 자리 피하기

> 음행을 피하기 위하여 남자마다 자기 아내를 두고 여자마다 자기 남편을 두라(고전 7:2)

성경은 죄의 유혹에 대해서 피 흘리기까지 맞서 싸우라고 말합니다(히 12:4). 그런데 음란에 대해서만은 '피하라'고 말합니다. 음란은 싸워서 이길 수 있는 유혹이 아닙니다. 음란은 피할 수 있을 뿐입니다. 하나님은 음란을 피할 수 있는 가장 안전한 곳으로 결혼을 두셨습니다.

"결혼은 다른 사람과 성적인 연합을 열망하도록 창조된 사람들에게 천국을 미리 맛볼 수 있게 해주는 장소다"라는 말처럼, 결혼은 도구로서의 성이나 쾌락의 수단으로서의 성이 아니라, 존재로서의 성 그리고 친밀함을 이루는 성을 누리게 하는 축복입니다. 음란의 유혹을 피하기 위해서는 성性&聖스러운 부부의 연합이 풍성하게 누려져야 합니다.

> 남편은 아내에게 남편으로서의 의무를 다해야 합니다. 아내도 마찬가지로 아내로서의 의무를 다해야 합니다. 아내나 남편은 이미 자기 몸을 자기 마음대로 할 권리가 없습니다. 아내의 몸에 대한 권리는 남편에게 있고, 남편의 몸에 대한 권리는 아내에게 있기 때문입니다. 그러므로 서로 몸을 거절해서는 안 됩니다. 다만 자신을 바쳐서 전심으로 기도하기 위해 두 사람이 합의해서 일정한 기간 동안 부부관계를 갖지 않는 것은 상관없습니다. 그러나 자제력이 약하여 사단의 유혹을 받을지도 모르니 그 기간이 지나면 두 사람은 다시 결합해야 합니다(고전 7:3-5, 현대인의 성경).

요셉은 그날 음란에 맞서 싸우려 하지 않았습니다. 요셉은 음란의 유혹을 뿌리치고 피했습니다. 요셉은 자기 옷을 그녀의 손에 버려두고 도망하여 나갔습니다(창 39:12). 대부분 치마 형태의 옷을 입었던 당시의 복식服飾을 고려하면 요셉은 벌거벗은 채로 도망쳤을지도 모릅니다. 요셉은 벌거벗은 수치를 마다하지 않고 은밀한 유혹의 자리를 피했습니다.

시간과 공간을 초월할 수 있는 사람은 아무도 없습니다. 사람은 누구나 머무는 공간의 영향을 받습니다. 코로나19 사태와 함께 '밀폐', '밀집', '밀접'한 공간을 뜻하는 3밀을 피하라는 말을 자주 듣게 됩니다. 음란의 유혹에 넘어지지 않기 위해서도 마찬가지입니다. '밀폐', '밀접', '비밀'이라는 3밀의 자리를 피해야 합니다. 밀폐된 곳에서 비밀스럽게 밀접한 접촉이 일어나는 은밀한 자리를 도망쳐서 피하지 않으면 음란에 넘어지고 말 것입니다. 음란과 맞서 싸우려 하지 말고 피해야 합니다. 은밀한 자리를 피해야 합니다.

● 기꺼이 고난당하기

> 여인과 간음하는 자는 무지한 자라 이것을 행하는 자는 자기의 영혼을 망하게 하며 상함과 능욕을 받고 부끄러움을 씻을 수 없게 되나니
> (잠 6:32, 33)

요셉이 착한 양심과 믿음을 저버리지 않고 유혹을 거절한 대가는 참혹했습니다. 그렇지만 요셉은 고난받기까지 유혹에 넘어지지 않았습니다. "미움으로 변한 사랑만큼 사나움이 하늘에는 없고, 무시당한 여자의 분노만한 격분이 지옥에는 없네"라는 말처럼 거부당한 보디발의 아내는 요셉을 성폭행범으로 몰아 고발했고, 요셉은 감옥에 갇혔습니다(창 39:14-20).

요셉은 성적 유혹에 넘어지지 않았기 때문에 또다시 옷을 빼앗겼고,

투옥되었습니다. 요셉은 충분히 이런 결과를 예상할 수 있었을 것입니다. 그래도 요셉은 선한 양심을 잃는 것보다 좋은 옷 한 벌을 잃는 것이 낫다고 생각했습니다. 요셉은 유혹에 넘어지지 않기 위해 고난당하기를 마다하지 않았습니다. 기꺼이 고난당하고자 하는 사람은 유혹에 넘어지지 않을 것입니다.

만약 요셉이 고난당하는 것이 무서워 유혹을 받아들이고 음란에 넘어졌다면 어떤 결과가 주어졌겠습니까? 데이빗 씨맨즈는 「좌절된 꿈의 치유」에서 이렇게 말합니다.

> 그가 그 유혹을 굴복했다면, 그는 결국 보다 더 나쁜 감옥에 갇히게 되었을 것이다. 그의 순결을 더럽힌 행위의 결과는 자유의 심각한 상실과 보다 더 나쁜 종류의 얽매임, 즉 욕망의 사슬과 남의 눈을 피해야 한다는 은밀함의 굴레에 얽매이는 것이 되었을 것이다. 그는 자존감과 자신의 위대한 꿈을 계속 추구할 수 있는 자유를 잃었을 것이다. … 자유의 이름으로, 많은 사람들이 그들의 자유를 잃고 있다. 순결을 지키기 위한 대가가 너무나 엄청나다고 생각하면서, 그들은 그들의 순결하지 못한 행위의 더 한층 엄청난 대가, 즉 깨어진 꿈과 회한 그리고 절망으로 이루어진 감옥에서의 삶이란 대가를 치르고 있는 것이다.

그래서 잠언은 음란을 행하는 사람을 미련하고 무지하다고 말하는 것입니다. 음란의 유혹에 넘어진 사람은 자기의 영혼을 망하게 하며, 상함과 능욕을 받고 부끄러움을 씻지 못할 것입니다. 유혹을 거절한 고난이 아무리 크다 할지라도 유혹에 넘어진 고난에는 비할 바가 아닙니다. 그러므로 유혹에 넘어지지 않기 위해서 고난당하는 것을 마다하지 말아야 합니다.

그 어느 때보다 성적으로 개방적인 시대를 사는 우리는 누구도 음란의 유혹으로부터 자유로울 수 없습니다. 우리 모두는 유혹에 넘어지지 않도록 깨어 경계해야 합니다. 요셉처럼 유혹에 넘어지지 않고 음란을 넘어서기 위해, 마음의 부패와 믿음의 파선을 경계할 뿐 아니라 말과 행동의 구체적인 실천으로 음란을 경계해야 합니다. 생각하는 것은 물론 보고 말하고 어울리고 머무는 것까지 민감하게 경계해야 합니다.

교회와 성도들이 사탄의 간계에 걸려 넘어질까 "나는 두렵습니다"라고 걱정하던 바울의 심정으로 넘어짐을 경계해야 합니다. 음란에 넘어져 사탄의 치명적인 올무에 걸려들지 않도록 마음과 믿음과 행위에 경계 태세를 더욱 견고하게 해야 합니다.

그러나 아무리 깨어 경계 태세를 굳게 갖춘다 해도 우리는 스스로를 온전히 지켜낼 수 없습니다. 우리 모두에게는 넘어지지 않도록 우리를 지켜주시는 성령님의 강력한 보호하심의 은혜가 절실합니다. 치명적인 음란의 유혹 앞에 넘어지지 않기를 엎드려 구해야 합니다.

우리를 시험에 들게 하지 마시옵고 다만 악에서 구하시옵소서(마 6:13)

유혹에 넘어져 피투성이가 되는 수치에 이르기보다 유혹을 거절하다 피투성이가 되는 영광에 이르게 되기를 절박한 두려움으로 축복합니다.

음란을 살피는 약속의 말씀

"그리스도께서 너희를 사랑하신 것같이 너희도 사랑 가운데서 행하라 그는 우리를 위하여 자신을 버리사 향기로운 제물과 희생제물로 하나님께 드리셨느니라 음행(성적 부도덕)과 온갖 더러운 것과 탐욕은 너희 중에서 그 이름조차도 부르지 말라 이는 성도에게 마땅한 바니라"(엡 5:2, 3).

음란을 살피는 선포의 기도

이미 성적 유혹에 넘어졌습니까?
간음하는 현장에서 잡혀온 여인에게 "나도 너를 정죄하지 아니하노라"(요 8:11) 하신 주님의 말씀을 의지하여 정직한 고백으로 기도하십시오.

"주님! 제가 음란의 죄를 범했습니다. 사탄의 비방거리가 되었습니다. 저를 용서하여 주옵소서! 지금 음란의 자리에서 떠나 돌이키겠습니다. 죄를 고백하고 돌이켜 거룩하게 살아가겠습니다. 아멘!"

지금 유혹의 자리에 있습니까?
다시금 거룩한 삶을 결단하며 기도하십시오.

"주님! 제 마음이 진실함과 깨끗함에서 떠나 부패하지 않게 하옵소서! 착한 양심을 버리지 않고, 거짓 없는 믿음이 파선하지 않도록 붙들어주옵소서! 보고 말하고 머물고 어울리는 모든 것을 거룩함으로 구별하기 원합니다. 유혹을 거절하는 고난이 아무리 크다 해도 그 고난을 겁내지 않고 기꺼이 감당하게 하옵소서! 주님 정결한 마음과 몸으로 주 앞에 서기 원합니다. 아멘!"

음란을 살피기 위해 함께 읽을 책

「모든 남자의 참을 수 없는 유혹」(스티븐 아터번, 좋은씨앗)
「모든 여자의 들키고 싶지 않은 욕망」(섀넌 에트리지, 스티븐 아터번, 좋은씨앗)

13
분노

욱하는 성질머리가 문제야!
창세기 34:1-31

질색하는, 경멸하는, 멸시하는, 혐오하는, 모욕하는, 냉담한, 분개한, 격앙된, 비웃는, 질려버린, 구역질나는, 노발대발하는, 염증이 난, 감정이 거슬린, 성미가 급한, 성마른, 심술 난, 성난, 얼굴이 붉어진, 짜증난, 불쾌한, 언짢은, 약이 오른, 토라진, 격분한, 열 받은, 정떨어진 ….

이 모든 감정을 하나로 묶는 총체적인 감정은 무엇입니까? 그렇습니다. 분노憤怒입니다. 정지우 선생님은 "한국 사회 모든 곳에서 분노가 들끓고 있다"며 한국 사회를 '분노 사회'라고 명명했습니다.

몹시 성이 나고 화가 난 상태를 가리키는 분노는 다루기가 까다로운 감정입니다. 분노는 어떻게 다스리느냐에 따라 의를 이루는 통로가 되기도

하고 죄와 파멸에 이르는 통로가 되기도 합니다. 다스려진 분노는 하나님의 사역자가 되어 악을 행하는 자들에게 하나님의 진노하심을 따라 보응하고 선을 베풀게 합니다(롬 13:4). 그러나 다스려지지 않은 분노는 쓴 뿌리가 되어 마귀에게 틈을 내어주고 결국 분노의 노예가 되게 합니다(엡 4:26, 27).

가인은 끓어오르는 분(憤)을 다스리지 못해 동생을 죽인 살인자가 되었습니다(창 4:5-8). 에서는 분노가 한(恨)이 되어 살인을 계획하고 마음에 품어 스스로를 파멸로 몰아갔습니다(창 27:41-42). 야곱은 그토록 사랑했던 아내에게 화를 내며 부부관계의 위기를 자초합니다(창 30:2). 반면 레위 자손들은 여호와의 분노에 함께하여 헌신함으로 복을 받았고(출 32:26-29), 비느하스는 하나님을 위한 질투로 분노를 집행함으로써 하나님의 노를 돌이키고 이스라엘 자손을 속죄했습니다(민 25:6-13).

행복하고 싶으면 분노를 조절하라는 부제가 붙은 포터-에프론의 책 「욱하는 성질 죽이기」에서는 이렇게 말합니다.

> 분노는 갈수록 심각해지는 현대병이며, 사회적 차원에서 다뤄야 하는 증세라고 할 수 있다. 우선 개인으로서 분노 조절 능력을 키우는 것이 중요하다. … 전체 인구의 약 20% 가량이 끓어오르는 화, 즉 욱하는 성질을 조절하는 데 어려움을 겪고 있다(분노조절장애). 보

통 부분적으로 분노가 폭발하는 경우이기는 하지만 어떠한 경우이든 욱하는 성질은 위험한 것이며 치명적일 수도 있다.

욱하는 성질이 잘 다스려지지 않으면 큰 문제를 가져옵니다. 조절되고 다스려지지 못한 분노는 치명적인 위험을 가져올 수 있습니다. 심리상담가 이귀종 교수는 분노를 조절하지 못하는 사람이 겪게 되는 어려움을 세 가지로 요약합니다.

첫째, 조절되지 못한 분노는 가족관계를 파괴합니다. 분노는 가족구성원 중에서 주로 약자인 여성·아동·노인을 대상으로 하여, 정서적·언어적·신체적 폭력이나 심하게는 학대로까지 표출될 수 있습니다. 분노는 가족을 괴롭게 하기 때문에 가족관계가 좋을 수 없습니다.

둘째, 조절되지 못한 분노는 정죄와 폭발의 악순환을 반복합니다. 대인관계에서 말로 자기 정서를 잘 전달하는 것이 어렵기 때문에 사소한 일에도 분노를 조절하지 못해 폭발하게 됩니다. 분노를 폭발하는 순간 잠시 긴장이 해소되기도 하지만 곧이어 죄의식에 시달리고, 부정적인 자아상이 만들어지면서 다시 분노를 폭발하게 되는 일이 악순환으로 반복됩니다.

셋째, 조절되지 못한 분노는 사회적 낙오자를 만듭니다. 분노로 인한 정서적, 관계적 어려움들로 직장을 포함하여 사회적인 적응이 곤란하게 됩니다. 결국 사회에서 낙오하게 됩니다.

조절되지 못한 분노로 인한 이런 어려움을 겪고 있지는 않습니까? 욱하는 성질을 죽이지 못해서 어려움을 겪는 분이 있다면 어떻게 도울 수 있습니까? 잔뜩 화가 난 사람들로 가득한 사회에서 분노를 잘 다스리려면 어떻게 해야 합니까?

분노의 틈을 내어주지 않으려면?

외삼촌 라반의 집이 있는 하란에서 가나안 땅으로 돌아온 야곱은 마땅히 벧엘로 가야 했습니다. 하나님의 집으로 가서 하나님의 은혜를 감사하며 서원을 지키고 경배해야 했습니다. 그런데 야곱은 무슨 이유인지 벧엘이 아닌 세겜에 머물렀습니다. 세겜 성읍 앞에 장막을 치고 그 밭을 백 크시타에 사는 것을 볼 때, 그곳에 잠시 머무는 것이 아니라 아주 정착할 요량이었던 것 같습니다(창 33:18, 19).

왜 그랬는지 명확한 이유는 알 수 없지만 아마도 세겜이 벧엘보다 먹고살기 좋은 곳이었기 때문일 것입니다. '세겜 성읍'으로 불리는 것을 볼 때 세겜은 당시 발전된 도시였음에 틀림없습니다. 그렇게 야곱은 전형적인 세속 도시에서 살고 있었습니다.

그러던 어느 날 레아가 야곱에게 낳은 딸 디나가 세겜 땅의 딸들을 보러 나갔습니다. 그런데 그 땅에는 디나를 보고 있는 다른 아들이 있었습니다. 히위 족속 하몰의 아들 그 땅의 추장 세겜이 디나를 보고 있었습니다. 아들은 딸을 끌어들여 강간합니다. 그는 자기 욕정대로 딸을 짓밟았습니다. 디나에게 연연하는 세겜은 여러 말로 디나의 마음을 위로하고, 아버지 하몰에게 청혼을 부탁합니다. 그러나 디나를 향한 세겜의 사랑은 사랑이 아닌 집착일 뿐이요 가부장적인 남성의 지배욕일 뿐입니다.

이와 같은 때에 아버지 야곱은 어떻게 해야 합니까? 디나의 오빠들은 어떻게 해야 합니까? 치밀어 오르는 분노 속에 어떻게 반응해야 합니까? 우리가 이런 일을 겪는 아버지요 오빠라면 어떻게 행동했을 것 같습니까? 화병火病이라는 말이 만들어질 만큼 집단적 스트레스 지수가 높은 분노 사회를 살면서 분노의 틈을 내어주지 않으려면 어떻게 해야 합니까?

분노하되, 화를 회피하지 마십시오

분노의 틈을 내어주지 않으려면 첫째, 분노할 일이 있을 때 화를 회피하지 말고 표현해야 합니다.

분노하는 것은 죄가 아닙니다. 분노는 자연스러운 감정입니다. 분노 자체를 죄라고 생각하는 이들을 쉽게 볼 수 있습니다. 그러나 분노를 느끼는 감정은 죄가 아닙니다. 아름다운 것을 아름답게 느끼고 슬픈 일을 겪을 때 슬퍼하는 것처럼, 그럴 만한 일이 있을 때 화가 나는 것은 지극히 자연스러운 감정입니다. 심지어 분노하는 것은 하나님의 품성을 닮아가는 모습이기도 합니다.

하나님은 노하기를 더디 하시는 분이십니다.

> 여호와는 은혜로우시며 긍휼이 많으시며 노하기를 더디 하시며 인자
> 하심이 크시도다 (시 145:8)

하나님은 노하지 않는 분이 아니십니다. 노하기를 더디 하는 것과 노하지 않는 것은 전혀 다른 품성입니다.

심지어 성경은 하나님은 매일 분노하신다고 말합니다.

> 하나님은 의로우신 재판장이심이여 매일 분노하시는 하나님이시로다
> 사람이 회개하지 아니하면 그가 그의 칼을 가심이여 그의 활을 이미
> 당기어 예비하셨도다 (시 7:11, 12)

분노는 하나님의 형상으로 지음받은 인간에게만 주어진 하나님의 선물이자 은총입니다. 다만 다루기 쉽지 않은 선물일 뿐입니다.

구약 성경에서 분노를 표현하는 말로 210번 정도 사용된 '아프'라는 단어가 있습니다. 이 단어는 '코로 숨을 내쉬다'라는 뜻으로, 화가 나서 콧구멍이 커지며 콧김이 세차게 뿜어져 나오는 장면을 떠올리게 합니다. 사람의 내면에서 극심한 화가 일어나 거친 숨을 몰아내쉬는 상태를 암시하는 표현입니다. 그래서 '그가 분노한다'는 말은 '그의 코가 불타올랐다'는 뜻이 됩니다. 그만큼 분노는 다루기 까다로운 감정입니

다. 그래서 성경은 분노를 잘 조절하라고 권면합니다.

> 어리석은 자는 자기의 노를 다 드러내어도 full vent 지혜로운 자는 그것을 억제 control 하느니라(잠 29:11)

분노는 회피해야 할 감정이 아니라 적절하게 조절해야 할 감정입니다. 그러므로 화가 날 때 분노를 숨기거나 내면에 쌓아두지 말고 적절하게 표현해야 합니다. 분노를 지혜롭게 표현할 때 분노는 강력한 변화와 치유의 에너지가 될 수 있습니다.

그런데 창세기 34장에서 야곱은 분노를 적절하게 표현하지 못합니다. 어린 시절 부모의 편애 그리고 형과의 끊임없는 경쟁 속에서 자란 그는 자기 감정을 충분히 느끼고 적절하게 표현하는 것을 배우지 못했던 것 같습니다. 늘 자기 감정을 누르고 살았던 야곱은 딸이 강간당한 날에도 잠잠할 뿐입니다.

> 야곱이 그 딸 디나를 그가 더럽혔다 함을 들었으나 … 잠잠하였고(창 34:5)

야곱도 분명 화가 치밀어 올랐을 것입니다. 그러나 그는 침묵 속에서 분노를 회피했습니다. 강간당하고 짓밟힌 딸의 울부짖음을 보며 마땅히 분노해야 할 때에, 이 일과 전혀 관계 없는 이웃집 아저씨처럼 회피로 일관했습니다. 성폭행 가해자인 세겜의 아버지 하몰이 아들을 위해 찾아왔을 때에도 야곱은 침묵했습니다. 가해자 세겜이 직접 피해자 디나의 아버지와 남자 형제들을 찾아와 은혜를 구할 때에도 야곱은 침묵했습니다. 아버지 야곱은 아무 말도 하지 않습니다. 마땅히 야단을 치거나 책임을 물어야 하는데 아무 말도 없습니다. 회피하고 침묵하는 아버지의 태도에 아들들은 더욱 분노하게 됩니다.

야곱의 아들들은 동생 디나와의 결혼을 허락하는 조건으로 세겜에게 할례를 제안합니다. 세겜의 모든 남자에게 할례를 받게 합니다. 그리고 이때 디나와 한배에서 난 오빠인 시므온과 레위가 앞장서서 세겜의 모든 남자를 죽이는 광란의 집단 학살극을 벌입니다. 다른 아들들은 성읍의 모든 재물을 빼앗고 그들의 자녀와 아내를 사로잡고 물건들을 노략합니다.

이토록 비극적인 일이 벌어지는 동안 아버지 야곱은 도대체 어디서 무엇을 하고 있었단 말입니까? 피의 복수극이 끝나고 나서야 야곱이 나타납니다. 이제야 나타난 야곱은 분노의 폭력을 주도했던 시므온과 레위에게 책임을 전가합니다.

> 야곱이 시므온과 레위에게 이르되 너희가 내게 화를 끼쳐 나로 하여금 이 땅의 주민 곧 가나안 족속과 브리스 족속에게 악취를 내게 하였도다 나는 수가 적은즉 그들이 모여 나를 치고 나를 죽이리니 그러면

> 나와 내 집이 멸망하리라 (창 34:30)

이 짧은 문장에서 야곱의 '나'라는 표현이 여덟 번이나 나옵니다. 이는 야곱이 마땅히 분노해야 할 때 분노하지 않고 회피했던 것이 감정을 잘 다스리는 성숙함이 아니라 자신의 안위 때문이었음을 보여줍니다. 그는 화를 다스렸던 것이 아니라 무서워 누르고 있었을 뿐입니다. 자신의 안위를 위해 야곱은 분노해야 할 때 분노하지 않고 침묵으로 회피했습니다. 그리고 야곱의 이런 회피와 침묵은 또 다른 폭력이 되어 디나의 가슴에 지울 수 없는 상처를 남겼을 것입니다. 야곱의 회피는 아들들의 끓어오르는 분노에 기름을 부어 불행을 자초하게 했습니다. 그리고 시므온과 레위를 꾸중하는 부분에서조차 야곱은 회피적인 태도를 보였던 것입니다.

분노를 회피하고 숨어버린 아버지를 향해 시므온과 레위는 소리칩니다.

> 그들이 이르되 그가 우리 누이를 창녀같이 대우함이 옳으니이까 (창 34:31)

야곱은 분노의 폭력을 정당화하는 아들들에게 또 침묵합니다. 옳지 못한 것을 침묵으로 회피합니다. 그리고 오랜 세월이 지나 임종의 때에 이 일을 기억하고, 시므온과 레위를 저주합니다(창 49:5-7). 비록 창세기 49장에 있는 야곱의 축복이 예언적인 성격을 갖고 있다고는 하지만, 축복의 자리에서 저주의 말을 들어야 했던 시므온과 레위는 얼마나 당혹스러웠겠습니까?

우리는 분노해야 할 때 마땅히 분노해야 합니다. 분노를 회피하고 감추는 데 급급해서는 안 됩니다. 회피해서 분노가 사라지고 풀린다면 얼마든지 그렇게 해도 됩니다. 그러나 침묵으로 회피하는 것은 분노의 해결책이 되지 못합니다. 오히려 회피는 또 다른 분노를 쌓을 뿐입니다. 그날 야곱이 적절하게 분노를 표현했다면 아들들이 그토록 잔인한 폭력과 살인의 가해자가 되지는 않았을 것입니다. 분노하는 것은 죄가 아닙니다. 분노를 감추거나 회피하지 말고 적절하게 표현해야 합니다.

이귀종 교수는 한국 사회에 화를 참지 못하는 사람들이 많아지는 이유를 이렇게 진단합니다. "어려서부터 가정에서 부모로부터 부정적인 감정을 있는 그대로 수용 및 인정받고 표현하기보다는 숨기고 억압하는 식으로 양육되고, 학교에서도 적절한 정서적 소통 학습이 이루어지지 못하고 인지적인 성취 위주로 교육되어 온 까닭이 큽니다."

그렇습니다. 교회 또한 예외가 아닙니다. 실제 많은 분들이 슬프거나 화가 난 부정적인 감정은 드러내는 것이 아니라고 여기며 억압합니다. 특히 교회가 더욱 억압적인 경우가 많습니다. 분노를 숨기고 감추는 것이 익숙한 사회문화로 이어져 왔습니다. 이렇게 억압된 분노는 자기보다 약한 대상을 만날 때 가학적으로 폭발하는 모습으로 드러나게 됩니다. 아무도 분노를 표현하는 것을 가르쳐주지 않았고, 어디서도 분노를 표현해도 된다고 배우지 않았기 때문입니다. 이제라도 정서적으로 건강하고 행복하고자 한다면 적절하게 분노하는 법을 배우고 훈련해야 합니다. 나아가 분노를 적절히 수용하고 받아주는 공동체를 만들어가야 합니다.

분노하되, 한을 품지 마십시오.

분노의 틈을 내어주지 않으려면 둘째, 분노하되 한을 품지 말아야 합니다.

분노는 다루기가 까다로운 감정이라 했습니다. 이런 분노를 제대로 다스리지 못하면 쉽게 죄를 짓게 됩니다. 분노가 한이 되어 죄로 넘어가는 위험을 보여주는 대표적인 인물이 가인과 에서입니다.

창세기 4장에서 가인이 분노할 때 가장 먼저 '안색이 변하는' 것을 볼 수 있습니다(창 4:5). 이처럼 우리가 분노할 때 다양한 신체적 병리적인 증상이 나타납니다. 특히 '안색이 변했다'는 것을 NIV성경은 '고개를 숙이며 눈을 내리 깔았다'라는 의미인 단어 'downcast'로 번역합니다. 이런 행동은 하나님께 자신의 분노한 얼굴을 감추기 위한 것입니다. 하나님을 향한 분노가 반항적 행동으로 나타났다고 할 수 있습니다. 가인의 반항적 분노의 희생양은 아벨이었지만, 그 분노의 궁극적 대상은 그의 제사를 거절하신 하나님이었던 것입니다. 그렇게 하나님을 향해 눈을 내려깔고 한을 품은 가인은 '악한 자' 곧 마귀에게 속한 사람이 되었습니다(요일 3:12). 결국 분노함으로 한을 품은 가인은 마귀의 올무에 빠져 동생을 죽이는 살인자가 되고 말았습니다.

창세기 27장에서 에서의 분노는 '살인적인 내적 행동'inner behavior 으로 나타납니다. 분노한 에서는 야곱을 죽여 한을 풀려 합니다(창 27:41, 42). "너를 죽여 그 한을 풀려 하니"를 NIV성경은 '너를 죽이려는 생각으로 에서가 자신을 위로하고 하고 있다' Your brother Esau is consoling himself with the thought of killing you 라고 번역합니다. 야곱에게 분노한 에서는 야곱을 죽일 생각으로 자신을 위로했던 것입니다. 에서는 분노 가운데 한을 품어, 야곱을 죽이려는 생각에서 벗어나지 못했습니다. 살인을 계획하고 실제 살인 행동을 상상하는 것은 에서의 내적 행동이었습니다. 에서는 아버지 이삭이 죽자마자 야곱을 죽일 것이라고 구체적인 방법과 장소를 물색하고 그를 죽이는 장면을 상상하면서 자신의 분노를 달랜 것입니다. 예수님은 이런 내적 행동을 품은 사람은 이미 살인한 것이라고 하셨습니다(마 5:22).

> 분을 내어도 죄를 짓지 말며 해가 지도록 분을 품지 말고 마귀에게 틈을 주지 말라(엡 4:26, 27)

우리는 분노하더라도 죄를 짓지는 말아야 합니다. 분노를 해가 지도록 품어 한이 되도록 해서는 안 됩니다. '해가 지기까지' 곧 길지 않은 시간 안에 분노를 풀지 못하면, 그것은 한이 되고 우리 영혼을 올무에 빠지게 합니다. 분노하더라도 한을 품어서는 안 됩니다. 분노가 한이 되면 우리 영혼이 마귀의 올무에 빠져 죄의 자리로 떨어지게 됩니다.

> 노를 품는 자와 사귀지 말며 울분한 자와 동행하지 말지니 그의 행위를 본받아 네 영혼을 올무에 빠뜨릴까 두려움이니라(잠 22:24, 25)

우리의 영혼을 죄에 빠지게 하는 올무에 걸려들지 않으려면, 분노하되 한을 품지 말아야 합니다.

그러나 시므온과 레위의 분노는 한이 되었습니다. 그들의 한 맺힌 증오는 보복적 살인을 상상하는 것을 넘어 구체적인 실행으로 옮겨졌습니다. 그들은 처음부터 세겜과 하몰을 속이고자 했습니다(창 34:13). 그들은 언약 백성의 표징인 할례를 이용해서 복수를 계획하고 실행했습니다. 끓어오르는 분노를 다스리지 못한 그들은 세겜 성읍의 모든 남자를 죽이고 노략했습니다. 아무리 억울하고 화가 나도 해서는 안 될 집단 학살을 저지르고 만 것입니다.

그들은 자신들의 분노가 피해자의 정당한 분노라고 말합니다.

> 이는 세겜이 야곱의 딸을 강간하여 이스라엘에게 부끄러운 일 곧 행하지 못할 일을 행하였음이더라(창 34:7)

분명 세겜은 행하지 못할 일을 했습니다. 해서는 안 될 일의 피해자가 된 시므온과 레위가 분노하는 것은 마땅합니다. 피해자 가족인 야곱의 아들들의 분노는 정당한 분노입니다. 그러나 분노의 정당성이 피해자의 한을 풀려는 폭력까지 정당화하는 것은 아닙니다.

> 그가 우리 누이를 창녀같이 대우함이 옳으니이까(창 34:31)

시므온과 레위의 한 서린 외침은 분노하는 동기가 정당하기 때문에 폭력도 정당하다는 항변입니다. 분노의 모순적 위험이 여기 있습니다. 분노가 한이 되고 그 한이 가해자를 향한 폭력적 보복으로 이어질 때, 사람들은 자신의 폭력을 정당하다고 생각합니다. 정당한 분노이기에 폭력적 보복도 정당하다고 여깁니다. 그러나 그렇지 않습니다. 아무리 정당한 분노이더라도 증오와 폭력으로 표출된다면 그것은 사악한 것이며, 마귀의 올무에 빠진 것에 불과합니다.

> 내 사랑하는 자들아 너희가 친히 원수를 갚지 말고 하나님의 진노하심에 맡기라 기록되었으되 원수 갚는 것이 내게 있으니 내가 갚으리라고 주께서 말씀하시니라(롬 12:19)

제2차 세계대전 당시 나치에 저항하는 레지스탕스에 참여했으며 전후 세계인권선언문 초안 작성에도 참여한 스테판 에셀Stephane Hessel은

2010년에 출판한 「분노하라」에서 21세기의 다양한 사회적 불의와 어둠에 대해 '분노하라'고 도전합니다. 그러나 그는 분노하지만 철저하게 비폭력으로 '저항하라'고 말합니다.

그렇습니다. 옳지 못한 일에 대해 분노하는 것은 마땅합니다. 그러나 분노가 폭력이 되는 순간 또 다른 약자를 향한 가해가 될 수 있습니다. 분노가 끝까지 정당한 것이 되기 위해서는 한풀이 폭력이 아니라 용기 있는 저항을 선택해야 합니다.

사태를 적당히 자기들 원하는 수준에서 수습하려고 할 뿐 죄에 대한 정직한 고백과 피해자를 향한 진정한 사죄 그리고 고통받은 이들을 향한 책임을 저버린 세겜과 하몰에게 사랑으로 참된 회개를 요구하는 것이 저항입니다. 절차적 정당성을 확보하면서 합당한 징벌적 책임을 묻는 것이 참된 저항입니다.

십자가는 악을 향한 가장 강력한 저항입니다. 십자가는 죄인을 향한 끝없는 사랑인 동시에 죄를 향한 가장 강력한 분노입니다. 분노의 때에 십자가를 붙들고, 분노를 회피가 아니라 저항으로 표현해야 합니다. 분노의 정당성이 결코 폭력을 정당화하지 못합니다. 분노의 틈을 마귀에게 내어주지 않으려면 분노하되 한을 품어서는 안 됩니다. 한 맺힌 폭력이 아니라 저항하는 십자가로 분노의 쓴 뿌리를 다스려야 합니다. 십자가만큼 분노하고, 십자가만큼 저항해야 합니다.

분노하되, 화를 온유함으로 다스리십시오

분노의 틈을 내어주지 않으려면 셋째, 분노하되 온유함으로 화를 다스려야 합니다.

모세는 나이 마흔이 되었을 때 이스라엘을 구원하고자 했습니다. 그는 스스로 지도자로서 충분한 자격을 갖추었고 준비되었다고 생각했습니다. 그런데 하나님은 그를 쓰지 않으셨습니다. 오히려 하나님은 모세가 광야에서 사십 년을 보내고 여든이 되어서야 부르셨습니다.

> 모세가 애굽 사람의 모든 지혜를 배워 그의 말과 하는 일들이 능하더라 나이가 사십이 되매 그 형제 이스라엘 자손을 돌볼 생각이 나더니 한 사람이 원통한 일 당함을 보고 보호하여 압제받는 자를 위하여 원수를 갚아 애굽 사람을 쳐 죽이니라 그는 그의 형제들이 하나님께서 자기의 손을 통하여 구원해주시는 것을 깨달으리라고 생각하였으나 그들이 깨닫지 못하였더라(행 7:22-25)

모세는 스스로 준비된 지도자라고 생각했지만 그렇지 않았습니다. 그는 아직 자기 분노를 조절할 줄 모르는 사람이었습니다. 화가 난다고 사람을 쳐 죽이는 수준의 사람을 하나님이 어떻게 쓰실 수 있겠습니까? 하나님은 모세가 분노를 다스릴 수 있을 때까지 광야에 두셨던 것입니다.

그랬던 모세가 민수기 12장에서는 형 아론과 누나 미리암이 자신을 비방하는데도 원망하거나 증오하지 않습니다. 다른 사람들은 이해하지 못해도 형이나 누나는 다를 줄 알았는데 가족이 모세를 비방하며 리더십을 흔들었습니다. 그런데도 모세는 화를 폭발하지 않습니다. 왜냐하면 그는 온유함이 지면의 모든 사람보다 더한 사람으로 다듬어졌기 때문입니다.

> 이 사람 모세는 온유함이 지면의 모든 사람보다 더하더라(민 12:3)

야곱은 화를 회피했고 시므온과 레위는 한을 품었지만, 모세는 온유함으로 화를 다스렸습니다.

분노를 다스리는 힘은 온유溫柔, meekness입니다. 대부분의 언어권에서 온유라는 말은 '흐르는 액체' 곧 '물'이라는 의미를 가지고 있습니다. 물은 바위나 둑이 길을 막으면 돌아가거나 기다렸다가 넘쳐서 흘러갑니다. 물은 항상 낮은 곳을 향하기에 겸손의 상징이기도 합니다. 한없이 부드럽지만, 강인함의 상징인 '불'을 끌 수 있는 능력을 지니고 있습니다. 불같이 솟구치는 분노를 부드럽게 다스리는 힘이 온유입니다.

현대 사회의 감정에 관한 철학 에세이 「분노 사회」는 분노를 '관념'과 관련된 감정이라고 말합니다.

그러나 현대 사회에서 감정은 더 이상 생존과 본능 같은 원초적인 차원에서만 작동하지는 않는다. 오히려 현대 사회에서 감정이 가장 중요하게 드러나는 지점은 '의식'이다. 분노는 여러 감정들 중에서도 가장 적극적으로 의식 즉 '관념'과 관련을 맺는다.

사람들이 친구에게 분노를 느꼈다고 하면, 대체로 자신이 믿는 어떤 도리를 친구가 어겼기 때문입니다. 그 사람이 친구로서 마땅히 해야 하는 것, 즉 윤리, 원칙, 약속, 기대와 같은 '관념'을 어겼을 때 분노하는 것입니다. 다시 말해서 그 친구 때문에 자신의 권리가 침해받거나, 자신의 기대에 어긋나는 일에서 분노를 느끼게 된다는 말입니다.

「나는 왜 네 말이 힘들까」에서 박재연 소장은 "화가 나는 건 '상대 때문'이 아니다. 불편한 감정의 원인은 결국 내 안의 욕구 때문이다"라고 말합니다.

퇴근하고 집에 들어서는 순간 아이들이 떠드는 것을 보고는 화가 나서 소리를 지릅니다. 아이들이 떠드는 것이 잘못이라서 화가 난 것입니까? 그렇지 않습니다. 하루 종일 직장에서 일하고 돌아와 피곤한데 쉴 수 없는 상황 때문에 화가 난 것입니다. 떠드는 아이들이 화를 나게 한 것이 아니라, 휴식이 필요하다는 자기 욕구가 좌절되어 화가 난 것입니다. 화가 나는 이유가 상대에게 있는 것이 아니라 자기 안에 있는 욕구에 있었던 것입니다.

결국 우리가 분노하는 것은, 자신의 관념에 어긋나고 자기 욕구가 채워지지 않았기 때문입니다. 자기 권리와 기대를 포기할 수 없기 때문에 분노하는 것입니다.

  온유는 자기 권리와 기대를 포기하고 하나님께 내드리는 것입니다. 자기 관념과 욕구를 내려놓는 것이 온유입니다. 온유한 사람은 자기 권리와 기대를 하나님께 드리고 하나님이 다스리시는 대로 흘러가는 것을 기쁨으로 여기는 사람입니다. 권리와 기대, 관념과 욕구를 내려놓으면 분노가 다스려집니다.

  하나님은 사십 년을 광야에서 살던 여든 살 모세를 찾아오셨습니다. 불이 붙은 떨기나무 가운데서 하나님이 모세를 부르십니다. "모세야! 모세야!" "내가 여기 있나이다." 모세를 향한 하나님의 첫 번째 명령은 "네 발에서 신을 벗으라"는 것이었습니다.

> 하나님이 이르시되 이리로 가까이 오지 말라 네가 선 곳은 거룩한 땅이니 네 발에서 신을 벗으라(출 3:5)

  하나님이 모세에게 신을 벗으라고 하신 것은 모세의 신이 지저분하니까 벗으라는 의미의 정결함에 대한 말씀이 아닙니다. 고대 근동 문화권에서 신을 벗는다는 것은 자신의 마땅한 권리와 기대를 포기하고 양도하는 것을 뜻합니다.

룻기 4장을 보면 룻과 나오미에 대한 일차적인 권리와 책임을 가진 어떤 사람이 자기 권리를 포기하고 보아스에게 양도하는 의미로 신을 벗는 장면이 있습니다(룻 4:7-10). 신을 벗는다는 것은 자신의 권리를 양도하는 일종의 증인 선서와 같은 행위입니다.

그러므로 하나님이 모세에게 "신을 벗으라" 하시는 것은, 네 마음대로 살고자 하는 권리와 기대를 포기하라는 뜻입니다. 자기 인생에 대한 권리와 기대를 포기하고 하나님께 양도하라는 말씀입니다. 인생의 목적과 기대를 하나님께 내어놓으라는 부르심입니다.

그런데 모세는 쉽게 신을 벗지 않았습니다. 모세가 즉각 신을 벗었다는 성경 기록이 없습니다. 출애굽기 3, 4장을 읽어보면 모세가 쉽사리 자기 뜻과 생각을 포기하지 못하고, 계속 자기 권리와 기대를 주장하며 하나님과 씨름하는 것을 볼 수 있습니다. 긴 씨름 끝에 분노하신 하나님의 말씀을 듣고 나서야 마지못해 하나님의 지팡이를 손에 잡고 애굽을 향하는 모세를 볼 수 있습니다.

반면에 여호수아 5장을 보면 여호수아는 신을 벗으라는 말씀에 즉각적으로 응답합니다.

> 여호와의 군대 대장이 여호수아에게 이르되 네 발에서 신을 벗으라 네가 선 곳은 거룩하니라 하니 여호수아가 그대로 행하니라(수 5:15)

하나님이 여호수아를 모세의 후계자로 뽑아 쓰신 이유가 여기 있습니다. 하나님은 온유한 사람을 쓰십니다. 자기 권리와 기대를 하나님께 내드리는 온유함이 분노를 다스리는 힘입니다. 분노의 틈을 내어주지 않으려면 자기 권리와 기대를 포기하는 온유함으로 분노를 다스려야 합니다.

뉴기니에서 원주민 사역을 하던 한 선교사님은 모국에 있을 때처럼 신선한 과일이나 채소를 구할 수 없어서 파인애플 묘목 백 그루를 얻어 심었습니다. 그런데 삼 년을 기다린 후에 파인애플 나무에 열매가 열렸지만 파인애플을 단 하나도 먹을 수 없었습니다. 열매가 열리는 대로 원주민들이 모두 훔쳐갔기 때문입니다. 자신이 심었으니 자기 것이라고 주장하는 원주민들을 어떤 방법으로도 설득할 수가 없었습니다. 결국 선교사님은 파인애플 나무를 모두 베어버렸습니다.

그러고는 다시 묘목을 심고 삼 년을 기다린 후에 열매를 얻게 되었습니다. 그런데 이번에도 원주민들이 모두 훔쳐갔습니다. 파인애플을 지키기 위해 선교사님은 운영하던 병원 문을 닫기도 하고, 무서운 셰퍼드를 나무 주변에 풀어놓기도 했지만, 그들은 여전히 파인애플을 훔쳐갔습니다. 나중에는 아예 원주민들이 선교사님 곁에 오지도 않아 선교사의 직분이 무의미해졌습니다.

선교사님은 안식년이 되어 모국으로 돌아와 성경 세미나에 참석하게 되었습니다. 세미나를 통해, 나의 것은 없으며 모든 것은 하나님께로 난 것으로 하나님께 드려야 한다는 진리를 깨닫게 되었습니다. 다시 선교지로 돌아온 선교사님은 파인애플 밭을 하나님께 드리기로 작정하고, 하나님이 이 밭을 어떻게 관리하시는지 지켜보기로 했습니다. 원주민들은 여전히 파인애플을 훔쳐갔습니다. 하지만 선교사님은 원주민들에게 아무런 대항도 하지 않았습니다. 그러자 어느 날 원주민이 말했습니다.

"투-완, 당신이 이제야 비로소 그리스도인이 되었나 보군요. 우리가 파인애플을 훔쳐도 화를 내지 않는 것을 보니…."

서로 사랑하고 서로 친절하라고 가르치면서도 자신의 권리를 결코 양보하지 않는 모습을 그들은 보고 있었던 것입니다. 충격을 받은 선교사님이 대답했습니다.

"나는 파인애플 밭을 하나님께 드렸습니다."

그런데 그 후 원주민들은 더 이상 파인애플을 훔쳐가지 않았습니다. 하나님의 것이라면 더 이상 훔쳐서는 안 된다고 생각했기 때문입니다.

그리고 어느 날 선교사님에게 말했습니다.

"투-완, 당신의 파인애플 열매가 익었습니다."

"그것은 내 것이 아닙니다."

"그냥 내버려두면 썩게 될 텐데요? 당신이 거둬들이는 것이 좋겠습니다."

이렇게 해서 선교사님은 파인애플을 거두었고, 원주민들에게도 나누어주었습니다. 자신의 권리를 지키려고 그토록 투쟁할 때는 단 하나도 먹을 수 없었던 파인애플을 하나님께 드림으로써 비로소 먹게 되었습니다. 그는 기도했습니다.

"주님! 올해 주시는 파인애플을 감사히 먹겠습니다."

'분노를 정복하는 법'이라는 부제목이 달린 「파인애플 스토리」의 내용입니다. 분노를 다스리는 힘은 권리와 기대를 하나님께 내어드리는 온유함에 있습니다. 분노의 틈을 내어주지 않으려면 화를 회피하지 않고, 한을 품지 않을 뿐 아니라, 자기 권리와 기대를 하나님께 내어드리는 온유함으로 화를 다스려야 합니다. 분노의 틈을 내어주지 않고 평강의 파인애플을 맛보게 되기를 축복합니다.

분노를 살피는 약속의 말씀

"노하기를 더디 하는 자는 용사보다 낫고 자기의 마음을 다스리는 자는 성을 빼앗는 자보다 나으니라"(잠 16:32).

분노를 살피는 선포의 기도

"온유하신 하나님, 분노가 마귀의 틈이 되지 않게 하소서! 야곱처럼 분노를 회피하지 않기로 작정합니다. 시므온과 레위처럼 분노를 한으로 품어 폭력으로 보복하기를 거절합니다. 그리고 모세처럼 권리와 기대를 내려놓는 온유함으로 분노를 다스릴 수 있기를 소원합니다. 오늘도 끓어오르는 분노가 죄가 되지 않도록 도우소서! 분노가 틈이 되어 마귀의 올무에 빠지지 않게 하소서! 아멘."

분노를 살피기 위해 함께 읽을 책

「성경과 분노 심리」(이관직, 대서)

14
우상 숭배

그냥 두고 볼 수가 없었습니다

창세기 35:1-15

설이나 추석 명절이 되면 전교인이 기도원에 모여 3박 4일씩 특별집회를 하는 교회가 있습니다. 어떤 분이 그 교회 목사님에게 물었다고 합니다.

"목사님, 명절마다 이렇게 집회를 하시는 이유가 무엇입니까?"

목사님은 여러 이야기를 하셨지만 그 핵심은 이런 말씀이었습니다. "교인들이 명절마다 우상 숭배하는 것을 그냥 두고 볼 수가 없었습니다. 조상 제사를 통해 우상 앞에 절하면서 어떻게 믿음 생활을 제대로 할 수 있겠습니까?"

저는 이 목사님의 목회철학에 다 동의하지는 않습니다. 그러나 그분의 중심에 성도들이 우상 숭배를 하지 않기 바라는 절절한 소원이 있음을 봅니다.

우상 숭배란 시내 산에서 이스라엘 백성이 그들을 인도할 신으로 만든 송아지 형상처럼, 인간이 자기 자신을 위하여 하나님의 대용품을 만들어 섬기는 행위입니다(출 32:1-6). 하나님의 영광을 거짓된 세상의 형상으로 바꾸어 놓고 길흉화복吉凶禍福을 구하는 것이 우상 숭배입니다(롬 1:23). 이런 우상 숭배는 우리를 하나님의 축복이 아니라 사탄의 저주 아래 묶는 죄악 중의 죄악입니다. 우상 숭배는 스스로 하나님의 축복을 잃어버리고 어둠에 머물게 하는 영혼의 강력한 쓴 뿌리입니다. 우상 숭배를 끊어내지 못하면 우리는 하나님의 자유를 온전히 누릴 수 없습니다.

우상 숭배를 끊어내려면?

야곱이 하나님을 처음 만났던 벧엘로 다시 올라가 제단을 쌓고 하나님을 만나는 이야기인 창세기 35장은, 성경에서 우상에 대한 직접적인 언급이 처음 나오는 곳입니다. 믿음의 조상 아브라함의 손자요 이삭의 아들인 야곱의 가정에 우상이 있었습니다. 야곱의 가정은 절체절명의 위기 앞에서 우상 숭배를 끊어내고 하나님께로 돌아와 하나님의 축복을 온전히 회복하게 됩니다.

야곱의 가정처럼 우상 숭배의 쓴 뿌리를 살피려면 어떻게 해야 합니까? 우리의 영혼과 생각 그리고 육체를 묶는 가장 강력한 쓴 뿌리인 우상 숭배를 끊어내고 자유를 회복하려면 어떻게 해야 합니까? 곳곳에 우상이 가득한 사회에서 우상 숭배에 익숙한 사람들과 함께 살면서 어떻게 하면 우상 숭배를 끊어내고 참된 축복을 누릴 수 있습니까?

우상을 찾아내십시오

우상 숭배를 끊어내려면 첫째, 우리 안에 있는 우상을 찾아내야 합니다.

'나는 어떤 우상을 섬기고 있는가?' '나에게 있는 우상은 무엇인가?' 이런 질문에 대한 답이 잘 떠오르지 않는다면 질문을 이렇게 바꾸어도 좋습니다. '나는 누구를 모시고 사는가?' '나의 주인은 누구인가?' 마땅히 하나님이 계셔야 할 자리에 다른 누구 혹은 무엇인가가 놓여 있다면 그것이 바로 우상입니다. 우상이란 하나님 대용품이자 모조품입니다. 하나님을 대신하여 우리에게 행복을 주고 우리의 경배를 받는 허상과 같은 것이 우상입니다.

세겜 성읍에 머무르던 야곱의 가정은 큰 위기를 만났습니다. 야곱의 딸 디나가 세겜에게 강간당한 일을 빌미로 시므온과 레위가 주동이 되어 세겜 성읍 남자들을 집단 학살하고 모든 재물을 빼앗아 노략한 것입니다. 이 일로 인해 야곱의 가정은 멸문지화滅門之禍의 큰 위기를 만났습니다. 그때 하나님이 야곱을 찾아오셨습니다.

> 하나님이 야곱에게 이르시되 일어나 벧엘로 올라가서 거기 거주하며 네가 네 형 에서의 낯을 피하여 도망하던 때에 네게 나타났던 하나님께 거기서 제단을 쌓으라 하신지라(창 35:1)

한마디로 '하나님께로 돌아오라'는 명령입니다. 마땅히 돌아가야 할 벧엘이 아니라 세겜에 머물던 야곱은, 하나님을 떠나 다른 것에서 행복을 찾고 삶의 목적을 발견하려 했던 것입니다. 세겜에서 야곱과 그의 가정은 하나님을 잊은 채 다른 무엇인가를 의지하고 있었습니다. 그날 하나님께로 돌아오라는 말씀에 야곱은 즉각적으로 벧엘로 올라가지 않고 한 가지 사전 작업을 해야 했습니다. 야곱은 집안의 모든 식솔에게 지시합니다.

> 너희 중에 있는 이방 신상들을 버리고 자신을 정결하게 하고 너희들의 의복을 바꾸어 입으라 우리가 일어나 벧엘로 올라가자 내 환난날에 내게 응답하시며 내가 가는 길에서 나와 함께하신 하나님께 내가 거기서 제단을 쌓으려 하노라(창 35:2, 3)

그들은 하나님께로 돌아가기 전에 먼저 이방 신상을 찾아내고 버려야 했습니다. 우상을 그대로 품은 채로는 하나님께로 돌아갈 수 없습니다. 야곱과 그 가정을 실패와 파멸로 몰아간 쓴 뿌리가 우상 숭배였던 것입니다. 하나님께로 돌아와 제단을 쌓으라는 말씀은 우상을 버리고 하나님께로 오라는 하나님의 절절한 호소였고, 야곱은 그 부르심을 듣고 돌이켰습니다. 우리 또한 하나님을 대신한 그 무엇인가를 우상으로 품고 있다면 그 우상으로부터 지금 돌이켜야 합니다.

아마도 야곱 가정에 있었던 이방 신상은 창세기 31장에 등장하는 '드라빔'과 연관되었을 것입니다. 야곱과 함께 집을 떠나야 했던 라헬은 아버지 라반의 드라빔을 도둑질합니다. 도망하는 야곱을 뒤따라온 라반은 "이제 네가 네 아버지 집을 사모하여 돌아가려는 것은 옳거니와 어찌 내 신을 도둑질하였느냐"(창 31:30)라며 추궁합니다. 한 가정의 수호신 역할을 하던 드라빔은 다산과 풍요와 안녕을 가져다준다는 우상이었습니다. 가문의 수호신을 도둑맞은 라반은 드라빔을 두루 찾지만 라헬의 순간적인 기교에 속아 찾아내지 못합니다(창 31:34, 35).

그렇게 해서 아버지 집의 수호신을 갖게 된 라헬은 쾌재를 불렀을 것입니다. 그러나 그날 이후 야곱의 가정에는 우상 숭배의 어두운 그림자가 짙게 드리워지기 시작했습니다. 하나님의 복을 구하고, 하나님만을 바라보는 것이 아니라 수호신 드라빔이 안녕과 풍요를 보증해줄 것이라고 생각했습니다. 그래서 그들은 하나님이 기다리고 계신 벧엘이 아니라 번영한 도시 세겜에 머물렀습니다. 그러나 드라빔은 그들의 삶에 어떤 도움도 되지 못했습니다.

하나님 대용품인 우상은 보이는 그 무엇이기 이전에 보이지 않는 마음에 존재합니다. 물론 우상이 눈에 보이는 물건이나 형상으로 있는 경우가 있습니다. 그러나 더 많은 경우, 우상의 본질적 실재는 보이지 않는 우리 마음의 형상들입니다.

'나 외에 다른 신을 섬기지 말라'는 십계명의 제1계명과 '탐내지 말라'는 제10계명은 하나입니다(출 20:3, 17). 우리 마음의 탐심이 곧 우상 숭배입니다(골 3:5). 우상 숭배의 문제는 늘 마음의 문제에서 시작됩니다(겔 20:16). 문제의 핵심은 마음입니다.

성경에서 가장 흔하게 언급되는 우상인 바알과 아세라는 풍요의 신입니다. 하늘과 땅을 상징하는 바알과 아세라는 성적 관계를 통해 백성들에게 풍성한 수확을 주는 신입니다. 인신 제사를 받는 몰렉은 파괴적인 힘을 상징하는 폭력의 신이고, 맘몬은 돈이 단순한 재물 이상의 영적인 힘을 가지고 있음을 보여주는 재물의 신입니다.

약속의 땅 가나안에서 이스라엘 백성은 하나님과 이방 신들 사이에서 누구를 섬길 것인가를 두고 갈등했습니다. 바알과 몰렉과 맘몬이 좋아서가 아니라 그들이 상징하는 쾌락과 힘과 재물에 끊임없이 흔들렸기 때문입니다. 우리 또한 이스라엘 백성처럼 우상 앞에 흔들리고 있지 않습니까? 우리를 흔들고 요동하게 하는 우상은 무엇입니까?

요즘 청소년들은 아이돌을 좋아합니다. 아이돌만 있으면 행복합니다. 그러다가 나이가 들면 아이돌을 떠납니다. 그때부터는 좇는 대상이 달라집니다. 아이돌이 바뀌는 것입니다. 돈이 아이돌이 되고, 자식의 성적표가 아이돌이 되고, 권력과 명예가 아이돌이 됩니다. 그런 것들을 다 갖추면 어떻게 됩니까? 아이돌이 사라집니까? 그렇지 않습니다. 그때는 건강이 아이돌이 되고, 외모가 아이돌이 됩니다. 사람들은 죽을 때까지 하나님을 대체할 대용품을 만듭니다. 그것이 아이돌입니다.

아이돌idol이 뭡니까? '우상偶像'이라는 뜻입니다. 우리 마음에 하나님보다 더 오래 더 자주 더 많이 품고 있는 것이 무엇입니까? 그것이 우리의 아이돌 곧 우상입니다. 우상은 보이는 그 무엇이기 이전에 보이지 않는 마음에 탐심으로 존재하는 것입니다.

'한국 그리스도인들이 포기하지 못하는 게 두 가지인데, 하나는 자식이고 또 하나는 부동산'이라는 말이 있습니다. 우리에게 혹시 자식이 우상이 되어 있지는 않습니까? 부동산으로 대표되는 돈이 우리의 우상이 되어 있지는 않습니까? 우리가 우상을 찾아내어 분별하지 못한다면 우리는 영혼의 쓴 뿌리에 묶여 우상과 함께 파멸하는 실패한 인생이 되고 말 것입니다.

우리의 마음을 사로잡고 있는 주인이 무엇입니까? 우리는 마음에서부터 누구를 모시고 있습니까? 우리는 지금 누구를 섬기고 있습니까? 우리 마음에 자리 잡은 우상은 무엇입니까?

우상을 버리십시오

우상 숭배를 끊어내려면 둘째, 우리 안에서 찾아낸 우상을 버려야 합니다. 우상을 찾아낸 야곱의 가정은 그것들을 세겜 근처 상수리나무 아래 묻었습니다.

> 그들이 자기 손에 있는 모든 이방 신상들과 자기 귀에 있는 귀고리들을 야곱에게 주는지라 야곱이 그것들을 세겜 근처 상수리나무 아래에 묻고(창 35:4)

우리는 결코 우상과 하나님을 동시에 섬길 수 없습니다. 우상은 하나님을 대치하는 대용물이기에 우상을 섬기는 순간 하나님을 떠나게 되는 것입니다(마 6:24). 이스라엘 백성은 끊임없이 하나님과 동시에 바알과 몰렉과 맘몬을 섬기고자 했습니다. 하나님과 우상을 겸하여 섬기려는 것은 음란한 마음에 미혹된 매춘부적 신앙입니다(호 4:12). 우상 숭배는 하나님에 대한 배신입니다. 하나님께로 돌아가려면 찾아낸 우상을 과감하게 버려야 합니다.

우상은 우리에게 어떤 도움도 줄 수 없는 허상이기에 우상을 버려야 합니다. 우상은 우리에게 할 수 없는 것을 약속하는 가짜 신입니다. 우상은 한낱 돌조각, 종잇조각일 뿐입니다.

> 사람마다 어리석고 무식하도다 은장이마다 자기의 조각한 신상으로 말미암아 수치를 당하나니 이는 그가 부어 만든 우상은 거짓 것이요 그곳에 생기가 없음이라(렘 10:14)

기드온이 바알의 단을 헐고, 단 곁의 아세라 상을 찍은 나무로 불태워 번제로 드렸어도 바알과 아세라는 아무것도 할 수 없었습니다(삿 6:31). 우상은 허상에 불과하기 때문입니다.

우상 숭배는 우리를 우상과 같아지게 하고, 우상에게 묶이게 하기에 우상을 버려야 합니다. 우상 자체에 능력이 있는 것이 아닙니다. 다만 사람의 경배를 받는 곳에 귀신이 자리를 잡게 되고, 그 귀신의 영향력이 우상 숭배하는 사람을 묶게 되는 것입니다.

> 그들의 우상들은 은과 금이요 사람이 손으로 만든 것이라 입이 있어도 말하지 못하며 눈이 있어도 보지 못하며 귀가 있어도 듣지 못하며 코가 있어도 냄새 맡지 못하며 손이 있어도 만지지 못하며 발이 있어도 걷지 못하며 목구멍이 있어도 작은 소리조차 내지 못하느니라 우상들을 만드는 자들과 그것을 의지하는 자들이 다 그와 같으리로다 (시 115:4-8)

> 무릇 이방인이 제사하는 것은 귀신에게 하는 것이요. 하나님께 제사
> 하는 것이 아니니 나는 너희가 귀신과 교제하는 자가 되기를 원하지
> 아니하노라(고전 10:20)

결국 우상을 숭배하는 사람은 상식적인 사고가 막히게 되고, 보지도 듣지도 못하는 우상과 같아지게 됩니다. 우상을 숭배하면 귀신에게 묶여 악한 영의 지배를 받게 됩니다. 권력의 우상에 눈먼 헤롯은 영아 살해의 비극을 저지르게 됩니다. 돈과 자식에 눈먼 현대인들이 우리 시대의 괴물이 되어버린 모습을 주변에서 너무 쉽게 만나지 않습니까? 그들이 원래 괴물이었던 것이 아닙니다. 다만 우상을 붙들고 우상을 따라 살다보니 우상과 같은 괴물이 되고 만 것입니다.

나아가 우상 숭배는 우리를 하나님의 저주 아래 놓이게 하기에 우상을 버려야 합니다. 우상을 섬기면 귀신이 잠시 잠깐 우리를 돕는 것 같으나 결국 피폐하고 어두운 삶으로 일그러뜨립니다.

> 장색의 손으로 조각하였거나 부어 만든 우상은 여호와께 가증하니 그
> 것을 만들어 은밀히 세우는 자는 저주를 받을 것이라(신 27:15)

우상을 숭배하는 사람의 자녀들 삼사 대에 이르기까지 하나님이 그 죄의 대가를 묻겠다고 하지 않으셨습니까?(출 20:4, 5) 하나님의 저주

와 진노의 대상이 되기를 자초하는 불행의 길 한복판에 우상 숭배가 있습니다. 우상 숭배는 스스로 하나님의 진노와 버림받음을 택하는 것입니다. 우리가 우상을 숭배하게 함으로 하나님의 축복을 잃고 저주의 대상이 되도록 이끄는 것이 사탄, 마귀, 귀신입니다. 우리의 영혼을 건드리지 못하는 사탄은 우리를 불행의 자리로 이끌고자 끊임없이 우상 숭배로 미혹합니다.

귀신의 종에서 그리스도의 종으로 변화된 박에녹 목사의 간증집인 「예수님, 왜?」에서는 평생 귀신을 섬기다가 죽기 일주일 전에 세례를 받고 천국을 간 정보훈 법사 아니 정보훈 성도의 이야기가 나옵니다.

> 어느 날 병원에 입원 중인 그를 찾았더니 뜻밖의 말을 합니다.
> "동생도 예수 믿게! 내가 귀신을 얼마나 잘 섬겼는가? … 나 예수 믿기로 했어! … 곧 죽을 내가 이제 와서 웬 예수냐고 하겠지만 귀신 믿어 덕 본 것 없어. 귀신 섬겨서는 천국에 가지 못할 것 같아. 귀신들이 좀 거짓말을 하느냐구!"

사람이 자신을 위하여 만든 하나님의 모조품 곧 하나님의 영광을 거짓된 세상의 형상으로 바꾸어 놓은 우상은 우리를 구원하기는커녕 파멸에 이르게 할 뿐입니다.

하나님께로 돌아오십시오

우상 숭배를 끊어내려면 셋째, 하나님의 하나님 되심을 붙들고 하나님께로 돌아와야 합니다.

우상을 찾아 우상을 버렸다면 이제 하나님의 하나님 되심을 온전히 붙들어야 합니다. 버려진 우상의 자리를 하나님으로 충만하게 채워야 합니다. 그래야 다시 우상을 섬기는 자리로 되돌아가지 않을 수 있습니다. 벧엘로 올라갔던 야곱처럼 하나님의 집에 머물러야 합니다.

우상을 버리고 벧엘로 올라간 야곱은 제단을 쌓고 그곳을 '엘벧엘' 벧엘의 하나님(창 35:7)이라 부릅니다. 그리고 그곳에 임재하신 하나님은 자신을 전능한 하나님 곧 '엘샤다이'(창 35:11)라 말씀하십니다. 우상 숭배의 쓴 뿌리를 끊어내기 위해 우리가 붙들어야 할 하나님은 엘벧엘의 하나님, 엘샤다이의 하나님입니다.

● 엘벧엘의 하나님!

엘벧엘에서 엘은 하나님, 벧은 집이라는 뜻입니다. 그래서 벧엘은 '하나님의 집'입니다. 엘벧엘이란 '하나님 집의 하나님' 곧 하나님의 집에 하나님이 계신다는 뜻입니다.

벧엘은 야곱에게 어떤 곳입니까? 수십 년 전 두려움과 외로움 속에 홀로 광야에서 잠든 야곱을 찾아와서 만나주시고 그와 함께해주셨던 하나님을 만난 곳이 벧엘입니다(창 28:10-22). 그래서 야곱은 벧엘로 올라가기를 결단하며 이렇게 말합니다.

> 우리가 일어나 벧엘로 올라가자 내 환난날에 내게 응답하시며 내가 가는 길에서 나와 함께하신 하나님께 내가 거기서 제단을 쌓으려 하노라(창 35:3)

야곱에게 벧엘의 하나님은, 두렵고 버거운 환난날에 응답하신 하나님이요 힘들고 외로운 인생길에서 함께하신 하나님이셨습니다.

우상 숭배를 끊어내기 위해서 우리는 지난날 우리의 인생 가운데 역사하셨던 하나님을 다시 찾아야 합니다. 지난 인생 가운데 역사하셨던 하나님, 벧엘의 하나님을 잊었기에 우상 숭배를 하게 된 것입니다. 이스라엘 또한 애굽에서 큰일을 행하신 하나님을 잊었을 때 우상을 만들게 되었습니다.

> 그들이 호렙에서 송아지를 만들고 부어 만든 우상을 경배하여 자기 영광을 풀 먹는 소의 형상으로 바꾸었도다 애굽에서 큰일을 행하신 그의 구원자 하나님을 그들이 잊었나니(시 106:19-21)

등록 심방을 위해 하안동의 한 가정을 방문했습니다. 마침 그곳은 한우리교회를 개척했던 첫 예배당 앞집이었습니다. 개척하고 삼 년 후에 교육관으로 임대해서 사용하던 집의 2층이었습니다. 지하실 30평에서 개척교회로 모이던 시절의 여러 일들이 떠올랐습니다. 장마철에 물이 차올라 예배실 바닥에 물이 고였던 기억, 교육관 벽지가 습기를 먹어 곰팡이 냄새가 가득했던 기억, 그럼에도 불구하고 서로를 격려하며 함께 웃던 기억들이 마음을 새롭게 하는 것을 느꼈습니다.

그 무렵 종로구 사직공원 뒤편 작은 한옥 한 채를 리모델링해서 두란노서원에서 운영하던 로뎀의 집을 혼자 찾았습니다. 신학대학원을 다니며 개척교회를 섬겨야 했고, 교회는 작아도 있을 것을 다 있고 할 것은 다 해야 했던 시절이라 내면으로부터 모든 것이 소진되어 가던 어느 날이었습니다. 로뎀의 집은 2박 3일을 아무 프로그램 없이 먹고 싶으면 먹고 자고 싶으면 잘 수 있는 쉼터였습니다. 침묵해야 하는 것이 유일한 조건이었습니다. 정말 말 없이 자고 먹고만 했던 것 같습니다. 잠이 그렇게 달고 좋을 수가 없었습니다. 그리고 둘쨋 날 밤 대여섯 명이 둘러앉아 성찬의 떡과 잔을 나누었습니다. 그날의 기억을 수십 년이 지난 지금도 잊을 수가 없습니다. 포도주에 젖은 빵을 받아먹으며 주님께 읊조리듯 고백했습니다.

"주님, 사랑합니다."

순간 주님의 깊은 임재가 저의 온몸을 따스함으로 감쌌습니다. 그리고 마음 깊은 곳에 주님은 말씀하셨습니다.

"아들아! 사랑한다. 내가 너와 함께 있단다!"

그것으로 충분했습니다. 지금까지 수많은 곡절을 겪으면서도 한우리교회 목회 현장을 떠나지 않고 머물 수 있었던 가장 큰 동력은 바로 그날 주님이 주신 그 약속이었습니다. "내가 너와 함께 있단다!"

현실이 너무 고단하고 힘든데 아무도 나를 돕는 이가 없습니까? 나를 도울 이는 돈밖에 없어 보입니까? 나로 웃게 할 사람은 자식밖에 없습니까? 나로 평안하게 할 것이 넓은 아파트뿐입니까?

그날의 하나님을 다시 기억해야 합니다. 그날 나를 만나주셨던 그 하나님을 다시 기억해야 합니다. 엘벧엘의 하나님, 환난날에 나에게 응답하셨던 그 하나님, 외로이 지쳐 있던 그날 그 길에 함께하셨던 그 하나님을 붙들어야 합니다. 엘벧엘의 하나님을 다시 붙들면 우상 숭배를 온전히 끊어낼 수 있습니다.

● 엘샤다이의 하나님!

하나님은 엘벧엘을 넘어 엘샤다이의 하나님이십니다. 그날 우상을 버리고 엘벧엘의 하나님을 다시 찾은 야곱에게 하나님은 다시 나타나셨습니다. 그 자리에서 하나님은 야곱을 다시는 야곱이라 부르지 않고 '이스라엘'이라 부르겠다고 하시면서 자신을 '엘샤다이 곧 전능한 하나님'이라 하십니다. 그리고 야곱에게 자손에 대한 약속과 땅에 대한 약속을 주십니다. 아브라함과 이삭과 맺으셨던 언약을 다시 확증하십니다. 야곱을 통해 한 백성이 나오고 그들에게 약속하신 땅을 주겠다고 선포하셨습니다(창 35:9-13).

엘샤다이의 하나님, 전능하신 하나님은 불가능한 우리의 미래를 가능으로 바꾸시는 분이십니다. 불가능성을 가능성으로 바꾸시는 능력의 하나님 그분이 바로 엘샤다이의 하나님이십니다.

아흔아홉이 된 아브라함을 찾아오신 하나님은 자신을 '엘샤다이'라 하셨습니다.

> 아브람이 구십구 세 때에 여호와께서 아브람에게 나타나서 그에게 이르시되 나는 전능한 하나님이라 너는 내 앞에서 행하여 완전하라(창 17:1)

하나님은 단산한 아브라함과 사라에게 이삭을 주셨고, 그 이삭의 통해 야곱이 태어났습니다. 야곱은 엘샤다이 하나님의 증거입니다. 하나님은 다시금 야곱에게 자신을 엘샤다이, 전능하신 하나님이라 하시며 놀라운 미래의 영광을 언약하십니다.

현실이 너무 척박하고 어두워 하나님은 보이지 않고 세상만 한없이 커 보입니까? 영광스러운 축복의 미래는 차치하고 오늘 먹고사는 것이나 힘들지 않았으면 좋겠습니까? 아들을 약속하시는 하나님의 말씀이 어이가 없어 웃던 아브라함과 문밖에서 듣고 숨죽여 웃던 사라처럼 미래와 희망이 다 사라져 버렸습니까? 주님은 말씀하십니다. "나는 전능한 하나님이라. 엘샤다이!"

그 참혹한 어둠 속에서 전능한 하나님을 다시 붙드는 것이 우상 숭배로 돌아가지 않는 길입니다. 우상 숭배를 끊어내는 능력도 다시 전능하신 하나님, 엘샤다이의 하나님을 붙드는 것입니다.

수십 년이 지난 어느 날 임종을 앞둔 야곱은 요셉의 두 아들을 축복합니다.

> 내 조부 아브라함과 아버지 이삭이 섬기던 하나님, 나의 출생으로부터 지금까지 나를 기르신 하나님, 나를 모든 환난에서 건지신 여호와의 사자께서 이 아이들에게 복을 주시오며 이들로 내 이름과 내 조상 아브라함과 이삭의 이름으로 칭하게 하시오며 이들이 세상에서 번식되게 하시기를 원하나이다(창 48:15, 16)

우상 숭배로부터 돌이켜 벧엘로 올랐던 야곱은 그날 이후 평생토록 벧엘에서 다시 만난 하나님, 엘벧엘의 하나님, 엘샤다이의 하나님만을 붙들고 살았던 것입니다. 그리고 임종을 앞둔 야곱은 애굽의 모든 것을 가진 요셉의 두 아들을 앞에 놓고, 자신을 기르시고 건지신 그 하나님의 이름으로 축복합니다. 우리 또한 야곱처럼 죽는 그날까지도 엘벧엘의 하나님, 엘샤다이의 하나님만을 붙들고 의지함으로 우상 숭배를 끊어내는 참된 믿음의 사람으로 살아갈 수 있기를 축복합니다.

우상 숭배를 살피는 약속의 말씀

"주를 두려워하는 자를 위하여 쌓아두신 은혜 곧 주께 피하는 자를 위하여 인생 앞에 베푸신 은혜가 어찌 그리 큰지요 주께서 그들을 주의 은밀한 곳에 숨기사 사람의 꾀에서 벗어나게 하시고 비밀히 장막에 감추사 말다툼에서 면하게 하시리이다"(시 31:19, 20).

우상 숭배를 살피는 선포의 기도

"나의 환난날에 응답하시고 함께하신 하나님, 엘샤다이 전능하신 하나님! 나는 하나님만을 섬기겠습니다. 마음의 탐심으로부터 시작된 내 삶의 모든 헛된 우상을 거절합니다. 하나님만이 나의 하나님이십니다. 아멘!"

우상 숭배를 살피기 위해 함께 읽을 책

「내가 만든 신」(팀 켈러, 두란노)

에필로그
치유하시고 회복하심에 감사!

한겨울에 차디찬 밖에서 종일 고단하게 일하고 귀가해서 따뜻한 이불 속에 몸을 녹일 때 밀려오는 행복감처럼, 그동안 힘겹고 고달픈 목회를 하면서 지치고 상한 이 두 사람의 몸과 마음이 이제 이 새로운 장소로 옮겨와 예배당을 새로 짓고 하나님이 주시는 위로와 평안 가운데 접어들게 하심을 감사드립니다.
 앞으로 이 교회에 사람들이 찾아와서, 이 고달픈 한국 사회에서 지치고 상한 몸과 마음이 안식을 얻게 하시고 회복되게 하시려는 뜻이 있음을 감사드립니다. 부디 그 일이 온전히 이루어질 수 있도록 이 교회가 더욱 깨어 기도하며 참된 예배에 집중하고 헌신할 수 있도록 성령님이 인도하여 주옵소서!

몇 년 전 선교주일 강사로 왔던 친구 목사가 예배 후에 저희 부부를 위해 기도하던 내용의 일부입니다.

지난 30여 년 한우리교회와 함께 살아오며 끊임없이 되물었던 질문이 있습니다. "내가 이곳에서 목회하는 이유가 무엇인가?" "내가 목회자로 사는 목적은 무엇인가?" 그리고 깨달은 바 중요한 이유 하나가 '하나님은 나를 이곳에 치유와 회복의 통로로 두셨다'는 것이었습니다. 하나님은 저를 구겨지고 고장

난 마음을 곧게 펴고 부르심을 따라 열정적인 살 수 있도록 정비하는 마음의 정비공으로 두셨습니다. 하나님은 저를 일그러지고 메마른 영혼에 생기가 돌아 함께 환하게 웃을 수 있는 공동체를 가꾸는 정원지기로 두셨습니다.

지난해 여름 첫 번째로 출간한 「함께하심」은 시편 23편을 중심으로 선한 목자를 따르는 인생길을 나눈 자기 고백적 메시지입니다. 성도들에게 전한 설교이기 이전에 지금까지 선한 목자 되신 주님을 따라 살아온 인생길에 대한 저 개인의 간증입니다. 그리고 이번에 출간하는 「고장난 마음 정비소」는 제가 목회자로 사는 이유를 담은 책입니다. 한우리교회 성도들과 함께하며 서로를 치유하고 회복하며 살아온 공동체의 간증이기도 합니다.

때로 함께하는 것이 버거울 때도 있었습니다. 마음이 상하고 영혼이 지칠 때도 있었습니다. 그러나 늘 공동체는 서로의 마음과 영혼을 치유하고 회복하는 정비소가 되어주었습니다. 함께하는 공동체 가운데 부어지는 하나님의 은혜와 능력은 마음의 견고한 진을 무너뜨리고, 영혼의 쓴 뿌리를 살피고 다스리기에 충분했습니다. 은혜로 함께하신 하나님을 찬양합니다. 사랑으로 함께하는 한우리 가족 모두에게 감사합니다.

COVID-19와 함께 강제적으로 찾아온 뉴노멀 New Normal의 긴 터널은 아직도 끝날 줄을 모르고 있습니다. 모든 것을 다시 세워야 하는 때에 치유와 회복을 위한 메시지 「고장난 마음 정비소」를 세상에 내어놓게 되었습니다. 바라기는 이 책이 마음을 치유하고 영혼을 회복하는 내적 치유와 영적 전쟁을 위한 길잡이 역할을 작게나마 할 수 있기를 소망합니다. 이 책을 통해 많은 분들이 치유와 회복을 얻고, 정서적으로 건강한 공동체를 이루어 갈 수 있기를 축복합니다.

부족한 책을 기꺼이 추천해 주신 분들에게 감사드립니다. 신앙과 삶의 기준이 혼돈스럽던 20대에 신앙과 가치관을 세우는 데 가장 큰 영향을 주었던 직장사역연합 방선기 목사님과 파이디온선교회 양승헌 목사님, 상담과 치유의 현장에서 사역하는 샘병원 김성은 목사님과 지혜와 사랑 상담센터 문희경 목사님, 이스라엘을 함께 여행하며 성경과 세상을 보는 새로운 시선을 열어준 신대원 동기 김동문 선교사님, 30년이 지나도록 친구이자 동지로 함께해온 오랜 벗 유성은 목사님, 그리고 한국 교회를 건강하게 세우는 일에 헌신하고 있는 한국NCD교회개발원 김한수 목사님에게 감사합니다.

책을 출판하는 과정을 맡아 수고해준 한국NCD미디어 편집팀과 책임편집자로 제목에서부터 문장하나하나까지 다듬어준 이은경 집사님 그리고 멋진 표지를 만들어준 임현주 디자이너에게 감사의 마음을 전합니다.

대학 졸업과 함께 개척교회 전도사와 결혼해서 이제까지 '고장난 마음 정비소'의 탁월한 정비공으로 마음을 치유하고 영혼을 살피는 일에 헌신하며 함께해온 아내 김주연 사모에게 고맙고 감사합니다. 이 책의 많은 부분은 아내의 간증이라고 할 만큼 많은 깨달음과 체험을 아내와 함께했고, 아내에게서 배웠습니다. 개인 상담과 중보기도의 현장에서 치유를 실재적으로 가르치고, 전인적인 회복을 이루는 지난한 여정을 묵묵히 감당해온 노고에 감사합니다.

끝으로 '고장난 마음 정비소'에서 함께 서로를 치유하고 회복하며 살아가는 한우리교회 모든 지체들에게 감사합니다. 그리고 치유와 회복에 대한 소망으로 책을 읽는 한분 한분께 감사합니다.

언제나 함께하시며 치유와 회복의 은혜를 더하시는 주님이 계시기에 행복합니다.

2021년 이른 봄
고장난 마음 정비소, 한우리 드림센터에서
정비공 권종렬 목사

고장난 마음 정비소

1판 발행   2021년 3월 15일

지은이   권종렬
펴낸이   김한수
기 획   박민선
책임편집   이은경
표지디자인   임현주

펴낸곳   한국NCD미디어
등 록   과천 제2016-000009호
주 소   경기도 과천시 문원청계2길50 로고스센터 205호
전 화   02-3012-0520
이메일   ncdkorea@hanmail.net
홈주소   www.ncdkorea.net

Copyright©한국NCD미디어2021
Printed in Seoul, Korea

ISBN 979-11-965540-8-8

* 이 책은 한국NCD미디어가 저작권자와의 계약에 따라 발행한 것이므로
  본사의 협의없는 무단전재와 무단복제를 엄격히 금합니다.
* 잘못 만들어진 책은 구입처에서 교환해드립니다.

값 20,000원